U0449926

经济所人文库

顾准集

中国社会科学院经济研究所学术委员会 组编

中国社会科学出版社

图书在版编目（CIP）数据

顾准集/中国社会科学院经济研究所学术委员会组编.
—北京：中国社会科学出版社，2019.1
（经济所人文库）
ISBN 978 - 7 - 5203 - 3500 - 3

Ⅰ.①顾… Ⅱ.①中… Ⅲ.①经济学—文集
Ⅳ.①F0 - 53

中国版本图书馆 CIP 数据核字（2018）第 251470 号

出 版 人	赵剑英
责任编辑	王　曦
责任校对	王纪慧
责任印制	戴　宽
出　　版	中国社会科学出版社
社　　址	北京鼓楼西大街甲 158 号
邮　　编	100720
网　　址	http://www.csspw.cn
发 行 部	010 - 84083685
门 市 部	010 - 84029450
经　　销	新华书店及其他书店
印刷装订	北京君升印刷有限公司
版　　次	2019 年 1 月第 1 版
印　　次	2019 年 1 月第 1 次印刷
开　　本	710×1000　1/16
印　　张	22.75
字　　数	303 千字
定　　价	99.00 元

凡购买中国社会科学出版社图书，如有质量问题请与本社营销中心联系调换
电话：010 - 84083683
版权所有　侵权必究

中国社会科学院经济研究所
学术委员会

主　任　高培勇

委　员　（按姓氏笔画排序）
　　　　龙登高　朱　玲　刘树成　刘霞辉
　　　　杨春学　张　平　张晓晶　陈彦斌
　　　　赵学军　胡乐明　胡家勇　徐建生
　　　　高培勇　常　欣　裴长洪　魏　众

总　　序

作为中国近代以来最早成立的国家级经济研究机构，中国社会科学院经济研究所的历史，至少可上溯至1929年于北平组建的社会调查所。1934年，社会调查所与中央研究院社会科学研究所合并，称社会科学研究所，所址分居南京、北平两地。1937年，随着抗战全面爆发，社会科学研究所辗转于广西桂林、四川李庄等地，抗战胜利后返回南京。1950年，社会科学研究所由中国科学院接收，更名为中国科学院社会研究所。1952年，所址迁往北京。1953年，更名为中国科学院经济研究所，简称"经济所"。1977年，作为中国社会科学院成立之初的14家研究单位之一，更名为中国社会科学院经济研究所，仍沿用"经济所"简称。

从1929年算起，迄今经济所已经走过了90年的风雨历程，先后跨越了中央研究院、中国科学院、中国社会科学院三个发展时期。经过90年的探索和实践，今天的经济所，已经发展成为以重大经济理论和现实问题为主攻方向、以"两学—两史"（理论经济学、应用经济学和经济史、经济思想史）为主要研究领域的综合性经济学研究机构。

90年来，我们一直最为看重并引为自豪的一点是，几代经济所人孜孜以求、薪火相传，在为国家经济建设和经济理论发展作出了杰出贡献的同时，也涌现出一大批富有重要影响力的著名学者。他们始终坚持为人民做学问的坚定立场，始终坚持求真务实、脚踏实地的优良学风，始终坚持慎独自励、言必有据的学术品格。他们是经济所人的突出代表，他们的学术成就和治学经验是经济所最宝贵的财富。

抚今怀昔，述往思来，在经济所迎来建所90周年之际，我们编选出版《经济所人文库》（以下简称《文库》），既是对历代经济所人的纪念和致敬，也是对当代经济所人的鞭策和勉励。

《文库》的编选，由中国社会科学院经济研究所学术委员会负总责，在多方征求意见、反复讨论的基础上，最终确定入选作者和编选方案。

《文库》第一辑凡40种，所选作者包括历史上的中央研究院院士、中华人民共和国成立后的中国科学院学部委员、中国社会科学院学部委员、中国社会科学院荣誉学部委员、历任经济所所长以及其他学界公认的学术泰斗和资深学者。在坚持学术标准的前提下，同时考虑他们与经济所的关联。入选作者中的绝大部分，都在经济所度过了其学术生涯最重要的阶段。

《文库》所选文章，皆为入选作者最具代表性的论著。选文以论文为主，适当兼顾个人专著中的重要篇章。选文尽量侧重作者在经济所工作期间发表的学术成果，对于少数在中华人民共和国成立之前已成名的学者，以及调离经济所后又有大量论著发表的学者，选择范围适度放宽。为好中选优，每部文集控制在30万字以内。此外，考虑到编选体例的统一和阅读的便利，所选文章皆为中文著述，未收入以外文发表的作品。

《文库》每部文集的编选者，大部分为经济所各学科领域的中青年学者，其中很多都是作者的学生或再传弟子，也有部分系作者本人。这样的安排，有助于确保所选文章更准确地体现作者的理论贡献和学术观点。对编选者而言，这既是一次重温经济所所史、领略前辈学人风范的宝贵机会，也是激励自己踵武先贤、在学术研究道路上砥砺前行的强大动力。

《文库》选文涉及多个历史时期，时间跨度较大，因而立意、观点、视野等难免具有时代烙印和历史局限性。以现在的眼光来看，某些文章的理论观点或许已经过时，研究范式和研究方法或许已经陈旧，但为尊重作者、尊重历史起见，选入《文库》时仍保持原貌而未加改动。

《文库》的编选工作还将继续。随着时间的推移，我们还会将更多经济所人的优秀成果呈现给读者。

尽管我们为《文库》的编选付出了巨大努力，但由于时间紧迫，工作量浩繁，加之编选者个人的学术旨趣、偏好各不相同，《文库》在选文取舍上难免存在不妥之处，敬祈读者见谅。

入选《文库》的作者，有不少都曾出版过个人文集、选集甚至全集，这为我们此次编选提供了重要的选文来源和参考资料。《文库》能够顺利出版，离不开中国社会科学出版社领导和编辑人员的鼎力襄助。在此一并致谢！

一部经济所史，就是一部经济所人以自己的研究成果报效祖国和人民的历史，也是一部中国经济学人和中国经济学成长与发展历史的缩影。《文库》标示着经济所90年来曾经达到的学术高度。站在巨人的肩膀上，才能看得更远，走得更稳。借此机会，希望每一位经济所人在感受经济所90年荣光的同时，将《文库》作为继续前行的新起点和铺路石，为新时代的中国经济建设和中国经济学发展作出新的更大的贡献！

是为序。

于 2019 年元月

编者说明

《经济所人文库》所选文章时间跨度较大，其间，由于我国的语言文字发展变化较大，致使不同历史时期作者发表的文章，在语言文字规范方面存在较大差异。为了尽可能地保持作者个人的语言习惯、尊重历史，因此有必要声明以下几点编辑原则：

一、除对明显的错别字加以改正外，异形字、通假字等尽量保持原貌。

二、引文与原文不完全相符者，保持作者引文原貌。

三、原文引用的参考文献版本、年份等不详者，除能够明确考证的版本、年份予以补全外，其他文献保持原貌。

四、对外文译名与今译名不同者，保持原文用法。

五、对原文中数据可能有误的，除明显的错误且能够考证或重新计算者予以改正外，一律保持原貌。

六、对个别文字因原书刊印刷原因，无法辨认者，以方围号□表示。

作者小传

顾准，男，字哲云，1915年生于上海，1956年进入经济所工作。

顾准是中国当代著名思想家、经济学家、会计学家、历史学家，较早论述了社会主义市场经济理论。

顾准生于上海一个小商人家庭，幼时读过五年小学、两年职业学校，因家境贫寒而辍学，12岁即进入立信会计师事务所工作。1934—1940年出版多部会计学专著，成为当时会计学界的知名学者，并受聘担任大学的会计讲师、教授。1935年加入中国共产党，曾任中共上海职业界救国会党团书记、江苏省委职委书记、文委书记。1940年进入敌后抗日根据地，先后在苏南、苏中、山东解放区做地方财经工作。1943—1945年在延安中央党校学习。1949年5月上海解放，任上海市人民政府财政局长、税务局长、政府党组成员，并兼任华东军政委员会财政部副部长。1953年调北京，在中央建筑工程部任司长。1956年调中国科学院经济研究所（现中国社会科学院经济研究所）任研究员。1957年任中国科学院综合考察委员会副主任，兼经济研究所研究员。同年参加中苏黑龙江流域联合考察组中方副组长，因维护中方利益，被划为"右派"。1958—1961年，先后下放到河北赞皇、河南商城、北京清河等地农村劳动改造。1962年，经孙冶方所长力争，顾准复进中国科学院经济研究所任研究员，在随后的两年间，完成《会计原理》《社会主义会计的几个问题》，同时着手进行社会主义经济理论、价格、工农产品比价关系等问题研究，独立翻译了熊彼特的《资本主义、社会主义与民主主义》一书。1964年经济研究所开展"四清"运动,矛头直指孙冶方的"价值规律论",顾准未能幸免,被再次戴上"右派"帽子。

在"文化大革命"中,顾准被作为"牛鬼蛇神"受到批斗、监管和种种审查,与家人断绝音信。爱人汪璧时任财政部副司长,在"文化大革命"中因顾准的牵连,受冲击自杀身亡。其间,1965—1969年顾准先后在北京周口店、大韩继、经济研究所劳动改造。1969年随经济研究所到河南省息县(后到明港)"五七干校"劳动,其间留下了大量日记,记录当时的所见所闻和理论思考。1972年回北京。1974年12月顾准病逝于北京,终年59岁。

顾准主要著作包括:

《银行会计》,商务印书馆1934年版;

《中华银行会计制度》,商务印书馆1939年版;

《会计名辞汇释》(与潘序伦合著),商务印书馆1939年版;

《中华政府会计制度》(与潘序伦合著),商务印书馆1939年版;

《希腊城邦制度》,中国社会科学出版社1982年版;

《社会主义会计的几个问题》,上海人民出版社1982年版;

《会计原理(未完稿)》,知识出版社1984年版;

《从理想主义到经验主义》,香港三联书店1992年版;

《顾准文集》,贵州人民出版社1994年版;

《顾准日记》,经济日报出版社1997年版;

《民主与终极目的》,中国青年出版社1999年版;

《顾准文存(文稿、笔记、自述、日记)》,中国青年出版社2002年版;

《读希腊史笔记》,商路网与书股份有限公司台湾分公司2005年版;

《顾准经济文选》,中国时代经济出版社2011年版。

主要译著包括:

熊彼特：《资本主义、社会主义和民主主义》，商务印书馆1980年版；

罗宾逊：《经济学论文集》，商务印书馆1984年版。

顾准命运多舛，为了国家的繁荣和富强，他不懈思考，追求真理，留下了宝贵的精神财富，为世人景仰。1942年，顾准在一张读书卡片上抄录了甘地的一句话："尽管今天世界的眼睛是血红的，我们却一定要用宁静而明澈的眼睛来正视这个世界"；1967年，在一张读书卡片上写道："中国革命直接以发展经济为目的"。对于中国经济的未来，顾准充满信心："中国经济必将雄飞世界。"

目 录

试论社会主义制度下的商品生产和价值规律……………………… 1
关于社会主义经济中价值及价值规律的问题
　　——一个读书札记 ………………………………………… 50
学习毛泽东同志"调动一切力量为社会主义服务"的报告中
　　经济部分的几点体会 ……………………………………… 94
和余霖同志商榷价格政策中的几个问题 ………………………… 114
粮食问题初探 ………………………………………………………… 131
资本的原始积累和资本主义发展 ………………………………… 163
帝国主义和资本主义 ……………………………………………… 185
希腊城邦制度
　　——读希腊史笔记 ………………………………………… 197
编选者手记 ………………………………………………………… 344

试论社会主义制度下的商品生产和价值规律

1956年以来,关于社会主义制度下的商品生产、价值、货币、价值规律的作用等问题,国内经济学界有很多讨论。我国自1956年全面进入社会主义以后,研究这些问题已经具备了一定的条件。作者不揣浅陋,也提出一些不成熟的意见,请大家指正。

一 单一的全民所有制与两种所有制

研究社会主义经济,首先碰到的是:目前社会主义各国普遍存在着的全民所有制与劳动人民集体所有制这两种所有制形式,是不是典型的社会主义的所有制形式?当"两种所有制"被"单一的全民所有制"所代替时,是不是社会性质已经转变为共产主义社会而不再是社会主义社会?骆耕漠同志认为①,在社会主义社会中,单一的全民所有制代替两种所有制可以较早完成;而分配原则上从社会主义的"各尽所能,各取所值"转变为共产主义的"各尽所能,各取所需"的过程将在"更远更远的将来才能完成",我认为这是正确的。

大家知道,马克思、恩格斯论证社会主义(共产主义的第一阶段),都假定单一的全民所有制,不考虑"两种所有制"的存在。社会主义各国普遍存在两种所有制的历史原因是:无产阶级领

---

① 参见骆耕漠《论社会主义商品生产的必要性和它的"消亡"过程》,《经济研究》1956年第5期。

导的社会主义革命，发生在经济发展还不充分，小商品生产还没有被资本主义生产方式所排除的国家内。小生产合并为大生产的过程既然没有在资本主义生产方式内完成，就只能由无产阶级领导，在社会主义阶段或向社会主义的过渡阶段内完成。两种所有制就是在社会主义社会中，联合小生产为大生产的结果，并且是走向单一的全民所有制的过渡形式。因此，实现了单一的全民所有制之后，只要社会的分配原则还是"各尽所能，各取所值"，那当然还是社会主义社会而不是共产主义社会。

在两种所有制并存条件下，两种所有制之间仍然会有产品交换。解决下面一些问题，例如社会主义的生产是否是商品生产，价值、价格、货币等经济范畴的意义如何，都不免要首先去解决因两种所有制并存而发生的一系列问题。如果我们承认两种所有制并存是向单一的全民所有制的过渡形式，单一的全民所有制是社会主义的纯粹形式，那么研究社会主义制度下的商品、价值、货币等问题时，先研究单一的全民所有制下的情形，再研究在两种所有制条件下的情形，问题的解决也许会方便一些。由于社会主义各国，大工业生产方面已集中于全民所有制的企业，它的生产占全部国民经济的比重很大，因而进行这样的研究也是可能的。

二 分配方法与核算方法

（一）

马克思在《哥达纲领批判》一书中，对社会主义的分配原则作了明确的论证。为简明起见，可以把这个分配原则用公式表示如下：

（Ⅰ）社会总产品价值＝国民收入＋已消耗的生产资料价值的补偿。

（Ⅱ）国民收入＝消费基金＋积累基金。

（Ⅲ）消费基金＝直接生产者所领受分配的份额＋非直接生产

者所领受分配的份额＋不转化为劳动者个人收入的消费。

（Ⅳ）直接生产者所领受分配的消费基金＝他所创造的价值－（应按比例扣除的积累基金＋公共管理基金＋社会保证基金＋科学教育艺术基金）。

关于分配方法，马克思、恩格斯在《资本论》及其他著作中再三提到，在社会主义社会中，个人交换将被废除，作为一般等价物的货币不再存在，分配将利用劳动券。

社会主义各国的分配原则与马克思的论证是符合的。在分配方法方面，表面上看来，依然保存了货币，并以相对固定的工资率和物价表，作为积累基金与消费基金，以及消费基金在不同各类劳动者之间的分配的杠杆。

在这里，研究一下马克思、恩格斯所说的劳动券到底是什么东西是必要的。劳动券可以是规定领取一定种类一定数量消费品的领物凭证；也可以是不具体规定种类数量，而以某种计量单位（如劳动小时、劳动工分，或干脆仍用元角分这种货币单位）计算的，可以凭以自由选购各类消费品的凭证。根据恩格斯的论证，它可以是后者而不是前者：交换的形式怎么样呢？交换是通过金属货币来实行的。可是在公社与社员之间的交易上，这些货币，绝不是货币，绝不是尽货币的职能。它们成为真正的劳动券……

让我们来研究一下，利用货币为分配工具，国民收入的分配与再分配的具体途径如何。

（1）个别企业利用工资与价值形式进行核算。假如没有其他使产品价值与价格差离的因素，那么产品成本、利润及企业缴纳的各种捐税之和，就是产品的价值。

（2）工资是劳动者个人领受的劳动报酬，也就是社会总的消费基金中分配给他的部分。捐税与利润，归入国家预算体系。国家经过预算体系，将这部分预算收入分配为积累基金及公共管理基金、社会保证基金、科学教育艺术基金等。

（3）在社会劳动生产力水平不变的条件下，工资率与产品价格两者，决定全部企业缴纳利润及捐税的数额，也决定社会纯收入可供再分配的数额，所以也决定了消费基金与积累基金间、各类消费基金间分配的比例。

利用上述分配方法，进行下述各种调节是方便的：

（1）当社会劳动生产力提高，可以提高工资或减低物价，使国民收入中分配为消费基金部分不致低于应有水平。

（2）社会应用较大力量进行扩大再生产，因此工资的提高或物价的减低，应低于劳动生产力提高的程度，使消费基金与积累基金间维持适当的比例。

（3）当某部类生产的劳动生产力提高的速度，高于别的部类时，可以降低这个部类生产品的价格，使价格的运动适合于各类产品间价值比例的变化。

（4）当各部类生产中的工资率，不适合于劳动者熟练程度的差别时，可依不同比例调整各部类工资率。

目前社会主义各国还存在着两种所有制，国民收入的分配与再分配的途径比上面所说的还要复杂一些，这一点我们在后面还要详加论述，现在姑且对此存而不论。假定一个单一的全民所有制的社会，消费品的分配只存在于社会与劳动者之间（公社及其社员之间），作为分配工具的货币，除掉保存历史上遗留下来的单位名称（例如元角分）而外，按照恩格斯的原则，就是劳动券，而不是别的。

（二）

采取货币这个工具来分配消费品，还有下列好处，是领物凭证式的劳动券所不能替代的。

劳动者及其家属的消费要求可归并为若干类，如食品、衣服、居住等，这些种类的消费要求是可以统计出来作为计划生产的根据的。但从具体的消费品的品种、花色而言，由于消费兴趣的多样化，人们必然要求自由选购，反对凭证领取。

个人消费要求的满足，很大部分是用购买物品的方法，但还有不用购买物品的形式的，如：①住宅的租赁；②个人生活服务如理发、洗澡、市内交通、外地旅行、旅馆服务等；③文化娱乐；④劳动者个人负担的子女教育费、托儿所费用等。满足这些要求，不能依靠领物凭证式的劳动券，只能用货币来支付。

延期消费与提前消费，在我们社会中是通行的。前者，就是储蓄，后者如分期付款购买耐用消费品。由于劳动者消费兴趣的多样化，延期消费与提前消费是不可避免的。这不仅需要利用货币，并且还需要一个信贷系统，利息也还保存着。根据社会主义各国的经验，储蓄、信贷与利息不会造成生产资料的名存实亡的状态，因为储蓄的数量，比之公共积累是一个微小的数额，因而是无关大局的。

（三）

社会主义有没有利用领物凭证式的劳动券的历史经验呢？从瞿秋白同志下述记录看来，那样的经验是有过的：

> 俄国十月革命之后，每一城市作为一共产社。又一友人告我，俄国现在无物不集中，消费者都以团体为单位，个人名义很难领到需用物品……譬如莫斯科公社——市政工会之类，每月为莫斯科居民运取食粮，消费者凭劳动券领取，劳动券以工作高下为标准分好几等，每等可得若干，十日以前在《消费公报》登载。……（1921年3月21日）①

这里所提到的劳动券，按所记录的情形来说，应该是指领物凭证式的劳动券，因而也就是不经过货币（不经过交换）的产品直接分配。这种产品的直接分配，列宁认为，在当时是"我们力不胜任的事"：

---

① 《瞿秋白文集》（第1集），人民文学出版社1954年版，第106—107页。

到了1921年，当我们度过了并且是胜利地度过了国内战争中最重要的阶段以后，我们就遭到了苏维埃俄国内部巨大的、我认为是最大的政治危机，这个危机不仅引起相当大的一部分农民的不满，而且引起工人的不满。群众已经感到直接过渡到纯社会主义的经济形式和纯社会主义的分配，不是我们力所能及的事情。①

列宁所说的"力不胜任"的事，是指1921年前后。苏联从1936年建成社会主义到现在已有21年的历史，力量是空前强大了，"力不胜任"这样的事应该已经不再存在了。但是，苏联现在还利用货币，还没有提到用领物凭证式的劳动券，这至少证明了，在目前条件下的苏联，利用货币作为分配工具还是适合的。

（四）

利用货币来分配消费品，同时也就是利用货币来实行核算。因之，价值与价格在我们的日常生活中是存在的。比之劳动时间，价值是一个相对的、动摇的、不充分的尺度。社会主义社会为什么不直接用劳动时间来衡量产品所消耗的劳动量，以便彻底消灭价值范畴呢？

在实行广泛社会分工的社会主义生产中，每个生产企业是一个核算单位。每个生产企业在核算过程中所能确切知道的数据是：①支付的货币工资；②他企业转移过来的生产资料的价格；③本企业转移出去的产品的价格。至于所支付的捐税与上交利润等，则已属于纯收入再分配的范围了。

企业所支付的货币工资，相当于劳动者所创造的价值，扣除社会纯收入部分的余额。根据劳动时间确定货币工资率时，已经把复杂劳动与简单劳动的差别，换算为单纯的货币数额的差别了。但货

---

① 列宁：《俄国革命五周年与世界革命的前途》，《列宁文选》（第2卷），人民出版社1955年版，第984—985页。

币工资一经确定，必须相对地固定下来。如果个别劳动者熟练程度提高了，但还没有"提级"，货币工资仍可不变；又如果整个劳动生产力提高了，在没有通盘调整工资之前，全部货币工资率也可以不变。因此，货币工资虽反映了劳动时间消耗的量，虽已把复杂劳动与简单劳动换算为统一的货币单位，但它确实只是相对的，而不是绝对地反映了劳动时间的消耗。

货币工资内，不包括劳动者提供给社会的纯收入部分。纯收入是产品转移出去的价格与货币工资的差额，它不是货币工资的比例附加额。价格则是根据过去经验中所知道的，由生产一个产品的社会必要劳动时间规定的。因此：①产品价格大致上适用于不同企业所生产的同类产品；②产品价格是相对固定的，不是时时变化的。就第一点来说，劳动生产力高的企业，用同样价格出售产品将获得较大的纯收入；劳动生产力低的企业，纯收入会小一些，甚至会亏本。个别企业所核算的，只是核算产品的成本与企业的盈亏。就第二点来说，产品虽有相对固定的出售价格，但产品成本是可以逐渐降低的。因此，一个生产企业到底能获得多少纯收入，不是事先预定的，它只能通过定期的财务结算，相对正确地计算出来。根据这个分析，反过来再来观察价格，就知道：①价格是生产产品的社会必要劳动时间的反映，它是个别企业所费劳动时间的平均，但又与任一企业的劳动消耗都不同；②价格是用作核算当前生产中劳动消耗的事先假定（根据过去经验作出）的标准，不是根据当前生产中劳动消耗的结果统计出来的。由于劳动生产力经常在变动着，价格在任何时候也不能绝对正确反映当前生产中产品的社会必要劳动时间。

劳动生产力的变化，首先反映为材料消耗与生产工时的变化，它是时时变化着的：从全社会来说，只能相对地、近似地表现在价格中。除了这种直接的变化外，还有一些间接的因素影响劳动生产力的变化，例如设备利用率的高低，管理费用的大小，生产周期与流通周期的长短，废品利用的程度，都对产品所耗劳动时间发生程度不等的影响，对个别企业来说，这些因素是间接的、不确定的，即使在成本核算中也只能根据一些假定的标准进行分摊计算；对社会产品来说，它对全部产品生产中劳动消耗量的影响更是不确定的、相对的。因此，根据社会统计定出产品的价格，或者根据所有企业的成本计算产品的平均成本，都只能相对地反映平均的劳动消耗量，而不能绝对地反映它。

以上还只说到了一个企业所支付的货币工资与产品出售价格两者。由于生产的社会分工，企业产品价值的大部分是他企业转移过来的生产资料的价值。生产的社会分工越发展，个别生产企业的产品价值中，本企业生产过程中新加入的劳动消耗部分越小，他企业转移过来的生产资料的价值部分越大。因此，某个企业的核算过程中，假定别的企业转移过来的生产资料的价值是绝对正确的，只要新加劳动部分计算得正确，生产资料的消耗比例计算得正确，确切核算本企业产品的价值——劳动消耗是可能的。虽然这个企业所核算的，也还是本企业的成本与纯收入，不是直接核算本企业所费劳动时间，更不是核算产品生产的社会必要劳动时间。可是前面指出过，每个企业的核算结果都只能做到相对正确，产品转移价格也只能相对地代表某项产品的社会必要劳动时间；因此全部企业的核算，也只能相对正确，不能绝对正确。

这样看来，利用货币工资与预先规定的价格，作为核算的工具，就是采用了一个公共的价值尺度单位，这个价值尺度只能相对地、近似地、不充分地反映产品的劳动消耗，可是它有两种好处：第一，它是一个公共的尺度，它反映产品生产的社会必要劳动；第二，它经过个别企业的成本核算，与企业间成本和纯收入的差异，比较各企业生产活动的经济效果——即比较它们的个别价值与社会价值的差异。缺乏这个公共的价值尺度，这个实行广泛生产分工的社会化生产中，全部核算体系是建立不起来的。

社会核算体系除以个别企业为其基层核算单位外，各生产企业所提供的社会纯收入，经过预算体系实行再分配，预算体系则是独立于各个生产企业之外的。社会纯收入分配于多种用途，它用于购买企业的生产品，也用于支付不直接从事生产的劳动者的报酬。这些劳动者的报酬，理论上也按比例扣除应提供社会的纯收入，不过因为他不直接从事生产，所以不表现出来而已。这些劳动者从事劳动，但他们所从事的劳动不表现为产品价值的增加。因此，这个独立于生产企业之外的预算体系，除掉用公共的价值尺度单位来核算纯收入的再分配之外，使用劳动时间来核算是很难设想的。

（五）

不管以上所说种种困难，我们还是研究一下，直接用劳动时间来衡量产品的劳动消耗，到底有没有什么问题。

要直接用劳动时间计算产品的劳动消耗，首先，必须解决复杂劳动换算成为简单劳动的标准。这样的换算只能在社会平均劳动的计算中采用，它不适用于个别企业的核算。其次，这个简单劳动本身也在不断变化之中，因而它也不能是一个绝对的尺度单位。

一个社会存在着大量普遍的一般水平的简单劳动（譬如说，我国农业中的全劳动力或可认为是这种劳动），在全社会范围内，各种复杂程度不等的劳动是可以换算成为这种简单劳动的。但在一个生产企业范围内最简单的劳动，未必是这个全社会水准的简单劳动。一个生产企业的技术劳动的熟练程度是逐渐的但经常在变化着的。因此，个别企业进行核算时如采用全社会水准的简单劳动，那么这个企业是已经采用了间接的尺度了。如采用本企业范围内最简单的或最大量的劳动作为基准，各部类企业的核算结果就是不可比的了。同时，每一个企业内部，各种熟练程度不等，熟练程度又经常变化着的复杂劳动，要换算成为简单劳动，也是没有一个确定的持续不变的标准的。

个别企业或全社会的简单劳动的熟练程度，本身也是在变化着的。譬如，按我国目前情况，农业中全劳动力的熟练程度，随着农村中文化技术知识的普及，其熟练程度技术水平在逐渐提高。加以国家经济建设的发展，工业运输业等职工数量的大量增加，全社会水准的简单劳动逐渐地将不以农业中的全劳动力为基准。我们完全可以想象，数十年后，在今天看来是复杂劳动的，那时将成为简单劳动；观察社会主义国家工资水平的变化，可以证明这一点。社会主义国家不同等级的工资率间的距离，就其总的趋势来说是不断缩小的（虽然可以经历一段为了发展技术劳动而扩大各级工资率间距离的时期），这正是反映了最普通的简单劳动逐渐发展成为熟练劳动的过程。

这样看来，以劳动时间作为产品所消耗的劳动量的尺度，它本身也不免是不确定的、相对的。

（六）

以上是社会主义各国现在的分配方法与核算方法的初步分析。根据这个分析，可以知道，经过几十年的历史发展，社会主义经济已经形成一个体系。这个体系的全部细节是马克思、恩格斯所没有全部预见，也不可能全部预见的。为什么现在社会主义各国还存在着"商品生产"与"货币经济"呢？应该从这个体系的内部关系的分析中去找答案。

可是，人们向我们指出，譬如像苏联这样第一个社会主义国家，到现在还利用货币，是因为还存在着两种所有制，因而有两种所有制之间的商品流通。这种货币还是本身具有价值的货币商品，它是商品流通下面的一般等价物，它不是劳动券。这与我们上面所说的就是相反的了。

因此，我们必须研究社会主义下的商品生产问题。

三　商品生产

（一）

关于商品生产的一般性质，马克思指出：

> 使用对象成为商品一般，只因为它是互相独立经营的私人

劳动的生产物。……生产者由他们的劳动生产物的交换，才发生社会的接触，所以，他们的私人劳动所特有的社会性质，也要在这种交换里面才显现出来。①

恩格斯指出，商品生产者的社会联系，是通过他们的生产品的交换来实现的。而作为商品生产最高形式的资本主义生产方式，则在社会化的生产中，统治着无政府状态。

马克思、恩格斯指明，从资本主义到社会主义的转变中，生产资料将为社会所占有，商品生产将被消除。这就是说，那时社会将有计划地进行生产，生产的无政府状态将不再存在，社会的生产品将直接用为再生产的生产手段与生活资料，不再是为交换而生产的商品。

恩格斯在《反杜林论》一书中批评了杜林的经济公社的幻想。他着重指出，企图在实现"劳动的真正价值"的基础上，让活的劳动与劳动的产品相交换，这时，劳动力和它所应交换的生产品一样同是商品，因此，杜林的方案是企图用商品生产的基本规律，除去商品生产发展成为资本主义生产进程的弊害。这也就是说，像杜林那样，认为社会主义的目的是实现劳动的"真正价值"，而不是有计划地分配社会劳动于社会生产，有计划地分配社会总产品于积累基金及消费基金，并分配消费品于劳动者之间；其结果，生产的无政府状态仍将继续，分散于私人手中的积累终将吞没公有化了的生产资料，劳动力的价值将服从于近代的工资规律，社会总产品也只有通过交换实现其价值，所谓社会主义不过是一句空话。

这样，马克思、恩格斯证明了，社会主义是公有制，公有制下面是不存在商品生产的。

（二）

现在让我们来研究一下，在单一的全民所有制下面，社会仍用

---

① 《资本论》（第一卷），人民出版社1953年版，第54—55页。

"货币"来分配消费品，利用货币进行核算，社会生产是否仍然是商品生产。

骆耕漠同志认为①，只要实行按劳计酬与经济核算，就必须利用货币来分配消费品，产品就必须计价，那就是商品生产与货币经济。骆耕漠同志接着说：马克思、恩格斯关于商品及商品生产的定义，"是就一般私有制度下的商品生产而言。……这种商品生产在社会主义制度下，由于生产资料已转为公共财产，除掉在集体农庄市场上还有极个别的残迹存在外，已经是不存在了。……商品生产有建立在私有制基础之上的，也有建立在公有制基础之上的。后面这种商品生产，虽然为联合的社会主义生产者所公有，但是他们必须将产品作真正的交换、买卖，即将他们的产品的所有权作真正的转移，那些产品才能算是真正的商品"②。

我们注意到，马克思、恩格斯从未论证过公有制下的商品生产，但这是指单一的全民所有制。说两种所有制并存时，两种所有制都是社会主义生产者，他们之间有商品交换，这种商品生产是特种商品生产，这是斯大林在《苏联社会主义经济问题》中所指明的。斯大林在那里接着指出：这种商品生产"决不能发展为资本主义生产，而且它注定了要和它的'货币经济'一起共同为发展和巩固社会主义生产的事业服务"③。可是为什么两种所有制之间存在着产品交换，就决定了社会主义生产是商品生产？是不是因为劳动人民集体所有制与全民所有制存在着本质上的区别呢？同书除在个别地方略为涉及这点外，并没有明确指出这是基本原因。同书曾采取另一个论点，即产品成为商品的原因，是产品所有权的转移。骆耕漠同志认为正是产品所有权的转移，构成公有制下的商品

---

① 骆耕漠：《论社会主义商品生产的必要性和它的"消亡"过程》，《经济研究》1956年第5期。
② 同上。
③ 斯大林：《苏联社会主义经济问题》，人民出版社1953年版，第15页。

生产①。

可是，所有权概念是一个法律概念，法律关系只能是社会经济关系的反映，它本身不是什么经济关系。社会主义法制承认个人是他所获得的劳动报酬的所有权者，是按劳计酬这种经济关系的反映，承认集体农庄是它的生产资料和产品的所有权者，又是另一种经济关系——劳动人民集体所有制的反映，两者就不属同一性质。即就个人消费品而言，劳动者用货币工资购买消费品，在资本主义制度下，是劳动力再生产的一个过程；在社会主义制度下，是实现他所应领受的社会主义生产品份额的办法，两者也根本不属同一性质。所以，引用法律关系来解释经济关系，是未必妥当的。

（三）

所以，我们应该试图分析两种所有制之间的经济关系。

劳动人民集体所有制，是社会主义所有制的一种，它是不同于私人——资本主义占有制度的。从分配方面说，劳动人民集体所有制与全民所有制的区别，表现在：①它们的纯收入部分，除税收外，不通过国家预算实行再分配；②它们所实现的收入（即产品出售价格的总和，减去生产中所消耗的生产资料的成本），构成他们自己的劳动报酬和积累基金的界限；③它们的劳动报酬不是如同工厂工人那样统一规定于国家工资制度中。这个区别，就使集体农

---

① 《政治经济学教科书》没有强调"所有权的转移是产品成为商品的标志"这个论据。该书确认：（1）社会主义生产之所以是商品生产，因为存在着两种所有制之间的交换；（2）个人消费品是商品；（3）一般生产资料不是商品。该书写道：

"通过收购和采购而从集体农庄转到国家和合作社手中的农产品和原料，以及在集体农庄市场上出售的农产品，都是商品。国营企业生产的、集体农庄和庄员所购买的工业品（主要是个人消费品）也是商品。既然个人消费品是商品，那么它们也就通过买卖转入城市居民手中。"（见苏联科学院经济研究所编《政治经济学教科书》，人民出版社1955年版，第477—478页）

上面采取的是类推解释法，"既然个人消费品是商品，它们也就通过买卖转入城市居民手中"，这是就部分个人消费品为集体农庄及其庄员所购买，因而是商品，推及全体个人消费品都是商品。但同样的类推解释法也适用于生产资料。应用类推解释法，我们也能达到这样的结论：既然集体农庄购买部分生产资料，因而全部生产资料都采取商品形式。但这种解释法未用于生产资料。该书确认一般生产资料都不是商品。

庄在生产方面，虽要按国家计划进行，假设它们积累了巨大的经济力量，就会出现一种自发的资本主义趋势，脱离国民经济计划的轨道。但按社会主义各国现有经验来说，还没有出现过这种情况。相反的情况是出现过的，就是农产品收购价格过低，造成农业生产中若干部门的生产低落，生产量与劳动生产力两者同时降低。同样，按社会主义各国现有经验来说，规定正确的农业生产计划与农产品价格，使农业生产得以发展，而又防止劳动人民集体所有制发生那种自发的资本主义倾向，那是做得到的。

假设一种正常状态，即农产品价格的规定是正确的，集体农庄的生产是按国家经济计划进行的，那么全民所有制和劳动人民集体所有制下的劳动者的分配原则，都是一个社会主义的原则：按劳计酬。所不同的是：属于全民所有制下面的劳动者的分配，原则上以全社会为一个核算单位；属于劳动人民集体所有制下面的劳动者的分配，不是以全社会，而是以这个生产单位本身所创造的价值，划分为积累基金、消费基金，并进一步按照按劳计酬的原则，在劳动者之间分配它可以分配的消费基金。但集体农庄的分配，又以税收、国家银行贷款、国家设立的农机站的报酬标准、工业品与农产品的价格等，与全社会的国民收入相联系着。因为有这种联系，社会主义国家可以进行一种带有全社会性质的调节，使工农间收入的差别缩小，使农业所获得的基本建设资金适合于整个国民经济发展的水平。

全民所有制与劳动人民集体所有制之间的交换是两种所有制之间的交换。交换的价格由计划规定，它反映了全社会的按劳计酬原则与国家对工农收入间的调节，而不是按照竞争原则进行的，不是生产的无政府状态所自发形成的。因此，我们可以说劳动人民集体所有制是社会主义所有制中的一个低级阶段，但不能说劳动人民集体所有制与全民所有制的交换是一种严格意义上的商品交换，如像马克思、恩格斯所指明的私有制下或资本主义下的商品交换。这种交换，在它不会造成集体农庄自发的资本主义倾向的限度内，本质上与国营企业之间的交换,或国营企业与工人之间的交换(如果那可以称作交换的话)具有相同的性质。

自然,劳动人民集体所有制的经济本质,并不是每个时期、每种场合都相同的。在某一场合或某一时期,它们的自发资本主义倾向弱一些,甚至达到接近全民所有制的程度;在另一种场合或另一个时期,自发资本主义趋势强一些,甚至完全不服从国家经济计划的轨道进行生产或交换。但是,除掉那些徒具虚名之外,在全民所有制占国民经济极大比重的条件下,劳动人民集体所有制服从国家经济计划一般是没有问题的。因此,只要它的内部分配关系是社会主义关系,两种所有制之间的关系也必然是社会主义的关系。这种关系,与私有制下两个商品生产者之间的关系是根本不同的。

所以,按照马克思主义经济学关于商品生产的性质的理论,难以得出这样的结论:因为社会主义社会还存在着两种所有制,两种所有制间的交换是商品交换,社会主义生产是商品生产。

(四)

如果承认两种所有制在本质上是相同的,但指明社会主义社会还存在着那种性质改变了的商品交换与货币经济,那么用"特种商品生产"来指明社会主义生产的性质,不能认为是错误的。

困难在于"特种商品生产"这个定义,不仅与相互进行"商品"交换的两种社会主义公有制的性质有关,而且也与"经过流通过程(买卖交换过程)的产品就是商品"这个定义有关。而据说商品流通的存在,又必然要复活资本主义(参阅附注)。按照这个定义,只要产品经过流通过程即买卖交换过程的,它就是商品;不经过买卖交换过程的,它就不是商品。因此,只有在实行产品直接分配时,即废除目前广泛应用着的"货币"这种分配工具,变为采用领物凭证式的劳动券,或者不要劳动券也可以,反正是实行产品直接分配制度时,商品生产才会完全消灭,资本主义复活的危险才会完全消除。

不难看出,这不是深入分析社会主义的生产关系以后所得出的结论。这是一个从商品流通的外表所得出的结论。正因为定义从商品流通的外表上得到，所以，阐述这个观点的人，就会依靠所有权的转移这种法律关系的论据，来支持这个结论。

按照这个结论，还不免产生另外一个理论上的难点，那就是：全社会生产品有的是商品，有的不是商品，完全以其是否经过流通过程为准。可是大家知道，社会生产是一个不断的流，所有社会产品，不论它是生产资料还是消费资料，结局总是变成消费品分配于全体劳动者之间；所有生产品中活劳动的消耗部分是以当年分配的消费品抵偿的（还应该注意，全社会所消耗活劳动的一部分还是作为积累基金而不是全部以消费品来抵偿的），所消耗的过去劳动部分结果也是以消费品抵偿的，不过抵偿的时间有先后，抵偿的过程复杂得多而已。把这个不能分割的社会生产之流，分割其中一部分称之为商品生产，另一部分称之为非商品生产，于是马克思主义的再生产理论就被支离割裂，无法理解了。

（五）

归纳上面的分析，不难看出：社会主义各国现在利用货币作为分配工具与核算工具这种制度，如果称之为特种商品生产，以标志其形式上存在货币经济，实质上不同于私有制下的商品生产，是可以的。认为这种制度在单一的全民所有制下也将继续下去，也是正确的。但认为这种商品生产的特征是流通过程（买卖交换过程）的存在，产品所有权的转移，这是可以怀疑的。

同样，由于社会再生产过程是一个不断的流，如果承认有所谓公有制下的商品生产的话，那么，不分消费品与生产资料，也不必追究什么所有权的转移，全部产品既都必须计价，都有商品"外壳"，那就都是商品。如果说，这些产品因为直接是社会产品，不是私人以私人打算生产出来，只有在个人交换下才实现其价值的，因而它们不是商品，那么，无分消费资料与生产资料，它们都不是商品。

至于目前社会主义之所以存在着"商品生产"，应该肯定，其原因是经济核算制度的存在，不是两种所有制并存的结果，两种所有制之间的交换，是不能拿来与私人商品生产者之间的交换类比的。

四　计划经济与经济核算

(一)

既然社会主义存在着"商品生产"与"货币经济"，是实行经济核算的结果，那么，在进一步研究社会主义社会中价值、价格与价值规律的作用之前，分析一下计划经济与经济核算的特征及两者间的相互关系是必要的。

大家知道，企业实行经济核算的标志，是拥有独立的资金，独立计算盈亏。在资本主义社会内，生产企业实行经济核算是自明之事，它是随资本主义经济的发生而来的。从历史发展上说，社会主义的经济核算制，在苏联是结束军事共产主义时期，实行新经济政策的产物。其他社会主义各国，是在资本主义向社会主义的过渡时期内，保留资本主义经济核算的形式，改革其内容而形成的。不论历史发展的过程如何，社会主义企业的经济核算，是计划经济范围内的经济核算，这是与资本主义"经济核算"的基本区别。

社会主义经济是计划经济，马克思、恩格斯再三指明过；社会主义经济是实行经济核算的计划经济，马克思、恩格斯从未指明过。相反，他们确切指明社会主义社会将没有货币，产品将不转化为价值。列宁根据苏联建国初期的经验，确立了社会主义的经济核算制度，此后，数十年来，在苏联及其他社会主义各国，形成了实行经济核算的计划经济体系，并且证明了：它是不可缺少的制度。其原因究竟何在呢？

社会主义生产，直接是使用价值的生产。按照马克思的再生产原理，社会各部类生产间必须保持一定的比例关系，这个比例关系仅借计算不同物资间物量的关系（它表现为国民经济计划中的物资平衡）是可以得到解决的。可是社会主义必须借不断提高劳动生产力来提高人民物质文化生活水平。在这里，姑且不引入价值这个概念，社会主义同样必须严格核算所费劳动与有用效果间的关系。假设经济计划关于不同部类生产间的物量关系，与不同部类生产中所费劳动与有用效果的计较，能够全面地、确切地都计划妥善了，那么，让全社会生产成为一个大核算单位，让全部生产、分配、消费都规定在这个计划之中，原是够了的，用不着再让各个生产企业再去实行什么独立的经济核算了。

历史经验证明，让全社会成为一个大核算单位是不可能的。全社会必须有一个统一的经济计划，具体的经济核算单位则必须划小，至少以每个生产企业为单位进行核算。巨大的生产企业，其具体核算单位还必须划小（例如鞍钢的炼钢厂、炼铁厂、耐火材料厂等都实行鞍钢范围内的独立经济核算）。这样，全社会的经济计划，规定全社会的生产规模、积累规模、劳动生产力提高的水平、各部类物资的数量平衡，同时也进行全部生产分配过程的价值平衡。独立的经济核算单位按照经济计划进行生产分配，不得脱离计划的轨道。可是由于存在着经济核算制度，即令：①物资全部由国家统一分配，没有企业间直接的购销与合同关系。②企业盈亏与企业劳动者的物质报酬之间不发生任何关系，至少也将产生这么几项结果：一是企业间产品的转移，有了公共的价值尺度；二是企业独立计算盈亏，推动管理部门寻求可以提高劳动生产力，减低成本的因素而加以利用。这对社会生产的发展就已经有很多好处了。至于有了货币这个工具，对消费者来说，无论如何比实行领物凭证式的劳动券要方便得多，有利得多，这在前面已经指出过了。

实行经济核算制的有利结果，实质上一定远远超过前面指出的两点。①不论消费品或生产资料的品种规格怎样千差万别，需要变化的因素也是复杂多端。如果说它们的生产与消费及两者间的平衡，全部规定在一个经济计划中，可以不发生任何困难，那是客观上做不到的。因此，②生产资料在不同企业间的转移，要由企业间直接的购销关系或合同关系来补计划规定之不足。③消费品的销售，要依赖零售市场中价格的调节来平衡供需。④使企业劳动者的报酬，与企业为扩大生产所需的基本建设投资，与企业出售产品的收入发生一定程度的联系，如奖励金制度、企业基金制度等。于是经济计划就成为这样一种计划，它规定有关生产分配及产品转移的全局性的、关键性的项目；它规定各个生产企业的经济指标；但它不是洞察一切的，对全部生产分配与产品转移规定得具体详明，丝毫不漏，因而是绝对指令性的计划。经济计划因为是全局性的，关键性的计划，因此，社会经济运行过程不再任令客观的经济规律盲目发生作用了；但经济计划又不是具体详明到这种程度，以致任何企业（甚至包括任何个人）只要按照计划办事，就可以万事大吉。经济计划是用经济核算来补足的。

经济核算所起的调节作用，又使计划获得若干种用统计调查所得不到的数据，作为今后制订计划的根据。比如说，社会消费水平提高了，消费资料的生产应做相应的扩大。可是在多种消费品中，到底扩大什么，扩大多少，比例如何，无论做怎样详细的消费调查都是得不到可靠数据的。消费品零售市场中的热销、滞销、价格涨落，就可以使我们察知需要的变化，据以调节生产。同样，各个生产企业产品销售情况，价格与利润的变化，也指示了产品的生产与消费间平衡的情况，与劳动生产力变化的程度。这对制订今后的经济计划是有极大用处的①。社会再生产是一个不间断的过程，逐年再生产计划不是凭空制订出来的，经济核算制所提供的数据是计划制订的基本根据之一，没有这些，经济计划是制订不出来的。

必须指出，一个实行广泛社会分工的社会主义生产，只有实行计划经济，才能避免生产的无政府状态。但同时也只有当它是实行经济核算制的计划经济，才能广泛动员群众的积极性，提高劳动生

---

① 定额，是从经济核算资料中获得的。所以，有人以为有了需要量，加上定额，就可以编计划，不必依靠经济核算，是忘掉了定额本身还需要一个根据才能产生出来，它是不能凭空掉下来的。

产力，在计划所不能细致规定的地方（事实上过于细致的结果，一定与实际生活脱节），自动调节生产、分配、产品转移与消费之间的关系，同时也提供许多制订再生产计划的根据。生产规模越大，生产分工越细，消费水平越高，经济核算制度就越为必要。社会主义各国的经验，已经足够证明这件事了。

（二）

实行经济核算制，就有可能利用价格与工资率，调节劳动者的报酬，前文已经述及。

价格对于产品的生产与转移，也能起调节作用。因为既然各个企业都有核算盈利的责任，盈利的来源又不外是提高劳动生产力与获得有利的产品价格两者，那么，企业总是愿意进行那种价格有利的生产。所以，实行经济核算制以后，就有经过价格结构以调节产品生产与流通的可能。前面讲过，社会主义各国运用经济核算制度的具体政策有所不同，经过经济核算制度所能发生作用的程度也有所不同。一般说来，这种作用以价格、成本、劳动者报酬与基本建设投资四者联系紧密的程度而定，这就是说：

（1）如果价格、成本、劳动者报酬与基本建设投资相互间不发生联系，分开来由企业对社会负责，经济核算制所能发生的调节作用就比较弱。例如全民所有制的企业，如价格由计划规定，产品由国家统销，盈亏由全社会包下来，劳动者报酬由国家保障，企业完成计划所定产量任务就可交账，经济核算制对生产与流通的影响就会很小。

（2）如果上举因素中几项联系起来，由企业独立负责，例如，产品不由国家包销，产品销不出，企业就有发不出工资，无法继续进行再生产活动的危险，自然就会使企业考虑产品规格、花色、价格等问题。因而经济核算制自动调节价格，调节生产与流通的程度就会提高。

（3）如果劳动者报酬与价格成本紧密联系，生产企业追求价高、利大、好销的产品就越迫切。劳动人民集体所有制的企业，由于国家对其劳动者报酬不负保障的责任，这种倾向就会十分强烈。

（4）同样，一个生产中的企业，为扩大再生产或提高劳动生产力而进行的基本建设，如果投资由全社会包下来，那么，关于投资效果的计较一定较少；如果投资的全部或一部分要由自己的收入中筹措，投资效果的计较就不能不精密。

实行经济核算制以后，经过价格结构以调节产品的生产与流通，社会主义各国在这方面具有不同经验，目前所采取的实际政策也不尽相同。从已有的理论著作与实际办法中，可以看到最低限度的做法与最高限度的做法。本文目的不是研究具体经济政策，但为了便于研究经济核算与计划经济的关系起见，简略地介绍一下这两种做法是必要的。

所谓最低限度的做法，在理论上认为经济核算仅仅是为了使产品能够计价，产品的计价能促使企业注意成本问题、盈利问题、价格问题，可是价格政策是不能够也不应该发挥调节生产的作用的。生产规模，无论从全社会来说，从各个生产部类来说，或从各个生产企业来说（这又不论它是属于全民所有制的或属于劳动人民集体所有制的），是由计划规定的。价格水准无论如何规定，都不能对生产起调节作用[1]。这种理论，苏联某些经济学家认为是"价格形成中的唯意志论"。这种唯意志论"大部分表现（并且带来了巨大的损失）在农产品的采购价格方面，一部分表现在消费品的零售价格方面，在生产资料的批发价格方面表现得较少"[2]。这种价格形成方面的唯意志论，"使国民经济遭受了很大的损失"[3]。

我们所说的最高限度的做法，是充分发挥经济核算制的作用，办法是：使劳动者的物质报酬与企业盈亏发生程度极为紧密的联系，使价格成为调节生产的主要工具。因为企业会自发地追求价格有利的生产，价格也会发生自发的涨落，这种涨落实际上就在调节

---

[1] 斯大林：《苏联社会主义经济问题》，人民出版社1953年版，第17—21页。
[2] 施·图列茨基：《关于生产资料的批发价格问题》，《经济译丛》1957年第4期。
[3] 同上。

着生产。同时全社会还有一个统一的经济计划，不过这个计划是"某种预见，不是个别计划的综合"，因此它更富于弹性，更偏向于规定一些重要的经济指标，更减少它对于企业经济活动的具体规定①。由于我们缺乏具体材料，因而对实行这个办法后，如何维持重要生产部类的均衡发展（例如工业与农业），如何维持价格的稳定，物资储备与对外贸易应该采取什么具体政策等，都无法作进一步的研究。

（三）

由上所述，我们或者可以达到这样的认识：社会主义经济是计划经济与经济核算的矛盾统一体；在这个经济体系内，强调哪一方面，都会否定另一方面。

社会主义经济首先是计划经济。如果它不是计划经济，任令客观的经济规律盲目地、自发地起作用，它与资本主义经济就没有什么区别了。但是这个计划经济不能不是实行经济核算的计划经济。如果没有经济核算制，任令全社会成为一个大核算单位，事实上是行不通的。既然有经济核算制度，经济核算制度又能广泛动员群众的积极性，提高劳动生产力，并在生产、分配、消费与产品转移的调节方面补经济计划之不足，那么，充分发挥经济核算制的长处是必要的。如果过分强调计划的一面，达到否定价值与价格之间的关系，价格对生产分配与产品转移的影响，因而达到否定经济核算所能发挥作用的程度时，企图用计划规定一切的弊病就会出现，而这是阻碍社会经济的发展的。反之，如果过分强调经济核算的长处，因而充分发挥价格、成本、利润的作用，那么，经济生活中的客观规律就会自发起作用。如果社会没有足够的经济力量去平衡控制这种自发作用，自发作用发挥到盲目程度时，社会主义经济是计划经济这个特征也会被否定掉的。

研究这个问题，在这里只是为了研究社会主义经济中的价值、

---

① 罗曼·费德尔斯基：《评南斯拉夫的工业管理制度》，波兰《新路》1957 年第 2 期。

价格与价值规律的作用，因此对计划经济与经济核算间的关系的分析只能到此为止。具体的经济政策的研究，只能等待别的机会了。

（四）

经济核算制是存在于我们社会经济生活中的现实因素，由于经济核算制，社会产品全部转化为价值。可是人们常常不敢承认这一事实。据说，承认经济核算制，承认产品之转化为价值，就是承认杜林式的经济公社。承认杜林式的经济公社，必然将使杜林式的经济公社去复活资本主义。因此，我们确实必须研究一下，目前普遍施行于社会主义各国的经济核算制，到底与杜林式的公社有什么相似之处。

恩格斯在《反杜林论》中指出杜林式的公社所以注定要失败的特点是：①活的劳动——劳动力——应该与其全部生产品相交换；②因此，"全部生产品都将被分配了。而社会的一种最重要的进步职能，积累，就被剥夺，并被放到个人的掌握之中、个人的意志之下"；③"各别的个人，可以任意处置自己的'收入'，可是社会则最多也只是和以前一样的富，一样的贫，这样，结果只是：过去所积累的生产资料之所以集中于社会手中，只是为着要使将来所积累的一切生产资料，重新分散于个人的手中"[①]。这与我们的经济核算制到底有什么相同之点呢？我们的经济核算制，丝毫也不妨碍马克思在《哥达纲领批判》一书中所指出的分配原则的实行，丝毫也不妨碍社会集中积累基金。社会主义各国实行经济核算制的经验，不是证明它将分散社会积累于私人手中，相反，它证明经济核算制有助于社会迅速扩大它的积累。那么，经济核算制与杜林式的公社到底有什么相同之点呢？

恩格斯在《反杜林论》中批评杜林是要以商品生产的基本规律，除去商品生产发展为资本主义生产的进程所产生的弊害，并指出这种想法与蒲鲁东的幻想是相同的。这是恩格斯批评杜林错误的

[①] 恩格斯：《反杜林论》，人民出版社 1956 年版，第 329 页。

实质所在。社会主义的经济核算制，正因为在这方面与杜林式的经济公社有基本差别，所以社会主义各国实行经济核算制，过去没有，将来也不会去复活资本主义。社会主义各国使用货币作为分配工具，利用价值这个公共尺度去建立整个核算体系，因此形式上存在商品流通，这也许是与杜林式的经济公社的相似之点。但这是方法，不是本质。并且，利用货币作为"公社与其社员之间"的交易媒介，这时货币实质上就是劳动券，恩格斯也明白指出过，那么，社会主义各国的经济核算制，与杜林式的经济公社，到底又有什么本质上的相似之点呢？

是的，恩格斯在《反杜林论》一书中再三指明了，社会主义社会的产品将不转化为价值，并指明，等量劳动产品之间可以互相交换的规律，就是价值规律①。于是人们再也不敢设想，实行经济核算制以后，社会主义产品将转化为价值，而价值规律则只能是商品生产的规律。谁企图用价值与价值规律来解释社会主义经济中的现象，谁就是违背马克思主义。至于我们身处其中的社会主义社会，其现实的内部经济关系如何，则不想去进行认真的分析，我们周围每日每时大量重复的现象，明显地与他们所坚持的见解不相符合，他们解释说，目前存在于社会主义各国的经济制度只是过渡时期的现象，过渡时期的内部关系，不能成为理论的出发点。于是，我们不免产生一个疑问，研究社会主义经济的出发点，到底应该是我们生活其中的社会的经济关系呢，还是一些什么别的东西呢？

此外，还应该研究一个问题：实行经济核算制，推动各生产企业严格计较经济效果。在一定范围内任令经济核算制经过价格结构自动调节生产与流通，但限制它，使它不达到否定计划经济的程度，是否会引导到生产过剩的危机？

作者认为，这是不可能的。因为计划经济不仅要组织各部类物资的产销平衡，并且也要组织全社会的价值平衡。社会主义以不断

---

① 这里已涉及价值规律的定义。本文第六部分对此将作进一步的探讨。

提高劳动人民物质文化生活水平为其基本目的，像资本主义那样，由于剩余价值规律的作用，缺乏有支付能力的需要，社会因生产太多而贫困的荒唐现象是不可能发生的。如果社会因不能预料的原因，以致某部类物资生产过多，社会也会用来扩大它的物资储备，来平衡较长期间的供需。那么，生产过剩的危机，很明显不可能存在。

五 价值及价格

（一）

我们已经知道，实行经济核算制的计划经济，出现价值与价格是不可避免的。

马克思主义经济学认为，价值是资本主义生产方式下，私的劳动与社会劳动的矛盾统一体。因此，商品生产中的价值概念，预决着雇佣劳动，预决着经济危机。社会主义直接以生产使用价值为目的，生产中所消耗的劳动直接表现为社会劳动。那么，社会主义怎么能存在着价值呢？

从前面的分析，我们已经知道，由于社会生产实行广泛的社会分工，所以生产的劳动作为社会劳动是经过一系列过程的。在这一系列过程中，个别产品的劳动消耗与社会平均必要劳动时间是从来也不能一致的，产品的价值，是它的个别价值与它的社会价值的矛盾统一体。

社会主义生产是社会化的生产，是近代化的生产，劳动生产力的提高是它的经济进步的基本动力。劳动生产力提高的过程，就是不同部类生产部门、不同生产企业以至个别劳动者的生产力水平不断发生差别又不断缩小这些差别的过程。先进的超过了中间的与落后的，中间的落后的赶上先进的，而新的先进的生产水平又将鼓舞大家前进。因此，产品的社会价值在不断变化之中，社会价值与个别价值之间又存在千差万别的差异。价格是价值以货币计量的表现形式。如果货币是稳定的,价格是价值的相对固定的表现形式,它将随产品社会价值的变动而变动。社会价值是个别价值的总和,但它和每一个个别价值都不相符。

产品社会价值与个别价值的差异,还表现在下述两种情况:

一般地说,在一个技术装备水平很高并很普遍的社会中,用简单的手工劳动从事生产是例外(譬如说,做特种手工艺品),每一个新的生产部门与生产企业以必要的技术装备为其前提,这些技术装备将按照正常的折旧办法收回它的投资。但当社会集中较大投资于技术装备很高的新的生产企业,投资额超过原有社会水平,劳动生产力也将获得突出的提高,这些企业的产品按其所消耗的劳动时间(包括折旧)来说将低于一般产品的水平,也就是说其个别价值突出地低于社会价值。当这样高的劳动生产力尚未普遍到一般生产中时,社会必将要求在较短时间内收回这笔投资,来加速装备别的企业或生产部门。因此,其价格水平将暂时以原有社会一般生产力水平为标准,一直等到这种较高的生产力比较普遍,产品的社会价值以这种生产为标准而逐渐减低时,价值与价格间的距离,个别价值与社会价值间的距离才会逐渐缩小。社会主义的产品,以一般劳动生产力水平为标准规定其价格是合理的。如果说,上面所说劳动生产力特别高的产品的价格,必须特别低于一般社会生产力水平,那么,这种产品就会供不应求,不敷分配;社会积累将不能迅速扩大,普遍的劳动生产力水平不能迅速提高。产品个别价值与社会价值的差异是应该包括这种特殊的更大的差异的。

反之,由于消费兴趣的多样化,技术水平的不断提高,社会生产中所生产的价值,低于可以实现的价值,也是会发生的。社会主义生产是计划生产,消费资料与生产资料是根据计划来生产的,但如果说因此就不会再有不受欢迎的消费品,技术上陈旧的机器,技术经济上错误的建设工程,那是不符合事实,客观上也是不可能的。至于在使用中的技术装备,因技术上陈旧而提前废弃,形成所谓无形损耗,更是大家所公认的。

所生产的价值实现不了，就全社会说是劳动生产力的降低，虽然它往往不表现为个别产品劳动消耗的提高。因之，从全社会观点来说，这也是个别价值与社会价值之间的差异。

产品的社会价值与个别价值的矛盾，是社会主义社会存在价值范畴的根据。

（二）

有些著作认为社会主义社会的价值，是由两种所有制之间的交换所引起的。他们根据恩格斯所说"经济学所知道的唯一价值，是商品的价值"这个论证①，认为社会主义社会中作为商品的产品具有价值，不作为商品的产品没有价值，或只具有价值形式。所谓商品，就是那些"通过流通过程"的产品。但是，说到社会主义的国民收入性质时，具有价值的与具有价值形式的产品，又都要借价值来衡量了：

> 个人消费品既是商品，就有价值②。

> 既然作为商品的消费品具有价值，那末不作为商品的生产资料就具有用以进行成本核算、计算和监督的商品形式和价值形式。③

> 既然在社会主义制度下存在着商品生产，因而整个国民收入和它的一切要素，不管它们具有什么样的实物形式，都是借价值来衡量的……④

---

① 其实，恩格斯说"经济学所知道的唯一价值，是商品的价值"时，对他所说的商品是下一个严格的定义的，那就是，商品是"私人以私人打算生产出来"的。所以，无条件地承袭恩格斯的公式，说社会主义社会中，只有经过流通过程的那部分产品的商品，具有价值，那是冒了一种危险的。因为根据同样的方法，我们也可以无条件地把社会主义生产和私有制的生产等同起来。

② 《政治经济学教科书》，人民出版社1955年版，第483页。

③ 同上书，第483—484页。

④ 同上书，第559页。

马克思、恩格斯没有在他们的著作中提起过社会主义实行经济核算制的必要，没有提起过产品的个别价值与社会价值之间的矛盾，因而指明社会主义产品将不转化为价值，这是不足为奇的。我们不能要求马克思主义的奠基人，把社会主义的一切问题都给我们解决得那么妥善，只要我们去引证现成的结论就行了。重要的是要分析我们所生存其中的社会主义社会的具体经济关系。

分析社会主义的经济关系，不能证明当两种所有制被一种所有制所代替时，经济核算制度就不再存在，产品分配可以采用领物凭证式的劳动券，因而价值形式也将不再存在。不能证明，废除经济核算制及价值形式以后，将用什么办法来充分发掘一切足以提高社会劳动生产力的潜在力量；也无法证明，产品的个别价值与社会价值的矛盾，如何必将成为社会经济发展的推动力量。因此作者认为，像上面那样来解释社会主义的价值，是一种形式的结论，不能反映社会主义经济的内部关系。

（三）

如果没有特定的价格政策使价值与价格差离，又如果货币是稳定的，价格是价值（社会价值）的相对固定的表现形式。各类物资价值比例，因其劳动生产力在不同方向及不同程度上的变动而相对变动时，价值比例的变动决定价格比例的变动。但比之价值，价格是相对稳定的。

一个稳定的、能够反映各类产品价值的价格水准，与正确的工资率一样，是保证劳动者获得应有分配的保障，同时，也是各类产品的生产与消费按正常进行的条件，因为产品的社会价值，代表生产这项产品的社会必要劳动时间，所以一种产品的价值减低了，就表示它能够在劳动量不变时生产更多，就是它的消费可以扩大。较低的价格，恰足以扩大它的消费；另一种产品的数量扩大了，它的社会价值未变，这就表示社会已经增加了同比例的劳动量，因而这类产品的消费的扩大，就应低于前一类产品。其他类推①。

不论因为什么原因，各类物资的价格比例不符合价值比例时，生产与消费之间的正常联系就会受到妨碍，这些障碍可能是不利于国民经济的。例如，粮食价格如比价值低，并且低到这种程度，以致牲畜饲料利用牧草还不如利用粮食合算时，不可避免会有人用粮食代替牧草做饲料，而农业则会因出售价格太低而改种别种作物。又如钢铁价格如低于其价值，人们就会不正确地利用钢铁，减少别种可以代替钢铁的便宜的材料，计划经济与物资分配制度会阻止这种趋势的无限制发展，但不能彻底消灭这种不合理现象。因为经济核算制度与个人对消费品的选择，总是一种经常存在的力量，要购买便宜的东西，生产较贵的东西。

价格对生产的影响，在劳动人民集体所有制的企业更为敏锐，在全民所有制的企业比较缓和。但不论全民所有制企业的劳动者报酬与它的利润如何不发生联系，价格对生产的影响总是存在的。

因为价格对生产与消费总会发生影响，所以社会主义的计划经济，不排除利用价格政策来达到某种经济政策的目的。例如，某类产品生产不足，可以提高价格到它的价值水平之上，以刺激其生产。某类产品生产的数量超过它的正常需要时，可以减低价格到它的价值以下，以扩大它的消费，等等。从生产与消费间的关系来说，价格政策可以是使两者从不平衡达到平衡的手段。这在资本主义是自发形成的，在社会主义则可以通过计划规定价格来做到。

但是不论个别产品的价格可以与其价值发生何种程度的差离，价格总和总等于价值总和。因为社会总产品的价格，除去其生产中所消耗的生产资料的价格，形成全部国民收入，各类产品的价格，总不过是这个总和的部分，国民收入同时又是社会劳动所加于生产资料之上的价值总和，个别产品的价值也是这个总和的部分。从这

---

① 有时，产品生产增大，价值也减低，但仍不能满足国内需要。产品的社会价值，就只能以进出口价格为标准来决定。以目前对外贸易情形而论，进口价格，是以用来交换的出口物资的价格来决定的。因此出口物资的社会价值，决定进口物资的社会价值。

点来说，个别产品价格高于价值，总是被别种产品的价格低于价值所抵消的。

以上所说，是价值与价格的一般关系。它其实就是价值规律对价格形成的作用问题。我们准备在下一部分再作进一步的研究。

六　价值规律的作用

（一）

价值规律在社会主义经济中的作用，是经济学界争论的焦点之一。为了便于弄清问题，我们先来探究一下马克思主义经济学关于价值规律的定义及其在资本主义生产方式中的作用。

在《资本论》第一卷中，马克思对价值规律给出了下面的定义：

> 只有社会必要劳动的量，或生产一个使用价值社会必要的劳动时间，决定该使用价值的价值量。[1]
>
> 每一商品的价值，都是由它的使用价值中对象化的劳动的量，由它生产上社会必要的劳动时间决定。[2]

马克思把"等价物与等价物相交换"[3]称为商品交换的规律。因此，马克思所定义的价值规律，就是价值决定的规律，价值决定是价值规律的另一个用语，其中并不包括"等价物与等价物相交换"的含义在内。

在马克思全部著作中，自始就把商品交换（私有制下的商品交换）看作价值形成的先决条件，但在上述价值规律的定义中，却把商品交换这个因素排除在价值规律的定义之外。价值规律的定

---

[1] 《资本论》（第一卷），人民出版社1953年版，第11页。
[2] 同上书，第204页。
[3] 同上书，第214页。

义就是这么一个简单的说法：生产中所消耗的劳动时间（社会必要劳动时间）决定一个使用价值的价值，这似乎是一件奇怪的事。但是，如果我们细心研究全部论证，就会注意到正是从这个定义出发，马克思展开了对资本主义的科学的分析。这些分析，至少包括下面一些要点：

（1）只是生产一个使用价值的社会必要劳动时间，决定一个使用价值的价值量，不再有什么别的东西（如机器的生产力、土地的丰度等），参加进来决定价值量。剩余价值学说，就是建立在这个基础之上的。

（2）尽管社会再生产过程经过一个复杂的物质替换与价值补偿过程，价值是各种所得的唯一源泉。商品的总价值，是各种不同的价格成分的源泉。这也就是说，商品的价格总和，永远等于它的价值总和。

（3）商品交换的规律是等价交换。在资本主义社会内，全部产品只有经过交换才能实现它的价值，因此竞争的作用，剩余价值规律的作用，迫使资本家不断提高劳动生产力。价值规律，作为资本主义的内部规律，通过竞争，调节全部资本主义生产。

（4）价值规律调节生产，是通过价格变动来实现的。但是，价值规律支配着价格的运动。价值是一个重心，价格围绕着它变动，围绕着它的价格涨落趋向于平衡。

可见，价值规律支配着资本主义的全部生产过程与分配过程，也支配着竞争中价格的运动。所以恩格斯说：全部商品生产，以及价值规律不同各方面所借以发生作用的各种复杂关系，尤其是劳动唯一得以形成价值的条件，都要由价值由劳动时间决定这一点出发来展开。

对马克思主义经济学中价值规律的定义是有不同了解的。下列定义，指明了商品价值由劳动时间决定，但附加了一个条件：价值规律是在交换过程中显现出来的。由此，自然可以推论，在交换过程以外，就无所谓价值规律的作用：

> 价值规律是商品生产的经济规律，按照这一规律，商品的交换同生产商品所消耗的社会必要劳动量是相适应的。①

这个定义所代表的，实质上是等价交换的规律而不是价值规律。采用这个定义，价值规律在生产领域与分配领域中的作用就将无法阐明。譬如说，劳动力与生产资料同是资本家以等价换进来的，这是符合"等价交换"规律的。可是资本家购买进来的劳动力不是在交换过程中而是在生产过程中产生了剩余价值。剩余价值的产生完全服从于价值规律，即"产品价值是由生产它的劳动消耗所决定"的规定。如果认为价值规律就是等价交换的规律，那么，剩余价值规律就是无法解释的了。

社会主义是实行经济核算的计划经济。要研究社会主义社会内价值规律的作用时，如果局限在交换范围内，那就是在研究供求关系对价格变动的影响②，而不是研究价值规律的作用了。在资本主义生产方式下，价值规律的作用既及于生产分配交换的全部过程，社会主义生产是价值生产，价值规律的作用也不能不及于经济生活的全部过程。因此，在以下的研究中，不采取那种把价值规律局限于交换过程的定义，而是按照马克思的定义，来理解价值规律的意义。

（二）

社会主义经济就其经济核算的一面而言，价值规律是明显地起作用的。因此，问题首先在于：就社会主义是计划经济这一点来说，价值规律起着什么作用？

如果按照马克思的价值规律定义，那么，价值规律制约着经济计划，因此，社会主义必须自觉地运用价值规律，经济核算是运用价值规律的基本方式之一。

---

① 《政治经济学教科书》，人民出版社 1955 年版，第 82 页。
② 参阅希拉里·明兹在波兰统一工人党八中全会上的发言。

纵令社会主义经济只是计划经济，下述情况仍然是客观存在着的。

（1）各项产品价值，被生产它们的社会必要劳动时间决定。因此，个别产品的劳动消耗，如高于它的社会必要劳动时间，就会有一部分劳动量是可能节省的；而要增加物资生产，就必须相应地增加劳动量，或提高劳动生产力。

（2）全部国民收入，除劳动者当年新加到生产资料中的价值而外，没有别的来源①。因此任何一个细小的、无益的生产中的劳动虚耗，都不免要减低国民收入的量。

这就证明了，价值规律在客观上是制约着经济计划的。

社会主义的经济计划既被制约于价值规律，那么，要使一个计划成为正确的计划，就必须按照下述原则调节全部社会生产。

（1）计算社会各类必需产品的量。各类产品数量间的正确比例，各类产品现有劳动生产力水平及生产中所需要的劳动量，分配社会劳动于各生产部类之间。

（2）努力提高各类产品的劳动生产力。当使用效果相同或可以互相替代的产品，劳动生产力发生程度不等或相反的变化时，减少或停止那些不经济的产品的生产，提高那些便宜的产品的生产。

（3）必须根据社会劳动生产力的变化情况（价值决定）来调节必须参加的劳动量及劳动者每日每周的劳动时间。或者也可以说，必须根据社会劳动生产力的变化情况（价值决定）来调节社会的消费水平。

（4）为了达到正确地根据产品需要及其劳动生产力变化的程度来正确地调节生产，统计、记录、核算是十分重要的。②

---

① 因为劳动生产力提高将使同量产品的价值减低，因此完全可能出现这样的情形，社会生产的价值并不增加，物资量增加。但近代各国经济史表明，劳动生产力的提高，往往不表现为价格的跌落，统计上则用不变价格表示物资生产的增加比例。

② 这里是说的统计、记录、核算，没有涉及经济核算制度。作者认为，经济核算制度虽然也是统计记录、核算，但每个生产企业具有独立资金、独立计算盈亏，因而会发生价值、价格、成本、利润这些范畴为其基本条件。因此，这与单纯的统计、记录、核算有别。

这也就是马克思下述论证的意思：

> 在资本主义生产方式废止以后，但社会化的生产维持下去，价值决定就仍然在这个意义上有支配作用：劳动时间的调节和社会劳动在不同各类生产间的分配，最后，和这各种事项有关的簿记，会比以前任何时候变得重要。①

人们总怀疑，为什么马克思再三指明社会主义的产品将不再转化为价值，却又指明价值决定（价值规律）在社会主义社会仍将起作用。这其实是不奇怪的。马克思完全可能没有预见到社会主义实行经济核算的必要，但使他得以对资本主义经济作出如此深刻的科学的分析的理论力量，不能不使他得到这样的结论：虽然资本主义是"在价值上面建立它的生产方式"②的，社会主义只要是"社会化的生产"③，价值规律仍然有它的作用，运用它为劳动人民造福是必要的。

（三）

社会主义经济之所以必须实行经济核算，从理论上和历史经验上说，都只是因为价值规律制约着经济计划，经济计划必须运用价值规律，如果不是由经济核算制来补充经济计划，计划经济运用价值规律有无法克服的困难之故。

本文第四部分曾分析了经济核算制与计划经济的关系。从那里，我们看出，经济核算制在两个方面帮助计划经济运用价值规律：

（1）经济核算制提供的，关于成本、价格、利润等资料，经济计划据以调节生产，使社会生产的经济效果是最大的；同时也帮助经济计划规定正确的国民收入分配方案，规定各生产企业与生产

---

① 《资本论》（第三卷），人民出版社1956年版，第1116页。
② 同上书，第1115页。
③ 同上书，第1116页。

部类间产品转移的合理价格。

（２）经济计划规定一个合理的限度（这个限度因各国社会经济发展水平的不同而有所差别），在此限度内，任令经济核算制发挥对生产、分配及产品转移的自动调节作用。所谓"自动"，就是不必事事规定在经济计划内，事事由经济领导机关决定，而是由生产企业之间，或生产企业与劳动者、消费者之间，经过价格结构，与工资率以外的劳动报酬补充规定，自动进行产品的转移或劳动报酬的分配。

以上两种作用，都是价值规律的作用。不过在前一种作用中，计划经济借经济核算之助提供资料，使计划本身得以正确运用价值规律。这是价值规律通过计划起作用。后一种是价值规律在经济计划规定限度之内，而又是在计划本身之外，调节生产与流通。而只要经济核算制度不发展到否定计划的程度，以上两种作用，不妨归总起来，都称为价值规律通过经济计划调节全部经济生活。资本主义则是任令价值规律作为自发的规律，通过竞争，自发地调节全部生产。这就是社会主义与资本主义的基本区别所在。

（四）

无论价值规律通过经济计划，或经过经济核算制度调节社会生产，它总是通过价格结构的。因此，分析一下社会主义社会中，价值规律对价格形成的作用，也是必要的。

既然价值规律调节着社会生产，价值规律就应支配价格运动。因为价格是联系生产与消费的纽带，价格比例愈符合于价值比例[1]，社会经济的发展愈是正常。可是为了社会经济的迅速发展，价值与价格的差离有时是必要的；社会主义经济是计划经济这个特点，又使价值与价格的差离成为可能，我们现在不想研究各种价格政策是否正确，我们所要研究的是价值与价格的差离如何形成，价

---

[1] 这里所指的价值，都是指商品的社会价值。因此，凡相互可以代替使用的产品，都合起来计算它的社会价值。又个别产品劳动生产力突出地高于社会一般劳动生产力水准的，已将其应迅速收回的投资数，计算在它的社会必要劳动时间之内。

值规律与这种差离的关系如何。

如果把价值规律对价格形成的作用放在一边，价格在社会经济生活中，首先是生产与消费之间联系的纽带。消费，如果是指生产的消费，与劳动者报酬的大小，存在着间接的关系；如果是生活的消费，产品价格就直接决定劳动者的实际工资水平。生产资料的价格，在出售者决定它的收入，在购买者（生产的消费者）决定它的产品成本。因此，假定不考虑其他一切因素，价格涨跌调节生产，调节消费，调节生产与消费间的关系。

经济计划所规定的价格，就其与生产者的关系而论，如要使它脱离其价值，首先必须使生产这个产品的生产企业，其价格、成本、利润与劳动者报酬不发生关系。因此，凡产品价格低于价值的，在劳动人民集体所有制的生产企业，生产方面的反应必极为敏锐，它将立即转而生产别种价格比较有利的产品[①]。如为自然条件所限，不可能转而生产别的产品时，较长期间内一定会发生生产下降，劳动力外流现象。要恢复这类产品的生产，非使计划价格符合产品价值不可。在全民所有制的企业，如它的价格、成本、利润与劳动者报酬完全不发生关系，这种反应就会比较迟钝，短期间内甚至会看不出来，但它无论如何还是要受"价格总和一定等于价值总和"这条规律（它是价值规律的一部分）的约束。因此，个别产品价格低于价值，必为另一部分产品价格高于价值所抵消，这就使全部产品中，价格不符于价值的产品比例增大，因而就会对这些产品的购买方面即消费方面发生影响。

产品价格不符于价值，将使消费者在购买时竞相选择价低的产品，形成供销脱节。计划经济的力量可以减低这种趋势，办法就是实行物资分配制度，限制经济核算制所会自动产生的那种对产品产销间的自动调节。但是这种物资分配所能发生的作用，限于生产的消费，对生活的消费不能发生很大的作用。在生产的消费之中，物

---

① 这里不考虑行政力量所起的作用。行政力量的作用也是不能持久的。

资分配制度的作用又以购买者（生产的消费者）的价格、成本、利润与劳动者的报酬不发生紧密联系者为限。因此生产资料实行国家统一分配制度以抵消价格脱离价值的后果，在全民所有制企业是行得通的，在劳动人民集体所有制的企业，又往往是行不通的。

以上所说，是指各类产品价格比例不符价值比例而言。这种情况，与物资供应及购买力间的脱节属于不同范畴。如果购买力一般高于物资供应量，那是物资价格普遍低于理论上的价格，供应紧张的现象，趋向于逼迫价格普遍上涨。虽然这是不同的范畴，物价趋向于普遍上涨这件事，往往导致价格比例不符于价值比例。因为价格普遍上涨时，国家总力图使主要物资价格不过分提高。作为历史因素的积累，它常常使价值价格之间的差离扩大、加深。

不能忘掉价格是生产与消费间联系的纽带。社会主义经济既被制约于价值规律，那么，使价值规律支配价格的运动，价格就会平衡供需，刺激生产（参见第五部分）。使价值与价格差离达到违反价值规律的程度，不免加深供销脱节，阻碍生产发展。因此，不论计划规定价格也好，任令经济核算制度自动调节价格也好，使价值规律支配价格的运动是必要的。自然，如果任令经济核算制自动调节价格的作用加强，各个生产企业的局部利害在价格形成中的作用也会加强。经济计划从全局的、长久的利害权衡出发加以调节是必要的，可是这又以一个雄厚的全国性的物资储备与财政储备为前提。

（五）

关于价值规律调节生产、调节流通问题，必须在上面所考察过的、经济生活内部的规律的基础之上，才能获得正确的解答。

基本的前提是价值规律对于经济计划的制约性，价格是生产与消费间联系的纽带也不能忽略。如果承认这两点，自然的结论就是：价值规律既调节生产，也调节流通。既调节消费资料的生产与流通，也调节生产资料的生产及其转移过程。

说价值规律调节消费品的流通而不调节它的生产，首先就被一件明显的事实所否定了，那就是劳动人民集体所有制，由于它的产品价格与劳动者的报酬紧密相连，因此，经济计划企图主观地规定它的产量，不使价格影响它的生产，事实证明这是与客观实际相背离的。即在全民所有制的企业，使消费品的价格只调节流通而不调节生产，只要这些企业的价格与本企业劳动者的报酬不发生紧密的联系，是可以行得通的。但这只是从这些企业的生产上说。从全部国民经济生活上说，不让价值规律既调节流通，又调节生产，结果必将割裂生产与消费之间的联系，因而将发生有害的结果，也已经为大家所公认了。

在生产资料方面，因为：①它的产销双方主要都是全民所有制的企业，因此它的生产者与消费者双方，价格、成本与劳动者报酬都可以高度地脱离关系；②因为它在全社会总的生产过程中不过是中间环节，不是直接供生活上消费之用，因而不尖锐表现生产与消费之间的必然联系。于是表面上看来，它既不通过流通过程（所谓所有权的转移过程），它的价格与价值之间无论有何种差离，产品的生产与分配还是可以按计划进行。因而就有许多人再三指出说，生产资料的生产与分配是不受价值规律影响的。

我们先不就理论上研究这种判断是否站得住脚，让我们来考虑我国近年来经济生活中如下两件事的意义：①凡是劳动人民集体所有制企业所需要的生产资料，它的生产与流通是不受价值规律调节的吗？为什么国家费了这样大的劲，供应农村的双轮双铧犁大量退销？②为什么许多国营工厂堆积了大量的机械工具没有投入生产？那些生产工具不是按计划生产，按计划分配的吗？认真严肃地考虑这两件事，我们将不仅在政策上获得有益的结论，也将在理论上获得有益的结论。

农村所需生产资料的生产，有些为农业所欢迎，有些不为农业所欢迎，其关键不在什么两种所有制的不同，而在按目前我国农业的具体条件，何种生产资料能够以最小的代价，最大限度地提高它的劳动生产力。国家规定农业所需生产资料的生产计划，不能不首先考虑这个问题。如果生产计划是符合这个要求的，产品将不会销不出去，而且还将供不应求。生产这些产品的价值不仅不会实现不了，而且因为供不应求，销售价格有时还不能不受高昂的进口价格的影响，使国家投入生产这些产品的工厂的投资迅速收回来。化学肥料就是一个例子。我们称这种现象为价值规律调节着农业所需的生产资料的生产，看来是不会有什么错误的。

反之，假设我国农业全部是国营农场，这些国营农场的投资是国家提供的，盈亏是国家包下来的，农场工人的工资是国家保证的，那么，双轮双铧犁全部由国家分配给农场，无论农场对这些双轮双铧犁的利用率如何，反正不会发生大量退销现象。我国农业的情形当然不是如此，可是工业中积压大量设备，不能不承认其原因正是如此。这种现象是不好的。避免这种现象的办法不外是：①国家对各个工业企业的基本建设投资计划，严格核计它的经济效果；②在企业经济核算制度中补充一些规定，使企业对它所需投资担负一定程度的经济责任。如果设想全部生产资料的生产，都严格根据：①生产资料生产所耗费的劳动，或其价格；②应用这些生产资料的企业，在应用它们以后，劳动生产力提高的程度，或其产品成本降低的程度；③应用这些生产资料的企业所需追加投资收回的速度，这三者的计较来决定，情况就会大为改善。而这种计较与决定，如果称之为自觉运用价值规律，使价值规律调节生产资料的生产，看来也是没有什么错误的。

所以，说生产资料的生产与分配，不受价值规律的调节，那又是从事物的外观，而不是从事物的内部关系作深刻分析所得到的结论。在全民所有制的企业之间，生产资料的生产与分配，确实可以不受价格与成本高低的影响，但这只是事物的外观。事物的内部关系是：生产资料生产所耗费的劳动量，应用它来生产所能提高劳动生产力的程度，与应用它来生产所需的追加投资三者，永远将支配全社会生产增长的速度，支配消费资料的丰饶的程度。无论我们实际应用的制度，生产资料的价格与成本高低，可以完全不影响它们本身的生产与分配，它们的生产与分配可以完全由计划决定，可是价值规律总制约着经济计划。经济计划要成为一个正确的计划，又非自觉运用价值规律不可。

从理论上说，认为价值规律调节那些价格涨跌会实际上影响其生产与流通的产品生产，而不调节价格涨跌不影响其生产与流通的产品生产，那是已经肯定了下述的前提了：①整个国民经济计划是不受价值规律约束的；②价值规律的作用限于价格涨跌影响其生产与流通的那些产品；③只要经济计划做到使某种产品的价格涨跌不影响其流通与生产，经济计划就缩小了价值规律作用的范围；④因此价值规律作用的范围就完全是被经济政策所规定的。我对这个理论是怀疑的。

有些经济学者，正是根据这些前提，作出下列的结论：实行经济计划的结果，价值规律的作用受到限制了；正因为价值规律的作用受到限制，所以我们反而应该主动发挥价值规律的作用。这个理论更是值得怀疑的，因为不可能设想，人们会追随一个逐渐失效了的规律，要去"自觉"运用它。人们要主动地自觉地运用一个客观规律，首先这个规律必须是客观上制约着某种事物或其关系的。

七　货币

（一）

前面我们曾多处涉及货币，因此在本文之末，有必要简单地讨论一下社会主义的货币问题。

在单一的全民所有制的社会主义社会，货币起着下面各种作用：

（1）货币是社会分配消费品于劳动者的一种权利凭证；

（2）在实行生产的社会分工条件下，货币是各个生产企业间转移其产品与劳务的流通手段；

（3）货币是共同的价值尺度，用作经济核算的工具；

（4）货币是实行国民收入的分配与再分配的工具，除支付货币工资而外，它还用于缴税、上缴利润、预算拨款等；

（5）由于延期消费与提前消费，由于经济核算，社会主义经济会产生一个信贷体系，货币是这个信贷体系的杠杆。

货币起着以上各种作用时，它的职能也是价值尺度、流通手段、支付手段、贮藏手段等。那么，货币是否也如在资本主义制度下面那样，必须是具有价值的货币商品呢？

让我们来考察一下货币的周转过程。

仅仅作为流通手段，货币本身不必是具有价值的货币商品，它只起着筹码的作用；问题是流通过程中货币会滞留在各个环节上，货币也会作为贮藏手段起作用。正是因为这个原因，私有制与资本主义制度的货币，必须是本身具有价值的货币商品。社会主义制度下，流通过程中滞留在各个环节上的货币，与作为贮藏手段的货币是国家银行发行的。国家银行发行货币，同时就存在着社会的物资储备。保证流通过程中的货币的价值的，就是这个物资储备。设想整个社会是一个大生产企业，流通中的货币，无非就是发给劳动者的消费权利凭证，而未凭借以兑取消费品的部分。

社会主义的国家银行也有黄金贮藏，作为对外支付之用，那么，货币不还是与黄金联系着，因而纸币不过是黄金的代表吗？这是不对的。黄金依然是资本主义世界的世界货币，社会主义国家与资本主义世界间的国际贸易，会利用黄金支付贸易差额，这是事实。可是社会主义国家实行对外贸易的国家专营，黄金的国际输送，只是商品的国际输送的一种。社会主义国家没有自由的外汇市场，没有长期或短期资金的国际移动，就是这一论断的证明。

所以，社会主义的货币首先是一种公共的价值尺度，货币具有价值，是因为它的发行流通过程，是与产品的生产分配过程相始终的①。

在并存着两种所有制时,只要假定两种所有制之间的关系是正常的,劳动人民集体所有制的企业不至窖藏贵金属,越过国家对外贸易系统直接出售产品以获取外汇,等等,那么,上面的分析还是适用的。我们前面已经指出,两种所有制间的交换,与私有制下两个商品生产者之间的交换,有本质的区别,因而根本不必借助于作为一般等价物的货币来媒介这种交换。

(二)

货币,作为公共的价值尺度,在社会主义社会有它自己的特征。

社会主义货币的价值,直接代表一定量的劳动时间,但它不可能固定在一定量的劳动时间上。因为劳动生产力经常在变化,一定量劳动时间所生产的有用物资的量,是在不断变化着的。如果作为价值尺度的货币,与一定量的生产力变动不居的劳动时间之间的比例固定起来,就会使定量货币与定量有用物资的"购买力"之间的比例,成为经常变动的,不固定的。这样,以定量货币为单位的工资率的变化,不能反映劳动者物质生活提高的程度。以货币单位计算的社会总生产额及国民收入额,不能反映全社会物质生产增长的程度。所以,所谓稳定物价政策,除了不使货币发行量超过流通所必要的量,以致物价上涨而外,也有这样的意义:使货币代表各种有用物资量的综合比例,并把这个综合比例相对地固定起来。

前面曾经说过,为了使劳动者所得报酬,与劳动生产力增长程度相适应,可以提高工资率,也可以减低物价。提高工资率,就是使货币购买力停留在原有水准,货币就可以维持它的"不变价格"。减低物价则使货币的购买力提高,货币就不再维持在其不变价格水准上了。同时,不同生产部门劳动生产力提高速度有差别,

---

① 社会主义国家的货币物价史证明它的币值并不是一直稳定的;这与具体的货币政策有关,也与特殊情况下的财政政策与国民收入的分配政策有关,这里不再详细讨论。

为使价格不断与价值一致，经常按照变动着的各类物资间的价值比例，调节其价格比例也是必要的。调节的结果，未必能变动个别种类的物资价格而不变更货币的不变价格。所以，作为公共价值尺度单位的货币，不仅不能直接以劳动生产力变动不居的劳动时间为单位，也未必能使之保持在代表一定量有用物资的综合比例的那种不变价格之上。这也就是说，社会主义的货币直接代表一定量的劳动时间，但作为劳动时间的尺度单位，仍然只是相对的，不充分的。

（三）

下面的说法是很难理解的：

> 苏联货币的稳定性不仅由黄金储备来保证，首先是由集中在国家手中的、按计划价格投入商品流转中的大量商品来保证的。①

我们知道，当货币是由一种货币商品作为一般等价物而起价值尺度作用时，货币商品本身价值（生产它的社会必要劳动时间）的变化，将反映为全部商品的价格的变化。因此不可能由按固定计划价格的商品来保证货币的稳定性。如果这是可能的，那就必须随着这个定量物资综合价值比例对金价比例的变化，调整货币含金量，或者不规定货币含金量而随时调整对外汇兑的汇率。但《政治经济学教科书》还指明，1950年苏联规定卢布含金量以后，没有因降低物价而调整卢布含金量。金，作为一般等价物的货币商品，在全部货币制度中的作用如何，未曾进一步阐明。

或者认为，以含金量、汇率等标准来研究货币，是以资本主义的货币范畴套到社会主义货币上来了。问题的焦点正在这里。说货币作为价值尺度，只有本身具有价值的货币商品才能担当起来，这本来就是商品生产及资本主义生产方式范围内才有的事。当作价值

---

① 《政治经济学教科书》，人民出版社1955年版，第488页。

尺度的货币，既代表"固定计划价格"，又代表一定量金（本身具有价值的货币商品），把互相排斥的两件事合成一个概念，确实令人难以理解。严肃地实事求是地研究我们的经济生活，建立一个正确的货币理论，看来也是必要的。

【附注】

斯大林在《苏联社会主义经济问题》一书中，关于产品如何成为商品的原因，及商品流通的结果，至少有下列三个不同的论点。

一、产品成为商品，是因为两种所有制并存。这种商品生产和它的货币经济不能发展为资本主义，而且注定了要为发展和巩固社会主义的事业服务①。

二、在出现了有权支配全国一切消费品的一个无所不包的生产部门，来代替两种基本生产部门即国营部门和集体农庄部门之后，商品流通及其"货币经济"就会作为国民经济的不必要的因素而消失了。②

恩格斯在他的《反杜林论》里批评杜林主张的在商品流通条件下活动的"经济公社"时，确凿证明商品流通的存在必然要使杜林的所谓"经济公社"去复活资本主义。③

三、商品是这样的一种产品，它可以出售给任何买主，而且在商品出售之后，商品所有者便失去对商品的所有权，而买主则变成商品的所有者，他可以把商品转售、抵押，或让它腐烂。④

稍稍研究一下上面三个不同论点，我们可以发现其中有下列两个逻辑上的矛盾。

一、既然经过买卖过程转移其所有权的产品才是商品，那么，

---

① 参阅《苏联社会主义经济问题》，人民出版社 1953 年版，第 15 页。
② 同上书，第 14 页。
③ 同上书，第 84—85 页。
④ 同上书，第 46 页。

国营企业生产的、出售给国营企业职工的产品，也是商品；但是，如果在两种所有制的生产企业间交换的产品才是商品，那么，国营企业生产的、出售给国营企业职工的产品，并非两种所有制企业间交换的产品，就不是商品；但是它又确实经过"买卖"过程转移了所有权，所以又应该是商品，而这是互相矛盾的。

二、当社会不再存在雇佣劳动时，商品流通及其货币经济，或者不会去复活资本主义，或者必将去复活资本主义，两者必居其一。不能说，它不会去复活资本主义，又必将去复活资本主义。不能把两个互相排斥的论断，同时并存于同一件事情的因果关系的推论中。

上面所说的，当然仅仅是逻辑上的矛盾。我们还必须研究，隐藏在这个逻辑矛盾背后的还有些什么实质上的问题。

我们知道，斯大林在同书中提出了有名的、经过产品交换制的实行，使两种所有制并存，转变为单一的全民所有制的论点。斯大林在论证两种所有制并存局面的前途时，指出商品流通及货币经济不会引导到资本主义。而当他企图证明必须实行产品交换制以达到单一的全民所有制时，又强调商品流通的存在，将引导到资本主义的复活。两个论点，分开来都可以说得过去，合起来就互相矛盾。

实行产品交换制，是不是会使两种所有制并存的局面转变为一种所有制？对于这个问题可以有不同的答案，这里不准备详细研究。我们倒是要问，即使实行产品交换制，集体农庄换来的工业品，怎样分配给庄员？是利用以劳动日为单位的领物凭证式的劳动券，还是以一定额的货币资金（银行如不供给这些资金，不妨假定集体农庄可以自己发行某种筹码），周转于集体农庄与庄员之间，作为庄员的劳动报酬，而庄员则凭以向集体农庄专设的商店，自由选购各类工业品？这个问题看来是琐屑的，我认为有很大意义。因为斯大林在同一著作中并未说明国营企业职工的劳动报酬在单一全民所有制下，是否将废除货币工资形式。假定国营企业职工继续应用货币工资，因而有自由选择消费对象的方便，那么，有什么保证，使集体农庄庄员不要求用货币来支付劳动日报酬？彻底的办法，只有在国营企业职工与集体农庄庄员两者之间，全部废除以货币支付劳动报酬的办法，代之以领物凭证式的劳动券。

也只有实行这样彻底的办法，才真有把握，使社会应用产品交换制，将两种所有制并存局面转变为单一全民所有制时，商品流通及其货币经济，成为国民经济中不必要的因素而消失了。斯大林在《苏联社会主义经济问题》一书中，没有得出这样确切的论断，却留下了无法解释的逻辑矛盾。我们没有理由推断，隐藏在他的两个相互矛盾的相关论点背后的真正意见，就是要实行领物凭证式的劳动券。但鉴于苏联历史上曾经实行过这种劳动券，又想到斯大林在这样重要的问题上，不应该留下这样的逻辑矛盾；又想到如果他的本意是要普遍实行领物凭证式的劳动券，过早提出这个意见，易于造成社会经济生活上的震动，那么推断他的本意是要普遍实行领物凭证式的劳动券，可能是他留下这个逻辑矛盾的原因，也许也不是没有几分理由的。

两种所有制之间的产品交换，是商品生产的原因；消灭商品生产的办法，就是实行产品交换制，这是斯大林在《苏联社会主义经济问题》一书中的基本论点。贯彻全书各篇的这个论断，与所有权转移是使产品成为商品这个论点固然是矛盾的，但我们如注意到，可能斯大林的根本想法是要在国营企业职工中也实行领物凭证式的劳动券，那么，他也许把国营企业职工用货币工资这件事，看作是暂时的过渡的现象，而且这又是对农村的交换应用货币，存在着商品流通这个事实所造成的结果。一旦产品交换制实行，对农村的交换不用货币了，国营企业职工工资废除货币形式将是自然而必然的结果。如果我们的推测不是完全没有理由，那么完全可能是，斯大林不把国营企业职工购买消费品，比拟于私的商品生产者通过买卖过程转移其产品所有权，视为属于同一性质。这从斯大林解释商品所有权时，对购买商品的买主可以"转售、抵押或让它腐烂"这样的语句，也可获得若干启示。这样的语句可以用来讽刺私的商品生产者之间的交换；对职工购买消费品而用如此讽刺语气，不是斯大林所会做的。如果这样去理解时，斯大林的关于产品之成为商品的原因是所有权的转移这个论点，与其他论点间，也可以认为并不存在什么实质上的矛盾。

如果上面的理解还有些理由的话，或者我们可以认为，斯大林关于产品何以成为商品的几个论点之间，没有什么不可调和的矛盾。可是他的关于产品何以成为商品，与何种产品是商品的论断之间，确实存在着难以解释的逻辑矛盾。

斯大林在同书中说：

"这种商品生产基本上是与联合的社会主义生产者（国家、集体农庄、合作社）的商品有关的。它的活动范围只限于个人消费品。"①

"为了抵偿生产过程中劳动力的耗费所必需的消费品，在我国是作为受价值法则影响的商品来生产和销售的。"②

大家知道，如果"与联合的社会主义生产者的商品有关的"产品是商品，那么，一部分消费品是商品，一部分生产资料也是商品。（不算拖拉机，那是农机站的财产。可是肥料农药总也是生产资料，这是集体农庄向国家购买的）不是全部消费品是商品（出售给国营企业职工的消费品与两种所有制之间的交换无关），也不是全部生产资料都不是商品。说商品生产的原因是两种所有制并存，同时又断定全部消费品是商品，前提与结论之间缺乏逻辑的必然联系。

为什么斯大林把全部消费品列为商品呢？也许日常经济生活这件事表现得太明显了，斯大林不能不承认这件事。可是斯大林本人，并未为这个结论作出充分与必要的解释。

斯大林本人未作解释，阐述斯大林论点的人不能不帮助他作出

---

① 参阅《苏联社会主义经济问题》，人民出版社1953年版，第15页。
② 同上书，第17页。

解释。我们听见到的解释方法有两种。

《政治经济学教科书》第一版,是严格根据两种所有制并存的论点,用类推解释法,推论全部消费品是商品,全部生产资料不是商品。这个类推解释法,在逻辑上有无可克服的困难。单从逻辑联系来说,用所有权转移这个论点,来解释全部消费品是商品,自然较为合适;虽然这是法律关系的解释,不是经济关系的解释,而且这样解释,也难免把职工购买消费品,与私人商品生产者购买生产资料和劳动力等量齐观。骆耕漠同志走的就是这条路。

骆耕漠同志正确地指出,只要按劳计酬原则与经济核算制度继续存在下去,"商品生产"与"货币经济"就不能废除,这是我所全部同意的(见本文第一部分、第二部分、第四部分的论述)。骆耕漠同志正确感觉到了实际生活的力量,要求商品生产与货币经济存在下去。但他要为这个实际生活的要求,找经典著作的根据,结果他找到了所有权转移这个论点。这个论点是马克思所排斥的,据我看,也是斯大林所排斥的。因为斯大林虽偶然提到这一点,他的原意恐怕未必是坚持了什么法律观点(斯大林会坚持资产阶级法制中的所有权观念,从他一生的革命与理论活动来说是无法理解的事),而是指明社会主义下面生产资料从甲企业到乙企业的转移,与私人商品生产者之间的交换,有本质上的区别。同时,斯大林又如此坚决指明了:"商品流通的存在必然要……去复活资本主义。"① 如果企图阐述斯大林的观点,而采取的解释方法又是斯大林本人所排斥的,那就是一件不幸的事了。

附带说及下面两件事:

(一)我认为恩格斯在《反杜林论》中反对杜林的经济公社的幻想,不是确凿证明商品流通将引导到复活资本主义,而是确凿证明那种"劳动力应与其全部生产品相交换"的幻想,必然将引导到复活资本主义。这点已在本文第四部分(四)中加以讨论。

---

① 参阅《苏联社会主义经济问题》,人民出版社1953年版,第85页。

（二）斯大林所提出的用产品交换制来实现两种所有制并存局面向单一的全民所有制转变，苏共第二十次代表大会至少是无限期推迟其实行了。第二十次代表大会前后，苏联对集体农庄的下列经济措施，扩大了"货币经济"在集体农庄内的作用：（甲）提高若干种农产品的收购价格；（乙）增大国家收购农产品的预付款，使集体农庄有可能利用它来按月预支劳动日报酬中的货币部分；（丙）加强集体农庄的经济核算，趋势是使货币标准成为集体农庄核算产品成本、利润与农庄内部生产、分配、积累的唯一标准，以代替过去曾经存在过的货币、实物、劳动日三个标准混合使用的情况。斯大林关于商品生产与价值规律的理论，如此紧密地与产品交换制的理论相联系着，而在苏联本国范围内，实际生活的发展却向相反方向进行。这一现象，确实值得人们深思。

（原载《经济研究》1957 年第 3 期）

关于社会主义经济中价值及价值规律的问题

——一个读书札记

一 问题的提出

社会主义国家，要高速度地发展国民经济，提高劳动生产力，最大限度地满足人民日益增长的物质文化的需要，充分利用价值规律是重要办法之一。为了达到这个目的，总结实际经验，找出利用价值规律的途径是必要的，在理论上解决社会主义经济中价值及价值规律问题也是必要的。

斯大林的《苏联社会主义经济问题》一书，对社会主义经济体系中价值规律的作用有了明确的阐述，苏联科学院的《政治经济学教科书》对斯大林的理论观点又作了许多具体的解释，这对我们研究社会主义经济中的价值及价值规律问题是有极大指导作用的。

《苏联社会主义经济问题》一书中下述论证，特别值得我们将它与马克思在《资本论》中的论证，对照起来研究：

> 下面这个论断也是完全不正确的，就是说在我们现今的经济制度下，即在共产主义社会发展的第一阶段上，价值法则仿佛调节着各个不同生产部门间劳动分配的"比例"。
>
> 假如这是正确的，那就不能理解，为什么在我国，没有用全力去发展那比起往往赢利很少而且有时简直不能赢利的重工

业说来是最能赢利的轻工业？

假如这是正确的，那就不能理解，为什么在我国，不关闭许多暂时还不能赢利、而且工人的劳动在其中不能产生"应有效果"的重工业企业，也不开设确实能赢利、而且工人的劳动在其中能产生"巨大效果"的轻工业的新企业？

假如这是正确的，那就不能理解，为什么在我国，不依据仿佛调节着各个不同生产部门间劳动分配的"比例"的价值法则，把工人从对于国民经济很需要但赢利很少的企业，调到更能赢利的企业中去？

显而易见，如果追随着这些同志们的脚步走去，那我们就不得不把生产资料生产的首要地位让给消费资料的生产。然而，放弃生产资料生产的首要地位，又是什么意思呢？这就是说，消灭我国经济不断增长的可能性，因为如果不同时实现生产资料生产的首要地位，就不可能造成国民经济不断的增长。[①]

下面是马克思的论证：

斯托赫下面一段话，也表示了许多别的人的意见。他说："构成国民所得的各种可卖生产物，在政治经济学上，必须由两个不同的方法去考察：它们当作价值对于个人的关系；和它们当作财富对于国民的关系；因为一国的所得，不能和个人的所得一样，依照它的价值来估计，但要依照它的效用，或依照它能够满足的需要来估计。

第一，把一个在价值上面建立它的生产方式，进一步按照资本主义组织起来的国家，当作一个单纯为国民需要的劳动的总体来看，是一个错误的抽象。

---

① 《苏联社会主义经济问题》，人民出版社1953年版，第20—21页。

第二，在资本主义生产方式废止以后，但社会化的生产维持下去，价值决定就仍然在这个意义上有支配作用：劳动时间的调节和社会劳动在不同各类生产间的分配，最后，和这各种事项有关的簿记，会比以前任何时候变得重要。①

斯大林认为不正确的论断"价值规律调节不同生产部门间劳动的分配"是不是就是指马克思所说的："价值决定，对社会劳动在不同各类生产间的分配，仍然有支配作用"呢？就调节一词，占支配作用一词而言，可以认为是同义语。从本文第二部分的引文，我们也可以知道，马克思所说的价值决定与价值规律意义也是相同的。因此，我们若认为，上述斯大林的论断与马克思的论断是直接互相反对的，也许不是没有根据的。

马列主义经典作家对同一问题论断有不同，对我们进行理论研究是有很大启发作用的。作者就是从这得到启发，根据马克思的《资本论》与《哥达纲领批判》二书，恩格斯的《反杜林论》一书及斯大林的《苏联社会主义经济问题》，苏联科学院的《政治经济学教科书》（第一版）等重要著作，就其中有关社会主义经济中价值及价值规律问题，所做的读书札记，希望对上述不同论断的理论根据能够弄得清楚一些。作者理论知识浅薄，对长期以来苏联经济学界围绕这个问题的争论又完全无知，所能知道的社会主义经济的具体知识又极为狭隘，笔记中所不免反映的个人的观点，是不免错误的。提出这个札记，完全是为了期待我国经济学界的指正，以期有助于个人的学习。

二 《资本论》及《哥达纲领批判》论价值及价值规律

（1）《资本论》关于价值实体及价值规律，有下面的论证：

---

① 《资本论》（第三卷），人民出版社1953年版，第1115—1116页。

> 把商品体的使用价值丢开来看，它们就还只留下一种属性，那就是劳动生产物的属性。……
>
> 从（劳动生产物）那里残留下来的……不外是无差别的人类劳动的凝结物。人类劳动又不外是人类劳动力的支出，而不问它的支出的形式。……当做它们同有的社会实体的结晶，它们便是价值——商品价值。①
>
> 当做价值，一切商品，只是凝固的劳动时间的一定量。②
>
> 只有社会必要劳动的量，或生产一个使用价值社会必要的劳动时间，决定该使用价值的价值量。③
>
> 每一商品的价值，都是由它的使用价值中对象化的劳动的量，由它生产上社会必要劳动时间决定。④
>
> 商品交换的法则……等价物与等价物相交换。⑤

从上面的引文中，可知马克思关于价值实体的定义、价值决定的规律（价值规律）、商品交换的规律，是科学地严格地区分开来的，而不是相互混同起来的。马克思所指的价值规律，就是价值决定的规律，就是"由生产它们的社会必要劳动的量，决定一个使用价值的价值"，不包含"等价物与等价物相交换"的含义在内。等价物可以互相交换的规律，马克思称之为商品交换的规律。所以，价值决定一词，就是指"一个使用价值的价值，由生产它们的社会必要劳动的量来决定"这句话的省略语，而这就是价值规律本身。《资本论》全书"价值规律""价值决定"这两个用语，其含义都是严格地按照马克思自己的上述定义的。

（2）马克思指出，资本主义生产方式是在价值生产上建立起

---

① 《资本论》（第一卷），人民出版社 1953 年版，第 9—10 页。
② 同上书，第 12 页。
③ 同上书，第 11 页。
④ 同上书，第 204 页。
⑤ 同上书，第 214 页。

来的，资本家生产商品的目的，决不能理解为单纯为国民需要而生产（参见第一部分引文）。资本家"不仅要生产一个使用价值，并且要生产一个商品，不仅要生产使用价值，并且要生产价值，不仅要生产价值，并且要生产剩余价值"。① 在《哥达纲领批判》一书中，马克思指出，价值只存在于生产者交换他们的生产物的社会里，至于在共产主义社会，因为那是基于生产手段公有之上的合作的社会，生产者并不交换他们的生产物，所以那里的生产不再是价值生产。马克思说：

> 在基于生产手段公有之上的合作的社会里，生产者并不交换他们的生产物；在这里变成生产物的劳动，也同样不表现为这些生产物底价值……因为现在，和资本主义社会相反，个人劳动……是直接当做总劳动底一个构成部分存在着。②

但是马克思接着指出，这是共产主义的第一阶段的情形。什么是共产主义的第二阶段呢？马克思写道：在共产主义的更高阶段上，在个人之奴役的从属于分工以及因此而生的精神劳动和肉体劳动的对立消灭之后，在劳动本身变成不单是生活的手段，而且是第一个生活需要之后，在生产力跟着人们一切方面的发展也增强起来，并且在合作的财富源泉更丰富的涌流出来之后——然后能够完全超过那些狭隘的资产者的权利的眼界，这个社会在它的旗帜上写着：各尽所能，各取所需。

至于共产主义社会的第一阶段，因为它刚从资本主义社会里生长出来，因为权利决不能高过于社会的经济状态以及由此而决定的文化发展，因此，关于消费手段在个别生产者之间的分配，就通行着如像在商品等价物的交换里通行的同一原则：某一个形态的劳

---

① 《资本论》（第一卷），人民出版社1953年版，第203页。
② 马克思：《哥达纲领批判》，人民出版社1955年版，第19页。

动，可以与另一个形态里的同量劳动相交换。马克思指出，这种交换的原则，内容与形式是变更了，因为在变更了的环境之下，除了他们自己的劳动之外，都没有什么其他的东西可以供给，并因为另一方面除了个人的消费手段之外，没有什么其他的东西可以成为个人的财产，这就是说，在共产主义的第一阶段中，生产资料是公有化了的，劳动者的报酬是按劳计酬的，因而个人消费手段的分配，通行着等价物互相交换这一原则。这个按劳计酬的原则，表明了"生产者们底权利是与他们的劳动供给相均比的；平等就是以平等的尺度，即劳动，来计量"①。这种平等的权利，在原则上仍然是资产者的权利。马克思写道：所以此地平等的权利在原则上仍然是资产者的权利，尽管原理和实行早已不相矛盾，而在商品交换上等价物的交换仅仅在总平均中出现，并不是在单独的场合出现。

列宁关于这个问题写道：

> 马克思不仅极其确切地估量到人们中间不可免的不平等，而且还估计到，仅仅把生产资料转为全社会公有，还是不能消除分配方面的缺点和"资产阶级式的法权"的不平等，……马克思这些解释的伟大意义，就是他在这里也一贯地应用了唯物主义辩证法，发展论，把共产主义看成是从资本主义中发展出来的东西。②

社会主义各国的实际经验，生动地证明了马克思与列宁的论证。

也许有人会认为，按劳计酬的原则，在原则上仍然是资产者的权利。这种论断是把社会主义降低到资本主义的水平，那么列宁对此是作了确切的回答的：根据唯物主义辩证法、发展论，把共产主

---

① 马克思：《哥达纲领批判》，人民出版社1955年版，第20页。
② 《列宁论劳动》，工人出版社1956年版，第299页、第303页。

义看成是从资本主义中发展出来的东西,这就是不可免的。

(3) 在上引马克思的论证中,指明了消费手段在个别生产者之间进行分配,通行者等价交换的原则,是"仅仅在总平均中出现,并不是在单独的场合出现",按照马克思的下述论证,可以理解为货币经济的废除,消费品的直接分配:

> 在社会化的生产中,货币资本已不复存在。社会将会分配劳动力与生产资料于不同的营业部门。生产者们比方说将会得到一种纸的凭证,凭此在社会的消费品储存中,取去一个与他们的劳动时间相符的数量。这种凭证,不是货币。它是不流通的。①

苏联的经验证明,至少在社会主义经济的初期中,废除货币经济,实行消费品的直接分配是不可能的。列宁在总结苏联战时共产主义阶段的经济时说:到了1921年,当我们度过了国内战争最重要的阶段以后,我们就遭到了苏维埃俄国内部巨大的、我认为是最大的政治危机,这个危机不仅引起相当大的一部分农民的不满,而且引起工人的不满。……直接过渡到纯社会主义的经济形式和纯社会主义的分配,不是我们力所能及的事情。

列宁所指的纯社会主义形式与纯社会主义分配,显然不是指"各尽所能,各取所需"的分配原则的实行,而是指余粮收集制,也指消费品的直接分配而言。②

斯大林在《苏联社会主义经济问题》中指出,在苏联,无产阶级取得了政权,剥夺了工业中的资本主义的生产资料,但同时因有人数众多的中小私有者,党和国家的政策是实行农业的现代化,是以一切方法发展工业,为集体农庄建立大规模的现代化技术基

---

① 《资本论》(第二卷),人民出版社1953年版,第436—437页。
② 苏联战时共产主义的社会经济生活,瞿秋白同志的《饿乡纪程》《赤都心史》等著作作了实际的记载,见《瞿秋白文集》。

础，同时也必须：

> 为了城市和乡村、工业与农业的经济结合，要在一定时期内保持商品生产（通过买卖的交换）这个为农民唯一可以接受的与城市进行经济联系的形式，并且要以全力展开苏维埃贸易，即国营贸易和合作社——集体农庄贸易，把所有一切资本家从商品流通中排挤出去。①

斯大林指出，苏联全部工业生产中，"为了抵偿生产过程中劳动力的耗费所必需的消费品……是作为受价值法则影响的商品来生产和销售的"。②

这样，在苏联社会主义经济中有着商品生产和货币经济。这种商品生产与货币经济是否会引导到资本主义呢？斯大林答复是不会，因为：

> 只有存在着生产资料的私有制，只有存在着劳动力作为商品出现在市场上，资本家能够购买他并且在生产过程中剥削他，因而只有在国内存在着资本家剥削雇佣工人的制度时，商品生产才会引导到资本主义。资本主义生产是在这样的场合开始的，即生产资料是集中在私人手中，而被剥夺了生产资料的工人不得不把自己的劳动力作为商品出卖。没有这种情形，就没有资本主义生产。③

因此，斯大林指出：

> 我国的商品生产并不是通常的商品生产，而是特种的商品

---

① 斯大林：《苏联社会主义经济问题》，人民出版社1953年版，第12页。
② 同上书，第17页。
③ 同上书，第12—13页。

生产，是没有资本家参加的商品生产，这种商品生产基本上是与联合的社会主义生产者（国家、集体农庄、合作社）的商品有关的。它的活动范围只限于个人消费品。显然，它决不能发展为资本主义生产，而且它注定了要和它的"货币经济"一起共同为发展和巩固社会主义生产的事业服务。①

我想，认为列宁和斯大林在上述问题上发展了马克思主义，认为上述论证不仅已为苏联社会主义建设实践所证明，也已为社会主义各国，其中也包括我国的社会主义改造与社会主义建设的实践所证明，也许是没有错误的。

简单概括一下马、列、斯几位经典作家上引论证如下：

（1）社会主义经济中，实行按劳计酬的原则，就是关于消费手段的分配方面，实行等价物交换这一商品交换的原则。

（2）社会主义经济中，国家与集体农庄间交换的产品及为满足劳动者个人需要的消费品，都必须通过买卖交换，它们都是为满足消费的使用价值的生产，但同时也是价值生产。

（3）社会主义经济中，商品生产及货币经济，注定了要为发展并巩固社会主义经济服务，它不可能引导到资本主义。

（4）前引马克思的论证，指明了在共产主义的第一阶段上，消费手段在个别生产者之间的分配，通行着商品等价物交换的原则，这个原则要在"总平均中出现"。所谓在总平均中出现，马克思是指要从社会的总的再生产过程与国民收入的形成及分配中表现。马克思指出：

> 我们首先把劳动底所得按照劳动总生产物底意思来看，那么合作的劳动所得就是社会的全部生产物。现在从全部生产物里应该扣去：

---

① 斯大林：《苏联社会主义经济问题》，人民出版社1953年版，第15页。

第一，抵偿那已经用去的生产手段底补充；

第二，为了扩张生产追加的部分；

第三，预备基金和保险基金……

全部生产物的其他部分，决定作为消费手段之用。

在这部分作个人的分配之前，还有一些要从这里扣除的：第一，一般的不属于生产的管理的费用。……第二，注定属于共同满足种种需要者，如教育、卫生设备等。……第三，对于无力劳动者的基金。……

现在我们才论到分配。这个纲领在拉萨尔派的影响之下，褊狭地单只注意它，即只注意被分配在合作底个别生产者之间的消费手段底部分。

马克思在这里是批评哥达纲领中"不折不扣的劳动所得"这个说法。从我们当前研究的问题来说，马克思上述论证给我们证明了：①逐年消费资料的生产，所消耗的劳动，包括当年为生产消费资料所费去的劳动，也包括对象化在为生产消费资料所消耗的全部生产资料内的劳动；②社会年总生产物，决不仅仅是消费资料，而是包括生产资料在内的总生产物，其中包括补偿当年生产消费资料所耗费的生产资料，也包括为扩大再生产所必要的生产资料，以及预备基金保险基金所必要的部分；③全部生产资料的生产，是为消费资料的生产所必要的，没有生产资料的生产，消费资料的再生产与扩大再生产是不可能的；④社会的总的物质生产过程，是物质替换与价值规律补偿的统一的过程，各个生产部类之间，存在着密切的不可分割的联系。

那么，我们说，在国家与集体农庄间交换的产品，与满足劳动者个人需要的消费品的生产是使用价值的生产，同时也是价值的生产；我们再来考虑那些不是直接用在国家与集体农庄间交换的，也不是个人消费品的生产资料的生产，又是什么性质呢？从社会总的再生产过程是一个统一的不可分的过程这一点来说，它们的生产，是使用价值的生产，同时也是价值的生产。它与消费资料的生产，在本质上应该是没有什么不同的。

（5）现在我们再试着了解第一部分所引马克思所论的，价值决定（价值规律）在"资本主义生产方式废止以后，但社会化的生产维持下去"的情况下所起的作用。

马克思说：资本主义生产方式废止之后，但社会化的生产仍然维持下去。首先那个仍然在物质生产上实行广泛的社会分工的，但废止了资本主义生产方式的社会，应该是指共产主义的各个阶段，其中也包括共产主义的第一阶段，即社会主义阶段。

其次是价值决定的作用，按前面我们所了解的，这是指价值决定这个规律的作用，并不包括商品之相互交换的意义在里面。因此，马克思所说的价值决定，对劳动时间的调节的支配作用，可以理解为下面的意义：当每单位产品生产的社会必要劳动量减低了，因而同样的社会总劳动量可以生产更多的生产品时，劳动人民就有可能减少他们从事生产的劳动的时间，反之亦然。这当然是正确的。苏联由于劳动生产率的不断提高，在第六个五年计划期间准备缩短劳动日为七小时，就完全证实了这个论断。

马克思所说的价值规律"对社会劳动在不同各部类生产间的分配，仍然有支配作用"，可以理解为下面的意义：①假设社会各类必要的生产品的量是既定的，社会劳动在各类生产间的分配比例，取决于不同各类生产品生产中所必要的劳动的量；②各类生产品生产中必要劳动的量发生不同变化，社会劳动在不同各类生产间分配的比例随之改变；③社会需要变化，因而各类产品需要的量的比例变化时，不同部门间劳动分配的比例，随需要量变化而变化；④各类产品需要的量与生产它们的社会必要劳动的量的比例都变时，社会劳动在不同各类生产间的比例，依②③两项复比决定。

从上述比例变化中，又决定着：①社会要计较不同的生产部门的各生产单位间，有相同或类似使用价值的产品的生产部门间（如水力及火力发电，煤与石油，小麦与稻谷的生产之间）每单位产品的必要劳动的差别，发展那些产品单位价值低的产品生产，减少或停止发展那些产品单位价值高的产品生产；并采取推广先进经验，采用先进技术等方法来减低各种产品生产中的社会必要劳动的量。②为了提高劳动生产率，采用新技术，必须优先发展生产资料的生产——重工业的生产。③在整个国民经济计划中关于各部类的生产量，其相互间的比例的决定，受制于各种客观规律，同样也围绕着一个中心目标：不断减低各类产品生产中的社会必要劳动的量。正如恩格斯所说，所费劳动与有用效果的比较，将最后决定社会主义的生产计划（参见本文第三部分）。

马克思说，最后，和这种事项有关的簿记，会比以前任何时期更为重要，说明了由于价值规律的作用，社会主义经济中经济核算制的重要性。经济核算制不是可有可无的，不是仅仅为了核算数字的必要，而是为了自觉运用价值规律，计较各部类生产中所费劳动与有用效果，进行有利于劳动人民福利的，各部类生产间的调节所必要的。

如果上面的理解是正确的话，马克思的论证，是被社会主义的实践所完全证实了的。

以马克思的特有的理论上的一贯性，我们可以断定，他作出上面的论证，是以他自己的下述论证为基础的：在社会主义经济中，商品等价交换的原则"仅仅在总平均中出现，并不是在单独的场合出现"。这也就是说，马克思并不预定社会主义经济中还存在着商品生产与货币经济，但这并不妨碍他得出价值规律这一客观经济规律，仍然存在着对几个方面的支配作用。但社会主义经济中存在着商品生产，已如前面所述，那么价值规律的作用，应该是更为广泛的。

三 《反杜林论》论价值与价值规律

恩格斯在《反杜林论》中写道：

> 经济学所知道的唯一价值,是商品的价值。①
>
> 当我说,某一商品具有一定的价值,那我是说,(1)它是社会上有用的生产品;(2)它是私人以私人打算生产出来;(3)它虽然是私人劳动的生产品,但同时,好像不为生产者所知的,而且违反生产者意志的,它又是社会劳动的生产品,而且是一定数量的社会劳动的生产品,这一数量,是以社会方法,通过交换来规定的;(4)我不把这个数量表现于劳动本身之中,也不把它表现于劳动时间的某一数目中,而是把它表现于别的商品中。②

恩格斯把价值规律概念严格地限制在商品的价值的范围内,但什么是商品呢?恩格斯同样严格限制其范围为"私人以私人打算生产出来"的产品。因此,恩格斯指出,价值概念预决着商品的个别价值与市场价值的差异,预决着竞争,而当劳动力成为商品时,又预决着资本主义生产方式的出现,资本家与雇佣工人的对立,繁荣与危机的交替。

恩格斯认为,"一旦社会占有生产资料,并以直接社会化的样式来把它们应用于生产之时",价值与价值概念就会消失③。这与马克思在《哥达纲领批判》一书中的观点是完全一致的。斯大林认为这是指的共产主义的第二阶段的情形。至于共产主义第一阶段是否会有商品生产与货币经济,恩格斯在《反杜林论》一书中未加讨论。

关于价值规律,恩格斯在该书写道:

> 根据平等估价的原则,以劳动交换劳动——这 如果有意义的话,那么,它就是说,等量社会劳动的产品之 互相

---

① 恩格斯:《反杜林论》,人民出版社1956年版,第323页。
② 同上书,第324页。
③ 同上书,第326—327页。

交换。这一价值的规律，正是商品生产的基本规律，所以也就是商品生产最高形式——资本主义生产——的基本规律。①

就"等量劳动的产品之可以互相交换"这个关于价值规律的定义而论，比之马克思的定义"生产一个使用价值的社会必要劳动的量，决定这个使用价值的价值"，恩格斯加入了交换的概念到他自己的定义里面。连同他关于价值的定义，（见前）价值规律，也同样预决着竞争，预决着资本主义生产方式的出现，预决着危机。按照这个定义，我们如要说，价值规律在资本主义生产方式中通过竞争发生各方面的作用时，我们简略地说："价值规律的作用"也就可以包含"通过竞争"的意思在里面了。恩格斯说下面的话以反对杜林时，正是这样来使用"价值规律"这个词的：

> 这一自然规律是包含于事物和关系本身之中，不是依靠生产者的意志和愿望的，并且是盲目地行动着的。杜林先生把这一规律，提升为他的经济公社的基本规律，而要求公社完全自觉地实施这一规律，这样，他就是要把现存社会的基本规律，当作自己的幻想的社会的基本规律。②

值得注意的是，恩格斯的《反杜林论》，正是为了反对杜林的下列错误主张的：①保留资本主义的生产方式，消灭资本主义的分配方式；②在经济公社（那里生产资料是公有的）和社员之间，各个经济公社之间，各个经济公社和商业公社之间进行一切生产品（因而包括消费资料与生产资料全部）的买卖交换；③按照"真正价值"即不折不扣的价值，包括剩余价值在内的全部价值，支付经济公社社员的劳动报酬。为了反对这样的错误主张，恩格斯指

---

① 恩格斯：《反杜林论》，人民出版社1956年版，第330页。
② 同上。

出，按这办法，价值规律将通过竞争发生作用，社会积累（这是不可能没有的，没有积累，实际上维持简单再生产也有困难）将保留在私人手中，高利贷将恢复，最后，公社的高利贷主，转成为一种以流通手段来做生意的商人，转成为银行家，转成为流通手段和世界货币的支配者，因之也就转成为生产资料的支配者——虽然生产资料，在许多年内还在表面上继续作为经济公社和商业公社的财产。① 恩格斯在这样一个尖锐的论证中，强调"私人以私人打算生产出来"的商品生产的历史发展过程，将不可避免地在杜林的经济公社中重复，因而将"交换—竞争"的作用，归为价值规律的不可分离的部分，这原是完全正确的。但如果因此断定，恩格斯是认为马克思的价值规律的定义不完全，必须将"交换—竞争"的概念加到马克思的价值规律的定义中去，这是没有根据的。

恩格斯在同书中，指出共产主义社会中，将以劳动来直接计量产品，不必求助于价值。同时，他又指出：自然就在这场合上，社会也应当知道，某种消费品的生产需要多少劳动。它应当使自己的生产计划适合于生产资料，而劳动力亦特别地包括于生产资料之中。各种消费品的有用效果（它们将被互相计较并与它们的制造所必需的劳动量相比较）最后决定这一计划。

恩格斯对这一段话加了下面的话：在制订生产计划时，上述有用效果与劳动花费的比较，正是应用于政治经济学中的价值概念在共产主义社会所能余留的全部东西，这点我在 1844 年时已经说过了（《德法年鉴·国民经济学批判大纲》）。可是读者可以看到，这一见解的科学证明，只在《资本论》出版后，方才成为可能。

这样，恩格斯是指明了，共产主义社会，价值概念还余留一点东西，那就是有用效果与所费劳动的比较。适用于共产主义社会的，当然适合于它的初级阶段——社会主义社会。至于恩格斯所说的"这一见解的科学证明，只在《资本论》出版后，方才成为可

---

① 参见恩格斯《反杜林论》，人民出版社 1956 年版，第 321 页。

能",是否指1894年出版的第三卷中马克思所指价值决定在共产主义—社会主义经济中的作用,这是有待考证的。我们知道《资本论》第二卷、第三卷是由恩格斯就马克思遗稿编成的,因此,推定恩格斯是同意马克思的观点的,也许是不会错误的。

同时,我们也要注意到,恩格斯所指明的"有用效果与所费劳动"的比较这一观点,斯大林在《苏联社会主义经济问题》一书中是加以否定的。斯大林在反对"价值规律调节着不同生产部门间劳动分配的比例"时,举重工业不能赢利为例,指明苏联并不因为它没有获得与所费劳动比较的巨大效果而关闭它们。从这一点看,斯大林似乎把恩格斯的观点,看作是与马克思的论证相同性质的意见,而事实上这的确也是相同的意见。

四 《苏联社会主义经济问题》及《政治经济学教科书》论价值、价值规律及其理论上的难点

我们分别就下述几个方面,来研究《苏联社会主义经济问题》与《政治经济学教科书》两书,关于价值与价值规律的论证:①商品生产的范围及其原因;②社会主义生产是否为价值生产;③价值规律是否对价格变动起调节作用;④价值规律对生产及流通的作用如何;⑤价值规律本身在社会主义经济中是否是被调节的。

(一)

斯大林在《苏联社会主义经济问题》一书中指出了苏联社会主义生产是特种商品生产,它的活动范围只限于个人消费品,本文第二部分已经指明了。

为什么苏联社会主义生产是特种商品生产?斯大林的回答是,因为存在着全民所有制和集体农庄所有制这两种所有制形式。斯大林写道:

> 有人说，在我国生产资料公有制已经建立，而雇佣劳动制度与剥削制度已被消灭以后，商品生产的存在就失去了意义，因此就应该消除商品生产。
>
> 这也是不对的。现今在我国，存在着社会主义生产的两种基本形式：一种是国家的全民的形式，一种是不能叫做全民的集体农庄的形式。在国家企业中，生产资料和产品是全民的财产。在集体农庄的企业中，虽然生产资料（土地、机器）也属于国家，可是产品却是各个集体农庄的财产……
>
> 这种情况就使得国家所能支配的是国家企业的产品，至于集体农庄的产品，只有集体农庄才能作为自己的财产来支配。然而，集体农庄只愿把自己的产品当做商品让出去，愿意以这种商品换得它们所需要的商品。……因此，商品生产和商品流通，目前在我国，也像大约三十年以前当列宁宣布必须以全力扩展商品流通时一样，仍是必要的东西。
>
> 当然，在出现了有权支配全国一切消费品的一个无所不包的生产部门，来代替两种基本生产部门即国营部门和集体农庄部门之后，商品流通及其货币经济就会作为国民经济的不必要的因素而消失了……
>
> 可见，我国的商品生产并不是通常的商品生产，而是特种商品生产……它的活动范围只限于个人消费品。①

根据上面的论证，苏联社会主义生产之所以是特种商品生产，是因为存在着两种所有制，以致国家不能支配全国一切消费品。反过来，当出现了有权支配全国一切消费品的一个无所不包的生产部门时，商品生产及其货币经济都会消失。根据这个论断，社会主义的联合生产者（国家、集体农庄、合作社）之间作为商品来交换的产品是商品，因此，①集体农庄出售的粮食、经济作物、畜产

---

① 斯大林：《苏联社会主义经济问题》，人民出版社 1953 年版，第 13—15 页。

品、蔬菜等各种农产品；②集体农庄及其庄员交换回来的产品，包括国营工业生产的个人消费品，农业生产所必要的生产资料，如肥料、农药、小农具、建筑材料等项都是商品。至于国家与庄员以外的全部劳动者之间交换的个人消费品，以及国营企业之间，国营企业与学校、机关、军队之间，经过内部调拨，或经过零售商业供应的全部生产资料与消费资料，因为与国家及集体农庄间的交换没有关系，所以都不是商品。

这样，由两种所有制之间的产品交换来区别产品是否为商品，涉及一部分消费资料，也涉及一部分生产资料。可是并非全部消费资料是商品，也并非全部生产资料是商品。上引斯大林的论证，由两种所有制这一原因，推论全部消费品是商品，看来前提与结论之间，并不存在必然的联系。

《政治经济学教科书》也是把个人消费品之所以成为商品，归因于两种所有制的存在这单一的原因。该书写道：

> 通过收购和采购而从集体农庄转到国家和合作社手中的农产品和原料，以及在集体农庄市场上出售的农产品，都是商品。国营企业生产的、集体农庄和庄员所购买的工业品（主要是个人消费品）也是商品。既然个人消费品是商品，它们也就通过买卖流转入城市居民手中。①

上面采取的是类推解释法，"既然个人消费品是商品，它们也通过买卖，流转入城市居民手中"，这是就部分个人消费品为集体农庄及其庄员所购买，因而是商品，推及于全体个人消费品都是商品。但同样的类推解释法也能适用于生产资料：集体农庄购买部分生产资料，因而全部生产资料都是商品。但这种解释方法未用于生产资料，该书认为一般生产资料都不是商品。

---

① 《政治经济学教科书》，人民出版社1955年版，第477—478页。

《苏联社会主义经济问题》一书，于提出上述论证之后，在别的地方，为了解释商品的定义，指出：商品是这样一种产品，它可以出售给任何买主，而且在商品出售之后，商品所有者便失去对商品的所有权。而买主则变为商品的所有者，他可以把商品转售、抵押或让它腐烂。

这是有关商品定义的解释。按照这个定义，国家与集体农庄之间交换的产品是商品，国家与全体劳动者（工人、庄员及其他劳动者）个人之间交换的消费品也是商品。那么很显然，使社会主义生产成为商品生产的原因，不仅仅是两种所有制的存在这一个原因，一定还有其他原因在。这个原因使社会主义经济所生产的消费品成为商品，也就是这个原因使这部分商品成为商品生产。应该找出这个原因来。

现在让我们回忆一下第二部分所引马克思的论证。马克思指出，由于按劳计酬原则的实行，"个人消费手段在个别生产者之间进行的分配，通行者如像在商品等价物底交换里通行的同一原则"，这就说明了，为抵偿生产中劳动消耗所必要的个人消费品是商品的原因了。

马克思没有涉及两种所有制的问题。马克思所没有涉及的，斯大林作了详尽的论证，这就是在社会主义的联合生产者之间有关的商品，是商品生产。社会主义各国的实际状况，证明了这是社会主义经济客观存在着的情况，因而它是真的。

马克思所说的是消费手段在个别生产者之间的分配，通行着商品交换中的等价交换原则，但这将在总平均中出现，而不在个别的场合中出现。社会主义各国的实践，证明了这不仅在总平均中出现，也在个别的场合中出现。即劳动者领受货币工资，这个工资是他的劳动所创造的价值，扣除了社会必要的积累基金及公共性质的消费基金部分后的数额，劳动者用这部分货币工资去购买他所需要的个人消费品。按照唯物主义辩证法，按照发展论，这是合理的。马克思自己就曾说过，社会主义的"分配的方式，会随社会生产有机体的特殊方式，及生产者的相应的历史发展程度而变化"。①

这样，我们就获得了社会主义生产之所以为商品生产的完整的原因了：①存在着全民所有制与劳动人民集体所有制这两种所有制形式；②劳动者按照按劳计酬的原则，取得个人劳动报酬。由于这两个原因，国家与集体农庄及其庄员间，国家与非庄员的全体劳动者间，关于生产资料与消费资料的交换，都通过买卖形式来实现，因而这些产品的生产是商品生产。国家与集体农庄间的交换有的经过产品交换办法来实现，那里也实行等价交换的原则，因而仍然是商品交换的性质。

此外，社会主义经济中还存在着劳动者个人副业产品，作为商品在市场上出售的部分。这部分产品比重不大，但作为联合的社会主义生产者（国家、集体农庄、合作社）的生产的补充，是有其一定意义的。这部分的生产是商品生产，是无待证明的。

（二）

按上述标准来区分社会主义生产的产品是否为商品，则（甲）属于商品的产品有：①个人消费品，除去劳动者供自己消费的个人副业生产品；②出售给集体农庄与合作社的生产资料。（乙）属于非商品的生产品有：①非属个人消费品的消费资料，例如学校、机关、军队的公共供应品，由国营企业生产，通过调拨方式供应的；②在国营企业间调拨的生产资料；③集体农庄自己的生产品，作为生产资料用于再生产的部分；④劳动者个人副业的产品供自己消费的部分等。

集体农庄付给庄员的实物报酬，从集体生产者对产品的分配观点来说，可以认为是非商品的产品。但庄员将实物报酬拿到集体农庄市场去出售时，就成为商品了。

下列几种产品：（甲）国营企业所需零星原材料或其他用品，由别的国营企业生产，但不是通过国家调拨，而在零售市场购买

---

① 《资本论》（第一卷），人民出版社1953年版，第62页。

的；（乙）机关、学校、军队等所需公共供应品，由国营企业生产，但不是通过国家调拨，而是在零售市场上购买的，按生产的性质来说，不是商品生产，但形式上也经过买卖交换。国家统计社会商品周转额，往往也把这类产品计算进去。

产品之区分为商品与非商品这件事，往往与价值概念紧紧联系着。因此，我们需要弄清楚这样的问题：①社会主义所生产的商品，是使用价值的生产，是否同时也是价值生产？②社会主义经济所生产的非商品的产品，是使用价值的生产，是否同时也是价值生产？

《政治经济学教科书》确认作为商品的生产品，其生产是使用价值的生产，同时也是价值的生产，因而商品具有价值：

> 在社会主义社会中，作为商品来生产和销售的那些产品，具有由具体劳动创造的使用价值和由抽象劳动创造的价值。①
> 个人消费品既是商品，就有价值。②

关于不作为商品的那部分生产品，《政治经济学教科书》认为它具有价值形式：

> 消费品既是商品，工人就只能用货币即用货币工资去购买。因此，必须在生产资料的生产中，用货币形式来计算同工资一起构成工业品成本的其他一切要素。
> 既然作为商品的消费品具有价值，那末不作为商品的生产资料就具有用以进行成本核算、计算和监督的商品形式和价值形式。③

---

① 《政治经济学教科书》，人民出版社1955年版，第479页。
② 同上书，第483页。
③ 同上书，第483—484页。

所谓价值形式，按照定义，不是指价值实体的表现形式，而是一种不存在价值实体，仅取其外壳的那种表现形式。因此，可以断定，《政治经济学教科书》认为，商品的生产是价值的生产，非商品的产品生产，则并非价值生产。

价值概念与国民收入的性质的理论紧密联系着。关于社会主义的国民收入的本质，《政治经济学教科书》写道：

> 既然在社会主义制度下存在着商品生产，因而整个国民收入和它的一切要素，不管它们具有什么样的实物形式，都是借价值来衡量的……[1]

这样，具有价值形式的生产品，与具有价值的生产品，又都还原到价值这个统一的范畴上来了。

按孙耀君同志《关于社会主义社会国民收入问题在苏联的讨论》一文[2]的介绍，苏联经济学者间对国民收入是否适用价值概念长期以来是有争论的。莫·保尔认为："说国民收入是新创造的价值，这仅仅反映了资本主义商品生产的特点。……社会主义社会的生产资料实际上没有价值，因而不能把价值转移到所创造的产品中去。"他认为社会主义的国民收入是"新创造的那部分产品"。伏·贝尔金认为："价值不仅是资本主义商品生产的范畴，并且一般是社会主义商品生产的范畴。只要在苏联还有商品生产，价值规律就发生作用，因此价值是社会主义生产的范畴之一。……所以，国民收入是代表新创造的价值的那部分社会总产品这一定义，对于社会主义也是完全正确的。"

总而言之，把产品之是否为价值生产，与国民收入的性质的解释合在一起，总不外是下面四种论断之一：

---

[1] 《政治经济学教科书》，人民出版社1955年版，第559页。
[2] 《人民日报》1956年8月3日。

（1）全部产品没有价值，因而社会主义社会的国民收入，不是新创造价值，而是新创造的那部分产品。

（2）作为商品的产品具有价值，不作为商品的产品具有价值形式，即没有价值；但社会主义社会的国民收入是新创造的价值。

（3）作为商品的产品具有价值，不作为商品的产品没有价值。但社会主义社会的国民收入，不是价值，而是新创造的那部分产品。

（4）全部产品具有价值，因而社会主义社会的国民收入，是新创造的价值。

上述第二、第三两种论断，在逻辑上都是矛盾的。因为它肯定全部生产品的生产中，一部分是价值生产，一部分不是价值生产，但关于国民收入的性质，则或者肯定它全部是价值，或者肯定它全部不是价值。第一种论断，不仅否认不作为商品的那部分产品具有价值，也否认作为商品的那部分产品具有价值，而这又不免是否认社会主义生产的商品生产性质的这个前提。第四种论断，是符合于再生产理论，符合于按劳取酬这个特征的。但这个论断必然要否定商品具有价值，非商品的产品不具有价值这个前提，而要肯定社会主义社会中，全部生产品的生产都是价值生产。看来，按照《政治经济学教科书》一书，关于产品之是否为价值生产的定义，价值理论与国民收入性质的理论，是很难获得理论上一贯的解决的。

造成这个理论困难的原因，在很大程度上是由于在社会主义的特种商品生产的条件下，袭用"商品—具有价值，非商品的产品—不具有价值"这个公式。是的，恩格斯曾指明"经济学所知道的唯一价值是商品的价值"（见第三部分），按照这个公式，问题的另一方面就是：凡非商品生产方式所生产的产品，其生产不是价值生产，因而这类产品，不具有价值。但我们必须注意，恩格斯提出这个公式的根据与他所设定的条件。恩格斯在指明经济学所知道的唯一的价值是商品的价值时，明确地指明这个商品的价值是"私人以私人打算生产出来"的商品的价值；反之，恩格斯所指的，那种可以直接用劳动时间计量而不必求助于价值的商品生产，已经不是按照按劳计酬的原则来分配个人消费手段，已经是全部生产资料归社会所占有了的产品生产，也就是已经属于共产主义第二阶段的那种商品生产。可是，我们当前所论的是社会主义性质的特种商品生产。这种生产，既不是私人以私人打算生产出来的商品的生产，也不是共产主义第二阶段的产品生产。同时，如上面所说，我们这里区分产品之是否为商品，是按产品之是否通过买卖的交换为准，这种区分是否同时也就是区分生产之是否为价值生产的标准，还有待于证明。现在我们把特种商品生产下面，通过买卖交换的产品，等同于恩格斯公式中"私人以私人打算生产出来"的商品，把同一个特种商品生产下面不通过买卖交换的产品，等同于恩格斯公式中的共产主义第二阶段的产品，而不去考虑它们间所存在的本质的区别。或者，这正是造成理论上困难的原因所在。

让我们回顾一下社会主义生产是商品生产的原因。那不外是下面三点：（甲）社会主义社会中，资本主义生产方式被废止了，但社会化的生产仍维持下去；（乙）社会主义生产，是与联合的社会主义生产者的商品有关的特种商品生产；（丙）社会主义社会中通行着按劳计酬的原则，劳动者按照按劳计酬的原则领取货币工资，个人消费品在全体劳动者之间的分配，也是通过买卖交换的。由于以上三个原因，就使：①联合的社会主义生产者（国家、集体农庄、合作社）间实行产品的交换。交换的结果，国营企业的任何一种生产品都不免包含有集体农庄产品的价值元素。这不仅在直接以农产品为原料进行加工制造的国营企业产品是如此，即完全不以农产品为原料进行加工制造的国营企业也莫不如此，因为国营企业支付的劳动报酬，工人总以其一部分使用于购买食物、纺织品，或其他直接、间接与集体农庄产品有关的消费品。反过来，集体农庄的产品中，也包含有国营企业产品的价值元素，且其比重越来越大。因为农产品价值中，农机站工作的报酬、肥料、农药、电力、建筑物的折旧等成分，随着工业对于农业的技术支援的加强，其比重是与日俱增的。②国营企业的全部产品价值，与抵偿购自集体农庄的原料价值相同，归根结底是分解为劳动者的所得的。所以，当我们说：为了抵偿生产过程中劳动力的消耗所必需的消费品是有价值的，那我们就已经是说，社会主义社会的全部产品生产是价值生产了，因为按照价值理论，同样也是按照再生产理论，当我们说产品价值决定于生产它所必需的社会必要劳动量，本来就不仅是指新加劳动新加到生产资料上面的价值，同样指生产中所消耗了的生产资料上面所对象化了的社会必要劳动量；无论社会必要劳动量的哪一部分，归根结底是要用消费品去抵偿劳动的消耗的。因此，一切生产品，归根结底是劳动生产品，不论它是消费资料还是生产资料；一切生产品所耗费的劳动，归根结底还原为个人消费品的消耗。那么，那些决定了国营企业与集体农庄间交换的产品生产是价值生产的原因，就预决了全社会的生产是价值生产。那些决定了全部个人消费品的生产为价值生产的原因，在更完全的程度上预决了全社会的生产是价值生产。这样，区分生产品之是否为商品的那些原因，从价值理论上，从再生产理论上说，并不就是区分这种或那种生产是价值生产的原因，同样，根据价值理论与再生产理论，我们确认，社会主义社会中一部分产品是商品，因而它的全部生产是价值生产，或许是妥当的。

当然，不能因为说社会主义社会的全部生产是价值生产，因而把资本主义生产与社会主义生产的根本区别忽视了。资本主义生产的性质，正如马克思所指明的，它是在价值生产上面建立起来的生产方式，它生产使用价值，只因为这个使用价值有价值。反之，社会主义生产是以生产使用价值为目的的，这个使用价值的生产，只是因为它是与联合的社会主义生产者间的商品有关的特种商品生产，并且因为它实行按劳计酬的原则。因之，社会主义国家分配生产资料，是按照国家计划进行物资调拨的，不是如同在资本主义社会那样，一切听令自由市场的价格波动去自发地调节这种分配，因而也听令市场变动去决定生产资料的生产。即令是消费资料，其生产规模也必须与计划所决定的消费基金相适应，并必须有适当的后备以应付可能发生的自然原因或社会原因所造成的脱节。不过在种类繁多的各种消费品的品种之间，存在着按照市场情况，经过价格政策，对供求关系进行局部调节的可能而已。

至于集体农庄自留用于生产的产品，集体农庄支付给庄员的实物报酬，即使不经过流通领域，仍然不能离开价值范畴，正如电厂的厂用电，国营农场的实物工资之不能离开价值范畴一样。在社会主义总生产中比重不大的个人副业所生产的，留为生产者自己消费的那部分产品，由于它同属全社会满足劳动者的消费品的范围，用类推的包摄方法，包括于价值范畴之内，也是完全合理的。

如果能够肯定社会主义的全部产品生产都具有价值生产的性质，国民收入的性质也就易于确定了——那无非就是新加劳动新加到生产资料上面的价值部分。原来所有的理论上的困难就消除了。

（三）

关于价值规律对价格的作用。斯大林在《苏联社会主义经济问题》中指出，由于农产品收购价格是由计划规定的，农业的生产规模是由计划决定的，而生产农产品所必需的生产工具是集中在国家手中，因此，价值规律影响农业原料价格的形成，但这种影响不起调节作用。《政治经济学教科书》扩大范围及于全部产品的价格，断定价值规律对价格没有调节作用：

> 社会主义国家在计划价格时要考虑到价值规律。在社会主义经济中，价格是通过计划规定的、商品价值的货币表现。……国家规定价格时以社会生产费用为出发点，社会生产费用在生产商品的部门中就是商品的价值。[①]
>
> 但是，价值规律不是国家价格的调节者，它只是影响这种价格的因素之一。在国家和合作社的商品流转中没有"自由

---

① 《政治经济学教科书》，人民出版社1955年版，第484页。

玩弄"价格的现象。社会主义国家规定的商品价格,是同社会生产费用、同商品价值有某些差别的。①

说价格的规定以价值为出发点,很容易得出与教科书相反的结论:价值规律是价格的调节者。教科书之所以指明社会主义经济中价值规律不是价格的调节者,是由于价值与价格间有差离。发生差离的原因,《政治经济学教科书》指明如下:

> ……社会主义国家所根据的,首先是社会主义的基本经济规律的要求,是保证生产在高度的技术基础上不断增长和满足整个社会日益增长的需要的必要性。国家利用价格机构规定各部门生产资料分配的比例。这种比例是由国民经济有计划发展的要求决定的。
>
> 例如,国家利用适当的价格政策,把一些部门创造的收入的一部分,用来迅速发展另一些赢利较少但对国民经济有很大意义的部门。国家对生产资料规定较低的价格,鼓励国营工业企业采用先进技术,同时通过机器拖拉机站以高度技术装备集体农庄生产。国家规定价格时必须保证企业有一定的收益(赢利),同时估计到某些商品的数量及其在经济上的意义。国家利用价格来刺激某些产品的生产,调节它们的需求。②

《政治经济学教科书》所解释的价值与价格差离的原因,毫无疑问是正确的。但我们还需要进一步问:当国家根据正确的理由,把各部类产品价格规定后,各部类生产中的劳动生产率发生程度不等的变化,但因而各部类产品的社会生产费用(价值)有的减低很多,有的减低很少,甚至少部分产品的价值提高了,国家势必要

---

① 《政治经济学教科书》,人民出版社 1955 年版,第 485 页。
② 同上书,第 485 页。

调整各部类产品的价格，这时候，在决定价格的政策不变的限度内，价格的调整是以什么为根据的？恐怕不能不以变动了的各部类产品的价值比例为根据吧。这也就是说，在社会主义社会中，仍然是像马克思所指明的那样："无论各种不同商品的价格，最初是依照何种方法来相互确定，或相互规定，价值法则总支配着它们的运动。"[①] 所不同的，资本主义生产方式中价值规律决定价格的运动是通过竞争来实现的，社会主义经济体系中价值规律支配价格的运动的作用是通过计划对价格的规定来实现的。正因为如此，社会主义的经济计划，可以自觉地运用价格政策（它反映国家的经济政策，也不能不反映价值规律的作用），调节各部门生产资料分配的比例，刺激某些产品的生产，调节它们的需求。如果把国家运用价格政策以实现自己的经济目的，理解成为可以脱离价值规律——一个使用价值的价值，由生产它的社会必要劳动量决定的规律——的作用，作一种任意的调节，那么价格与价值就脱离了关系，就等于否定了"国家计划价格时要以社会生产费用为出发点"这个前提，也等于否定了"价格是通过计划规定的，商品价值的货币表现"这个命题。因此，看来还是应该由价值规律出发以说明差离，不能反过来由差离出发来说明规律本身。

社会主义的实践也说明了价值规律对价格运动的支配作用。《苏联社会主义经济问题》一书举棉花和谷物比价为例，说明如果棉花每吨收购价格与谷物收购价格相等，植棉者会破产，国家会没有棉花。《政治经济学教科书》举谷物、马铃薯、蔬菜、畜产品为例，说明过低的收购价格，阻碍了这些产品的生产。1953 年苏联调整了谷物、蔬菜、畜产品的收购价格，因而促进了这些产品的增产。根据赫鲁晓夫同志 1953 年关于农业的报告，当时在这各类产品中，集体农庄每个劳动日所能获得的报酬额如下：棉花 17—36 卢布，糖萝卜 1—12 卢布，各种工业原料作物平均 18 卢布，谷物

---

① 《资本论》（第三卷），人民出版社 1953 年版，第 201 页。

（高加索耕作机械化程度较高地区）8—14卢布，畜产品4—5卢布。国家调整收购价格的经济根据，不能不首先是上述劳动日报酬的差别，使这种差别缩小乃至消灭，而这就无非是使各类农产品的价格比例，符合于价值比例。

说价值规律不是价格的调节者，主要的根据就是"价格是计划规定的"。当我们问计划规定价格以什么为根据时，就不能不承认，计划规定各类产品的价格要根据其价值，虽然不是也不应该是只根据价值一项。但我们还可以退一步设想，既然计划可以调节各类产品的价格，使之与价值有相当的差离，因而可以指明：价值规律对价格变动有影响，但不起调节作用。但这样说，也还无助于解决理论上的难点。因为，个别产品的价格与价值之间的差离，对社会总产品的价格总和由其价值总和来决定一事，是丝毫也不受影响的。计划可以规定个别产品价格与价值间有相当的差离，但所有个别产品价格与价值的差离，在社会总产品的价格总和与价值总和中必然互相抵消，结果价格总和一定要等于价值总和。计划调节各项产品的价格，无论如何不能超过这个限度。所以计划的调节价格，本身是被价格总和受价值总和的决定这一客观规律所制约着的。从这点来说，认为计划可以调节个别产品的价格使与其价值发生差离，因而断定价值规律仅仅影响价格的形成，而不是价格的调节者，是完全没有根据的。

让我们假定某个国营工厂所生产的消费品，其价格高出成本很多。假令产品成本远低于价格是由于生产上所消耗的原材料及固定设备价格较低，而这些生产资料价格较低的原因是国家通过价格政策的作用，使"重工业中创造的纯收入的一部分，是在轻工业和其他生产日用品的部门中实现"①，在这种情况下，个别产品的价格与价值的差离，正是总产品的价格总和受价值总和决定的一种表现形式。个别产品价格低于价值，其性质是同样的。假定某种产品

---

① 《政治经济学教科书》，人民出版社1955年版，第514页。

价格高于价值，不为其他产品价值对价格的超过额所抵消，将形成实际工资的减低，而如下文所述的情形。

假设产品价格总和超过价值总和，就是物价涨了，实际工资减低了。此时如不调整工资使之恢复原有实际工资水平，其结果不外是减低工资，调整各部门产品的成本结构及其相互间的比例（因为各部门生产中消耗的活劳动，在全部成本中的比重是不一致的），提高纯收入在国民收入中的比重。此时所变更的是用货币所计量的各项产品的价格及其相互间的比例，价格总和与价值总和仍然是一致的，因而也证明了价格总和超过价值总和是不可能的。假如物价涨了，调整货币工资使之恢复原有实际工资水平，全部生产资料包括固定设备在内的价格也随总的物价水平的变化而调整，结果各部门产品的货币价格提高了，但它们间的价格比例、价值比例，以至实际工资、纯收入在国民收入中的比重概未变更，自然也不变更价格总和由价值总和而受的决定。

假定价格总和和价值总和的差离是一个负数，即价格总和低于价值总和，目的是提高人民的物质生活水平。这时候，社会总产品中消费资料部分的比例，必须事先增加到与减低物价所形成的实际工资提高相适应，而如果是这种情况，消费资料的生产必已经增加，因而社会总产品的价值总和也必定已经有所增加了，这样才能使同一货币工资换取更多的消费资料。总的结果，无非是全部价值总和用较前为少的货币数量表现，各部类产品的成本结构因实际工资提高而变更其相互间的比例，减低纯收入在国民收入中的比重，价格总和仍然是预先就被价值总和决定了的。假如消费资料的生产不是预先就提高了的，减低物价是要落空的。因为消费资料不足，零售商业受到压迫，零售价格不得不重新提高，使消费资料的供应，与作为购买力的劳动报酬总额相适应①。其结果，价格总和提高了，也就无所谓价格总和与价值总和的背离了。

所以，个别产品价格与价值的差离，不足以证明价格变动仅受价值规律的影响，而不是价值规律支配着价格的运动。价格总和与价值总和的差离，客观上是不可能存在的，无论计划如何规定价格，总是被制约于价值规律的。如果我们把社会的再生产过程作为一个整体，个别产品价格与价值的差离，正是价值规律决定价格运动的表现形式。关于这点，马克思在《资本论》中已经再三论证过了，正如马克思的再生产原理适用于社会主义经济一样，这无疑也是适用于社会主义经济的。离开社会的总的再生产过程来考虑价值规律与价格之间的关系，不免会得出这样的结论：国家对价格政策的运用，似乎不受作为客观规律的价值规律的支配，而多少是可以任意的。

上面所说，适用于国营工厂的产品。我们再来考虑一下那种不属于全民所有制的集体农庄和合作社，由他们产品的价格与价值的差离所造成的他们收入的变动，虽然不变更国民收入总额的界限，但他们与国营工厂有下列不同之点：①他们的纯收入部分，除税收以外，不通过国家预算实行再分配；②他们所实现的收入（即产品出售价格的总和，减去生产中所消耗的生产资料的成本），构成他们自己的劳动报酬和积累基金的限界；并且③他们的劳动报酬不是像工厂工人那样统一规定于国家工资制度中。那么，国家规定他们产品的收购价格，如与价值有更大的差离（低于价值）实践上似乎可以更为任意一些，只要考虑价值规律的影响，不必考虑价值

---

① 李先念在党的八大的发言中说："近来不断接到各地干部和职工同志来信，他们问，在我国为什么不采取每年普遍降低工业品价格的方针，而采取基本稳定工业品价格的方针？我想，首先这不是由于主观上想不想降低工业品价格，而是由于客观上还不存在普通降低工业品价格的条件。我们的轻工业品受着农业原料的限制，除了极少数产品而外，不是供过于求而是很感不足。在这种情况下，如果粗率地普遍降价，要发生严重的脱销，其结果不是被迫重新提价，便是人们买不到货，出现黑市，或者是国家被迫扩大供应范围。归根结底，降价还是一句空话。"（《人民日报》1956年9月23日）

规律对价格的调节作用。但这种违反客观规律,人为地压低价格的办法,规律的作用就在另一方面表现出来:劳动力将从这些生产部门向外流动,生产量与劳动生产率两者都将降低。为了变更这种对国民经济有害的结果,根据价值调节这些产品的价格,就仍然是必要的。

当然,社会主义经济中各类产品的价格结构,反映了价值规律的作用,也反映了国家的经济政策。正是国家的具体经济政策,决定了这种或那种产品的价格与其价值的不同程度不同方向的差离。研究社会主义的物价结构,不注意到这一点,认为只有价值规律一个因素决定物价结构,这是错误的。正如注意到价格政策是经济政策的反映,而否定价值规律对价格运动的决定作用,同样是错误的。

(四)

关于价值规律对社会主义的生产及商品流通的作用,斯大林在《苏联社会主义经济问题》一书中说:

> 在我国,价值法则发生作用的范围,首先是包括商品流通,包括通过买卖的商品交换,包括主要是个人消费的商品交换,在这里,在这个领域中,价值法则当然是在一定范围内保持着调节者的作用的。
>
> ……价值法则在我国社会主义生产中,并没有调节的作用,可是它总还影响生产,这在领导生产时是不能不考虑到的。问题在于,为了抵偿生产过程中劳动力的消耗所必需的消费品,在我国是作为受价值法则影响的商品来生产和销售的……
>
> 然而,这一切是不是说价值法则在我国也像在资本主义制度下一样有广阔的发生作用的场所呢,价值法则在我国是生产

的调节者呢？不，不是这个意思……①

价值法则只是在资本主义制度之下，在生产资料私有制存在之下，在竞争和生产无政府状态、生产过剩的危机存在之下，才能是生产的调节者。……在我国，价值法则发生作用的范围是被生产资料公有制的存在、被国民经济有计划发展的法则的作用所限制的，因而，也被大致反映这个法则的要求的我国各个年度计划和五年计划所限制的。②

简略地说，不容置疑，在我国现今的社会主义条件下，价值法则不能是各个不同生产部门间劳动分配方面的比例调节者。③

把上面的论证简括起来是如下观点：

（1）价值规律在商品（主要是个人消费品）的流通领域内，在一定范围内有调节作用；

（2）价值规律影响生产，因为抵偿劳动力消耗的个人消费品的生产与销售受价值规律的影响；

（3）因为生产资料公有化与计划经济制度的存在，价值规律对生产的作用受到限制，因此它能影响生产，但不起调节作用。

斯大林所解释的价值规律对生产的作用之所以受到限制，原因是两条，生产资料公有化与国民经济计划化。如果我们把国民经济计划化理解为只有当生产资料公有化才是可能的，因而把原因归结为主要是国民经济计划化这一点，也不是不可以的。斯大林在《苏联社会主义经济问题》一书中，曾强调生产规模、产品价格之由计划规定，这就是他所根据的，限制价值规律作用的主要事实。

斯大林指明国民经济的有计划发展，对决定社会主义生产的规模及其各部类间比例的作用，这是社会主义建设的实际经验的总结，当然是正确的。社会主义生产以生产使用价值为目的，以满足

---

① 斯大林：《苏联社会主义经济问题》，人民出版社1953年版，第17—18页。
② 同上书，第21页。
③ 同上书，第22页。

劳动人民日益增长的物质文化需要为目的。根据这个目的，在现有经济发展水平的基础上，计划规定扩大再生产的规模，规定生产资料与消费资料两大部类生产间的比例，因而也规定了逐年国民收入中分配为消费基金的绝对数量及其比重，也就大致规定了社会一般的消费水准。这是社会主义经济不同于资本主义生产方式的基本特征。马克思也曾指出，社会主义（也包括共产主义）经济中，"社会生活过程（即物质生产过程）……当作自由结合的人的产物，放在他们的意识的计划的管理下面"[1]，不是如像在资本主义生产方式中，整个社会的物质生产过程，是听令资本主义的生产家的偶然的互相抵消的追逐活动去瞎搞。

但马克思在指明社会主义生产的这个特点之后，得出价值规律对生产的若干方面仍然有支配作用，与斯大林所得出的结论完全不同，其原因究竟在哪里呢？

让我们先考察一下价值规律的定义。斯大林在《苏联社会主义经济问题》一书中没有特别对价值规律的定义有所阐明。但从他对作为商品的个人消费品，在其流通领域中而不在生产领城中，价值规律具有调节作用这一论断来推论，斯大林所定义的价值规律，显然是与《政治经济学教科书》的下述定义是一致的：

> 价值规律是商品生产的经济规律，按照这一规律，商品的交换同生产商品所消耗的社会必要劳动量是相适应的。[2]

《政治经济学教科书》把价值规律限制于商品生产的范围内，反过来，可以认为在非商品的产品的生产过程中，不存在价值规律；把交换的概念加入价值规律内，也就是把马克思的价值规律"生产一个使用价值的社会必要劳动时间，决定该使用价值的价值

---

[1] 《资本论》（第一卷），人民出版社1953年版，第63页。
[2] 《政治经济学教科书》，人民出版社1955年版，第82页。

量",与它的商品交换的规律"等价物与等价物相交换"合在一起构成了它所定义的价值规律。既如此,则随着国民经济中根据计划生产,并直接进行按计划的物资分配而不通过交换的产品越多,价值规律的作用范围越小。反过来,价值规律的调节作用,基本存在于交换范围之内,而被用来进行交换的物资,其生产规模及相互间的比例又是由计划所规定的,价值规律在生产范围内,自然是不起什么调节作用了。反之,马克思所说的价值规律或价值决定,严格限制其定义为"生产一个使用价值的社会必要劳动时间,决定一个使用价值的价值量",按照这个规律的严格解释,它所发生的作用,可以与产品的交换过程无关。因此,马克思虽然确认社会主义或共产主义社会中不再存在货币经济,社会各项产品不再通过交换,仍然无妨于他来断定,作为客观经济规律的价值规律,对劳动时间的调节及社会劳动在各部类生产之间的分配,具有支配作用。

这样看来,马克思的论证与斯大林的论证之所以不同,是因为他们的前提不同——前提同是价值规律这个概念,可是概念的含义不同。因而似乎这仅仅有关逻辑联系,不涉及问题的实质。我觉得这样的看法是不对的,因为按《苏联社会主义经济问题》与《政治经济学教科书》两书的论证,价值规律固然以价值实体的决定为前提,但两书于加入交换概念到价值规律的定义里去以后,又借助于社会主义经济中社会各部类生产规模及相互间比例是由计划决定而不是由交换过程决定这个论断,把价值实体的决定的规律,以及这个规律对生产所起的调节作用,连带一并否认了。这个否认,正因为涉及价值实体,所以涉及事物的本质。因而这不仅涉及逻辑联系,也涉及事物内部联系的正确认识,涉及根据这种认识,正确地指导实践的问题。

问题的基本关键是在于,当计划根据社会主义的基本经济规律,规定各部门的生产规模及其相互间的比例时,是否也被制约于作为客观经济规律的价值规律,如马克思所曾论证的那样?是的,存在于资本主义生产方式中的盲目竞争现象不再存在了,价值规律

（按马克思所定义的意义）不再作为自然规律，通过资本家的"竞争，他们间相互的压迫作媒介"去贯彻了，社会主义社会在制订自己的经济计划时，是否要严格地计较各类生产的有用效果与所费劳动，如恩格斯所指明的那样：如果不进行这种计较，怎样能够保证最经济地运用现有的物资力量、自然资源与劳动力，以最快的速度提高劳动人民的生活水平？总之，如果不考虑计划本身受制约于作为客观经济规律的价值规律，计划所决定扩大再生产的规模，各部类生产量及其相互间的比例（因而也是社会一般的消费水平），可以无须计较所费劳动与有用效果，因而在这方面可以多少是任意的。是的，计划所体现的经济政策有许多不纯粹是由于经济上的原因，诸如为了巩固国防，加快重工业的发展速度等（自然，巩固国防以保卫社会主义建设，归根结底还从属于社会主义的根本目的，即满足劳动人民不断增长的物质与文化的需要），但确定了这些目的之后，选择达到目的的道路，认为可以离开经济的计较，不去考虑价值规律的作用，仍然不免多少肯定计划的任意性。否认价值规律的作用，就不免会得出这样的结论：按所费劳动与有用效果的比较这一点而言，判断计划本身正确程度的，还不免是计划自身。这样的论断用于指导实践，不免造成若干有害的结果，这是不言而喻的。

　　斯大林反对马克思的"价值决定对社会劳动在不同各类生产间的分配仍然有支配作用"这一论断时所举的理由（见本文第一部分）也不能认为是充分的。斯大林在那里，把劳动在重工业生产中的"有用效果"与"赢利"等同起来了。但是，正如他自己所再三指出的那样，重工业之所以必须优先发展，是为了国民经济的不断增长，劳动生产率的不断提高，这些利益，斯大林称之为高级赢利。高级赢利这个概念，只能理解为整个国民经济生活中的"有用效果"，这个"有用效果"是从整个国民经济的发展上考虑的，所以个别部分的暂时的不能赢利是可以容忍的。这正好证明重工业的发展，是按所费劳动与有用效果的计较来决定的，而不是相反。问题还不止于此。从国民经济整体考虑的生产劳动与有用效果的衡量，决定了优先发展重工业是必要的之后，发展重工业的具体办法，还必须严格进行所费劳动与有用效果的计较。如果在大的方面做了计较，决定了正确的方针，而在执行这个方针时缺乏深入到技术经济的各个角落的计较，仍然不免使国民经济受到若干损失。① 所以，马克思虽然不设定社会主义社会存在着商品生产这个前提，仍然明确指示我们价值规律的作用，这不仅是在理论上，同样是在实践上，都是有十分重大的意义的。

以上所论，适用于社会主义经济中完全不通过买卖交换的生产资料，也适用于通过买卖交换的商品（包括消费资料及一部分生产资料）。关于后者，斯大林指明，在它们的流通领域内，价值规律在一定范围内起调节作用，但即令对于同一种商品，在其流通领域内起作用的价值规律，在生产领域内只起影响作用。什么是价值规律对商品生产的影响呢？斯大林写道：

> 问题在于，为了抵偿生产过程中劳动力的耗费所必需的消费品，在我国是作为受价值法则影响的商品来生产和销售的。

---

① 依·库拉科夫在《社会主义下技术发展的几个问题》一文（苏联《哲学问题》1956 年第 1 期）中写道：

"衡量技术水平的第一个基本指标是满足某种需要的最后的单位产品或作业的成本。第二个衡量指标是基本建设投资的使用程度，换句话说，就是社会主义积累的使用程度。为了增加某种产品的生产，必须投入多少资金，这对整个社会来说，决不是没有关系的。国家每年可以用来进行新建设或采用更完善的技术的资金积累总是极其有限的，在增加单位生产能力上所需的资金越少，利用这一资金而得到的额外产品就越多。""衡量技术水平的第三个指标是流动资金。……影响流动资金数量的有两个基本因素：原料、材料、成品、动力、劳动力的单位消耗量，以及从收进材料到出售产品为止的生产和分配的周期的速度。这两个因素同所使用的技术的水平有很大关系。""总之，产品成本，基建投资和流动资金的单位消耗量的减低速度，是决定这种或那种生产的技术水平和劳动生产率水平的主要指标。应该首先采用那种在成本方面以及在基建投资比额和流动资金比额方面都能提供最高指标的技术。只有这种技术才能认为是高等技术，也只有在采用这种技术的基础上，才能发展社会主义的国民经济。当然，在任何场合下都不能忘掉采用减轻劳动，保证劳动安全和舒适性的技术，保证创造新产品和创造社会新需要的技术。""由上述一切可知，经济核算制对于顺利采用高等技术是极其重要的。任何技术都要用满足一定社会需要的劳动单位消耗量来衡量。劳动的单位消耗越少，技术水平就越高，我国就能生产出更多的产品，我们就能迅速地走向共产主义。"（见《学习译丛》1956 年第 7 期）

也正是在这里看出价值法则对生产的影响。因此，在我们的企业中，这样一些问题，如经济核算和赢利问题、成本问题、价格问题等等，就具有现实的意义。①

可见，所谓价值规律对生产的影响，限于核算、计算、获得赢利，而不涉及生产资料及劳动力在生产商品的各部门间的分配。

前面所说，国民经济计划化的结果，各部类生产的规模及其相互间的比例，因而也包括消费资料的生产量，国民消费水平，都是经济计划预先决定了的，因此斯大林上述论断是有其理由的。但把这理由绝对化了，也还是要发生困难。因为，比如关于个人消费品的流通，价值规律在一定范围内起调节作用，但无论流通领域内发生什么变化，在消费品总的生产规模不变的限度内，各类消费品生产规模及其相互间比例仍然不因而变化，那只能假定，任令消费者去购买各种消费品，"热销"的消费品价格可以提高一些，"冷背货"价格减低一些，增减的结果，商品的出售收入与购买消费品的个人所得仍然相等，但国家的消费品生产计划，并不根据市场状况来调节。这在实际上是行不通的，因为消费品的生产计划，在其总的生产规模已被决定的限度内，关于品种花色的调剂方面，与不同各类消费品间的生产比例方面，不能不，也不应不根据市场状况加以调节。这不仅是国家指导消费品生产的应有的政策，理论上说，生产与消费之间，客观上也必然存在着这种联系，无论所论产品是否通过买卖交换过程。所不同的，那些不通过买卖交换过程的产品，是通过物资分配系统来反映消费（大半是生产的消费）的变化，通过买卖交换过程的产品，通过市场变化来反映需要的变化而已。自然，在买卖交换过程中需要方面的变化，通过价值的变动，显现得特别迅速，更易察觉，更易利用来调节生产，使之适合于需要。国家的经济领导，利用这个更易察觉需要变化的市场变

---

① 斯大林：《苏联社会主义经济问题》，人民出版社1953年版，第17页。

化，随时去调节消费品的具体生产计划，是会更有利于国计民生的。①

至于在集体农庄市场上，价值规律的作用更明显地直接经过流通领域内的调节作用去调节生产。《政治经济学教科书》写道：

> 价值规律的调节作用在集体农庄市场上表现得最明显，在那里，价格是在供求的基础上形成的，而且价格的变动影响集体农庄市场的商品流转的规模和构成。②

这当然是正确的。

（五）

《苏联社会主义经济问题》一书，在关于价值规律的论证中，下面的论点，很为费解。《政治经济学教科书》没有采取这个论点：

> 结果，价值法则本身，也是由社会主义生产所特有的上述

---

① 在我国，特别注意利用消费品市场中价值规律的作用，使其对消费品的生产，进行有利的调节。陈云同志在党的八大发言中说："对一部分商品采取选购和自销，使许多小工厂单独生产，把许多手工业合作社划小，分组或按户分散经营，把许多副业产品归农业合作社社员个人经营，开放小土产的市场管理，不怕有些商品的价格在一定范围内暂时上涨，改变对某些部门计划管理的方法，所有这些是否将使我国的市场有退回到资本主义自由市场的危险性呢？绝不会这样。采取上述措施的结果，在我国出现的绝不会是资本主义的市场，而是适合于我国情况和人民需要的社会主义市场。我们的社会主义经济的情况将是这样：在工商业生产经营方面，国家经营和集体经营是工商业的主体，但是附有一定数量的个体经营。这种个体经营是国家经营和集体经营的补充。在生产的计划性方面，全国工农业产品的主要部分是按照计划生产的，但是同时有一部分产品是按照市场变化而在国家计划许可范围内自由生产的。计划生产是工农业生产的主体，按照市场变化而在国家计划许可范围内的自由生产是计划生产的补充。因此，这种社会主义经济的市场，绝不是资本主义的自由市场，而是社会主义的统一市场。在社会主义的统一市场里，国家市场是它的主体，但是附有一定范围内国家领导的自由市场。这种自由市场，作为国家市场的补充，因此它是社会主义统一市场的组成部分。"（《人民日报》1956年9月21日）

② 《政治经济学教科书》，人民出版社1955年版，第483页。

事实来调节的。①

按原文的意思，"上述事实"是指：①农业原料价格之由计划规定；②农业生产规模之由计划决定；③生产农业原料所必需的生产工具是集中在国家手中这三件事。② 原文所指的是农业原料的生产，因为价值规律是指普遍的规律，推广为价值规律本身，受社会主义生产中普遍存在的上述一些事实来调节，大概是不会错误的。

这个论点之所以费解，是因为与斯大林在同书论规律之不能改造这个全书的前提，看来不能一致。斯大林在论规律的性质时写道：

> 有人说，在我国社会主义制度下发生作用的若干经济法则，连价值法则也在内，是在计划经济的基础上"改造过的"，或者甚至是"根本改造过的"法则。这也是不对的。法则不能"改造"，尤其不能"根本改造"……
>
> 因此，当人们讲到"征服"自然力量或经济力量，讲到"控制"它们等等的时候，他们决不是想说：人们能够"消灭"科学法则或"制定"科学法则。恰恰相反，他们只是想以此来说明，人们能够发现法则，认识它们，掌握它们，学会以完备的知识去运用它们，利用它们为社会谋福利，从而征服它们，求得控制它们。
>
> 总之，在社会主义制度下，政治经济学的法则是反映不以我们的意志为转移的经济生活过程的规律性的客观法则。否认这个原理的人，事实上就是否认科学，而否认科学，也就是否认任何预见的可能性，因而就是否认领导经济生活的可能性。③

---

① 斯大林：《苏联社会主义经济问题》，人民出版社 1953 年版，第 49 页。
② 同上书，第 49 页。
③ 同上书，第 7—8 页。

《苏联社会主义经济问题》一书，对价值规律本身也是被社会主义生产所特有的若干事实所调节的这个论点，没有作更多的论证，我们没有根据把规律之被调节的意义，与规律之被改造的意义等同起来。但作为客观经济规律的价值规律自身，被社会主义生产所特有的一些事实所调节，究竟是什么意义呢？我们应该力图根据《苏联社会主义经济问题》一书全书论证，寻得其意义所在。

让我们研究一下斯大林在同书中的下列论证。

> 我们马克思主义者是从这个著名的马克思原理出发：从社会主义过渡到共产主义以及依照需要来分配产品的共产主义原则，是摈斥任何商品交换的，因而也摈斥把产品转化为商品，同时也就是把产品转化为价值的。①
>
> 在有商品和商品生产的地方，也就不能没有价值法则。②
>
> 在出现了有权支配全国一切消费品的一个无所不包的生产部门，来代替两种基本生产部门即国营部门和集体农庄部门之后，商品流通及其"货币经济"就会作为国民经济的不必要的因素而消失了。③
>
> 集体农庄究竟占有一些什么，它可以随心所欲、完全自由支配的集体农庄财产是什么？这种财产就是集体农庄的产品、集体农庄生产的产品，即谷物、肉类、油类、蔬菜、棉花、糖萝卜、亚麻等等，而建筑物和集体农庄庄员园地中的个人副业不计在内。问题在于：这种产品的大部分、即集体农庄生产的剩余品，进入市场，从而列入商品流通系统中。……
>
> 为了把集体农庄所有制提高到全民所有制的水平，必须将集体农庄生产的剩余品从商品流通系统中排除出去，把它们列入国家工业和集体农庄的产品交换系统中。问题的实质就在

---

① 斯大林：《苏联社会主义经济问题》，人民出版社1953年版，第85页。
② 同上书，第17页。
③ 同上书，第14页。

这里。

> 我们还没有发达的产品交换制度，但是有以"换货"为形式的农产品产品交换的萌芽。……任务是在于，要使农业的一切部门中都培植这些产品交换的萌芽，并把它们发展成为广大的产品交换系统，以便集体农庄在交出自己的产品时不仅取得货币，而主要是取得必要的制成品。这样的制度需要大量地增加城市送交农村的产品，所以，推行这种制度无需特别急忙，要随着城市制成品积累的程度而定。但是应该一往直前、毫不犹豫地推行这种制度，一步一步地缩小商品流通的活动范围，而扩大产品交换的活动范围。①

简括以上的论证，可以归纳为下列几点：①价值规律只存在于有商品流通的地方；②社会主义存在着商品流通，这是因为集体农庄的产品，大部分是进入市场，进入商品流通系统中的；③利用产品交换制，就使集体农庄的产品，从商品流通系统中排除出去；④做到这一点，商品流通就不再存在，价值规律也不再存在了。

如果我们再注意到，我们理解斯大林对价值规律的定义，大体上是政治经济学所表述的"价值规律是商品生产的规律，按照这一规律，商品的交换同生产商品所消耗的社会必要劳动量是相适应的"意思，那么根据斯大林的全部论证，或许可以推定他之认为价值规律是被社会主义生产所特有的一些事实所调节的，是从下面的推论产生的：

（1）价值规律只存在于有商品流通的地方。

（2）价值规律的作用，在社会主义经济中，被限制于生产资料公有化与国民经济（计划化）这一事实。因为这些事实限制了商品流通的范围。

（3）因此社会主义特有的上述事实，就也调节着价值规律

---

① 斯大林：《苏联社会主义经济问题》，人民出版社1953年版，第85—86页。

本身。

如果上面的理解没有错误的话,不难看出,这里也还存在着一些理论上的难点:①关于经济规律的定义,加上了交换的概念,然后否认价值规律在不经过买卖交换过程的产品生产上的作用,因而把价值实体的决定的规律也否定了;②承认个人消费品是商品,但在缩小商品流通范围的方案中,只涉及集体农庄的产品交换问题,而未涉及作为"抵偿生产过程中劳动力的消耗所必需的消费品",原来是作为"受价值规律影响的商品来生产与销售的",应该采取什么办法,使之排除于商品流通范围之外。①

假如我们肯定,价值规律,还是应该按照马克思的定义,"生产一个使用价值的社会必要劳动时间,决定一个使用价值的价值量",那么说,价值规律在社会主义社会,是被社会主义生产所特有的一些事实所调节的,不免易于被理解为规律之被改造了或被改造着的。这与作为《苏联社会主义经济问题》一书的全书前提——"规律不能改变",在逻辑上是矛盾的。

社会主义社会已经有了40年的历史,从历史上说,还不过是一个很短的时间。斯大林的《苏联社会主义经济问题》与苏联科学院的《政治经济学教科书》是迄今为止仅有的全面阐述社会主义政治经济学的科学著作,它们在社会主义经济学的建设中,无疑已起了极为重大的作用。正如生活一样,理论也是在不断发展着的,因此在两书若干论点上出现一些理论上的困难也是不可免的。作者从马克思与斯大林关于价值规律作用的论证的不同,引起读书

---

① 苏共二十次代表大会前后,苏联为了迅速发展农业生产,除大规模建立新的国营农场,开辟新荒地之外,对集体农庄采取了下列各项措施:一是提高谷物、畜产品、蔬菜的收购价格;二是利用国家收购农产品的预付款,实行对庄员劳动日报酬的按月预付制度(用货币方式);三是缩小庄员自留地的规模,加强集体农庄的公共经济;四是改变集体农庄的生产计划制度,除农庄应负责完成按计划交售任务外,农庄生产计划由农庄按照本身条件决定,不再由上级统一规定;五是原来作为庄员的农机站驾驶人员,归入国家农机站的编制;六是加强农机站与集体农庄的经济核算制等。实行产品交换制问题,似乎并未提到议事日程上来。

的兴趣,作了读书札记,在一系列有关问题上比较几位经典作家的论证,提出一些疑问。有疑问,就要假定自己解答这些疑问的观点,哪怕这些观点是错误的。然后再去发现自己观点上的错误,改正错误,这样才能在学习上取得进步。

在这个读书札记中,比较、质疑与假定自己的解答就合在一起做了。再说一遍(此处手稿有缺损)一定很多,期望经济学界指正。

(未注明写作日期,可能是1956年。选自《顾准文稿》,中国青年出版社2002年版)

学习毛泽东同志"调动一切力量为社会主义服务"的报告中经济部分的几点体会

毛泽东同志的报告，对我国社会主义经济建设作了有重大意义的方针性的指示。学习这个报告过程中，有点点滴滴的体会。由于时间仓促，缺乏资料，许多问题无法作详细的钻研，本文只是一些感觉的摘录。希望有机会作进一步的研究，并改正观点上的错误。

一

毛泽东同志指出，应该肯定重工业是我国的重点建设。为了建设重工业，有用少发展一些轻工业和农业的办法来发展重工业和用多发展一些轻工业和农业的办法来发展重工业两条道路。毛泽东同志指出，从十年、十五年以上的长远观点来看，前一种办法要使重工业发展得少些和慢些，后一种办法要使重工业发展得多些和快些。毛泽东同志这个指示是经济科学的必然结论，是为国际共产主义运动的历史经验所证实了的。

轻工业和农业产品是消费品。消费品的生产发展应该与工资基金的增长相适应，这样才能保证人民物质生活水平的不断提高。如果消费品的生产增长，低于工资基金及商品——农产品的增长程度，就要出现商品荒，消费品就要涨价，工人的实际工资就要降低，就会没有足够的消费品与农村交换商品——农产品。后面一种情况是非常危险的。因为如果出现这种情况，就要发生粮食危机和肉食危机，就要严重威胁社会主义经济建设的进行。

苏联就因消费品不足,发生过粮食危机和肉食危机。从1928年起,这个危机曾延续了许多年头。苏联是采取什么措施克服这个危机的呢?在集体化以前,采取了采办粮食的非常措施;集体化运动过程中,没收富农财产,并把富农作为一个阶级加以消灭;农业集体化以后,规定了定量征购收购的制度,征购收购价格是低于"集体农庄市场"价格的。斯大林指出这种价格差额是农村缴纳的额外税,他说:"为了保持并加快工业发展的现有速度,保证工业满足全国的需要,继续提高农村物质生活水平,然后完全取消这种额外税,消除城乡间的'剪刀差',我们不得不暂时征收这种税。"① 但是,根据赫鲁晓夫在二十二次代表大会关于个人崇拜的报告,苏联1950年左右全部农民出售农产品所获现金收入不过200多亿卢布(根据党校苏联专家报告材料,1954年增为533亿卢布),当时全年国家预算收支总额为4000多亿卢布,如果同时注意到卫国战争期间的物价变化,那么二十年间"剪刀差"是扩大了还是缩小了,是值得怀疑的。

消费品不足的结果是:①减低了国民收入中消费基金的比重,也就是在集体和个人的关系上,更多的收入归集体,更少的收入归个人。②分配中的缺点不能不反过来影响生产,因为"又要马儿跑得好,又要马儿不吃草",世界上确实是没有这样的道理的。苏联40年来农业生产的停滞是惊人的。由于农业生产停滞,又不能不限制消费品工业的发展。③国民经济的几个主要部门的生产停滞,不能不限制国民收入与积累基金的增长速度,同样也不能不限制重工业的发展速度。

从国民经济各部门生产的比例关系来考察,也必然得到同样的结论。因为"用少发展一些轻工业和农业的办法来发展重工业",发展重工业的需要成为组织各部门生产的主要推动力量,轻工业和农业只有作为发展重工业的必要条件时,才有它自己的地位。这时

---

① 《斯大林论工业化》,人民出版社1955年版,第149页。

候，轻工业和农业也向重工业要求生产资料的供应，但这种需要是有限度的，这种需要的满足不免是被限制的。重工业发展到了一定阶段所能提供的越来越多的产品，除供应重工业本身需要以外，必须以轻工业和农业为其销售对象，但因轻工业和农业的发展原来是被限制的，因此在一定阶段内，重工业产品会感到市场的狭隘，因而会造成暂时的产销脱节现象，直到提高轻工业和农业发展的水平，使生产各部门产销恢复平衡为止。反之，如果于发展重工业同时，也发展轻工业与农业，轻工业与农业的发展，将对重工业，也对一切经济部门要求种类繁多的各种产品的供应。推动国民经济各部门发展的动力，将不仅是一个因素（重工业的发展），而是几个因素（重工业、轻工业、农业）；因而也将更有力推动重工业的发展，一切分散的地方工业、手工业的生产力都会被推动起来。由此可见，"用多发展一些轻工业和农业的办法"来发展重工业，是全面发展国民经济的方针，是全面动员一切现有生产力的方针，是避免国民经济生活发生重大脱节现象的方针。毛泽东同志指出，"这种把重工业的发展，建立在满足人民生活需要基础上的办法，可以使重工业发展的基础更巩固一些"，是完全正确的。

上面的分析说明了，用减少轻工业和农业的发展去发展重工业，也就是过度压缩消费基金去扩大积累基金的办法，具有严重的片面性：①这是各经济部门发展速度上的片面政策，因而必然会破坏国民经济按比例发展的原则；②这是严重的"挖苦"农民，违反工农联盟的片面政策；③这是在生产与分配之间，不适当地忽视分配的片面政策。"事物常常走向它的反面"，本来是为了集中人力物力去超速度地发展重工业，实际的结果走到了它的反面：它延长了整个国民经济建设的速度，同样也延缓了重工业发展的速度。

二

实现"多发展一些轻工业与农业的办法来发展重工业"，重工业的发展速度,在初期是否不可避免地要降低一些,以便分出力量来适当地发展轻工业与农业?我们知道,一国的国民收入,相对地取决于国民经济发展的现有水平。国民收入用于消费基金部分增大了,积累基金部分不免要减少;积累基金中用于发展轻工业与农业的比重增加了,用于发展重工业的部分不免要减少。从另一方面说,一国所能生产的生产资料,取决于重工业现有发展的水平。生产资料用于发展轻工业与农业的部分增加了,能够用于发展重工业的部分也不能不相应减少。假定国民收入是一个定数,不能增加,非生产性开支也不能减少,多发展一些轻工业与农业,就会降低重工业发展的速度,至少在初期是不可避免的。关键就在于:在现有经济发展水平范围内,国民收入能否提高,非生产性开支能否减省。如果这两点是可能的,那么可以多发展一些轻工业与农业,不降低重工业发展的速度,甚至加快重工业的原定发展速度。关于生产资料供应问题,只要农业与轻工业的生产增长超过消费品基金的增长,还可设法由对外贸易的途径,用出口农产品与消费品去交换。

　　毛泽东同志的方针是,"一切可以利用的积极性都应利用起来,一切可以调动的因素都应该调动起来",为建设社会主义服务。毛泽东同志具体指出,应该"调动轻工业,发展重工业;调动农业,发展工业;调动沿海工业,发展内地工业;调动经济建设,巩固国防建设;调动六亿人民,加强集体"。

　　(1)"调动农业",努力使农业的各部门:种植业,即粮、棉、丝、茶、麻、烟草、甘蔗、糖萝卜、油料作物、其他经济作物、果园、蔬菜等,畜牧业及家禽饲养,淡水产业及其他一切农村副业增产。增产指标,全国发展农业纲要草案要求,十五年后粮棉生产要增为1952年的3.2倍,每年递增率约7%;各项经济作物都作相应的增加;畜牧业,国务院决定养猪头数最近两年内要增加一倍;马牛羊等农业役畜及放牧牲畜也都应增加;"合作社应使90%的社员年年增加收入",这是一个分配方面的指标,也是农村经济的综合增产的指标,为此就必须全面发展各项副业生产,合作化以后的农业,合作社的公共经济业必须是多种经营,农村家庭副业仍然是一个十分重要的部门。

国家对农业增产,组织大规模的技术指导,供应大量农械、肥料、农药,大量增加农贷。国家组织大规模的移民垦荒,发展造林,对大河流域进行全流域的开发,发展水电航运事业,同时也是发展农田水利,避免水旱灾威胁,增加农业生产的主要措施。

农业增产,将是使轻工业、交通运输业、手工业等部门获得发展的条件。增产四十万担棉花,足够供给10万纱锭的一个纱厂,工业交通方面的收入超过农业收入2—3倍,轻工业所能提供的积累更远高于农业。所以"调动轻工业"在很大程度上是依赖于农业的发展的。当然轻工业不完全是以农产品为原料的。那些不以农产品为原料的轻工业,或以进口农产品为原料的轻工业的增产,在增加国民收入,特别在增加积累基金方面,同样有巨大作用,只要有发展条件,都应有计划地发展。

发展农业、发展轻工业是重要的,但是,发展重工业,肯定是我们经济建设的重点,我们必须严格遵守"调动农业,发展工业;调动轻工业,发展重工业"的方针。过分强调轻工业和农业增产的意义,分配过多的投资及生产资料于这个方面,以致延迟重工业的建设速度,那就是错误的了。

(2)"调动沿海工业",就是要充分发挥我国原有工业基地的生产力量,使之为建设社会主义、建设内地服务。毛泽东同志指出:"全国工业70%在沿海,重工业的70%也在沿海。充分利用沿海工业的设备能力和技术力量,好好地发展沿海的工业,可以使我们更有力量来发展内地工业,来支持内地工业。对沿海工业,采取消极态度是不对的。这种消极态度,不但妨碍沿海工业的充分利用,而且也妨碍内地工业的迅速发展。"

发展沿海工业,关于生产资料生产的,有:①扩大沿海的主要国营重工业企业,如扩大鞍钢年产量为550万吨,扩建抚顺煤矿,扩建上海电机制造企业及上海、大连的造船厂等；②利用沿海地区资源，新建中型以上的重工业，如山东钢铁厂、广东炼油厂等；③整理沿海公私合营的重工业，进行合并改组和扩建，以扩大其生产能力，如上海中华铁工厂（造纸机械），大隆机器厂（石油设备），新成仪表厂，以及各地的钢铁、水泥、化学工厂的扩建等。这些企业的扩建、改建、合并、整理，将在很短时间内迅速增加生产资料的供应能力。不如此，全面发展重工业、轻工业和农业几乎是办不到的。1956年年初以来，建设资材供应的紧张，已经完全证明了这一点。这是因为内地主要重工业（包钢、武钢及其周围的重工业系统）建成投入生产，需要很长时间，在此期间，不发展沿海重工业，生产资料的增长将极为有限。发展沿海重工业，可以迅速增加生产资料的生产，因而使我们有力量更大规模地更迅速地建设内地，全面地发展国民经济。

沿海工业中的轻工业，许多部门、许多企业的设备力量与技术力量，是没有充分动员起来的。这些轻工业中相当大的部分是私营工厂，合营以前，资本主义的生产关系束缚了它们生产力的发挥。又由于原料供应不足（印染、卷烟等业），小厂多，手工劳动比重大，不能生产优质廉价的商品（文具、医疗器材、体育用品、胶鞋等业），各地区间存在着商品流通上的限制，都限制了它们生产的发展。合营以后，通过全国轻工业供产销的通盘平衡与全面规划，使那些有条件发展的轻工业工厂充分发挥其生产能力，在供应消费品、积累资金方面都会起重大作用。因此，在严格计算经济效果的条件下，支出一些为合并、改组、整理、扩建、改建所必要的投资，是完全应该的。

沿海原有轻工业中，设备过多，与有关生产部门前后不平衡，或现有设备多于熟练工人等不合理情况是有的。例如，上海卷烟工厂过分集中，迁移一部分设备到内地，上海集中大厂生产，产量仍可比现有数量大大增加。又如上海印染设备多于纺织设备，为进口木材加工而设的锯木工厂今后没有机会发挥作用。这些工业如能并厂生产，缩减生产面积，或迁移设备及工人，或迁移工人而废弃陈旧了的设备，都将支持内地轻工业，降低原企业的生产成本。这样做，有很多困难。首先内地轻工业确实是要人要机器的，而原地范围内的并厂生产，也要随着调剂工人居住地点。如果因此而需增建工人住宅，可以包括在解决职工住宅的计划内，不过分增大企业的投资，才会是合算的。

调动沿海轻工业，主要是充分利用现有设备力量及技术力量问题。但为了平衡当地供产销，也可以"在沿海某些省份新建少数轻工业厂"。

总之，发展沿海工业是为了支持建设内地工业。只有内地工业建成了，过去工业分布不合理的状况才会消除，全国各地区的工农业才会均衡发展，国防才能巩固。问题在于，在建设内地的过程中，旧有工业基地的生产力量发挥得越充分，资金、设备、器材、技术的支援越有力，内地建设越有保证。所以毛泽东同志说："我们都想发展内地的工业，问题在于你是真想还是假想。如果是真想而不是假想，就必须利用沿海工业，多搞一些沿海的工业。"

（3）缩减国防及行政经费，就是缩减非生产开支，以保证在继续提高人民物质生活条件下，不断增加积累基金，加快经济建设的速度。

1956年我国国防支出61亿余元，与全年工资基金（包括一切经济、教育、文化、卫生部门、国家机关在内。一部分私营企业职工未包括，共1700余万人）总额不超过150亿元（根据今年增加工资额9个月计13亿元，增加比例13%左右推算）相比，不是一个小数字。毛泽东同志指出，我们的国防力量已相当强，以后还要加强。可靠的办法就是把军政费用支出比重降到20%（全年预算为100%），增加经济建设费用，使经济建设有更大和更快的发展。在这个基础上，国防建设才会得到更大的进步。这也就是要求我们现在省下所有的1元钱、1吨钢来建设工业，以便于我们将来能供应10元钱、10吨钢来支援国防建设。至于行政经费的减缩，那更是有极大的积极意义的。

（4）调动国际上的积极因素，也有经济上的意义。我们的社会主义建设获得了以苏联为首的社会主义阵营的无私的援助，这是我们的特殊的有利条件。除此之外，近年来随着我国外交上的胜利，对亚非国家包括日本在内的国际贸易有很大的发展。日本是与我国邻近的工业发达的国家，它迫切要求输入我国若干种大宗物资如煤、盐、铁矿砂、粮食、木材等，我们如能与日本发展较为广泛的贸易往来，冲破美帝国主义所加于日本的禁运限制，争取输入建设资材，对我国的建设事业是有利的。发展与东南亚各国间的贸易往来，输出轻工业生产品与一部分机器技术，也利于我们输入橡胶等必要的原料，并获得外汇以扩大建设资材的进口。

总之，像我们这样一个6亿人口的大国，在获得农业及私营工商业社会主义改造的巨大胜利之后，存在着巨大的经济潜力，充分动员一切客观上存在着的积极因素，我们完全可能全面发展国民经济，并在开始时期也不降低或少降低重工业发展速度。以为我国现有经济力量是一个固定的数字，多发展些轻工业和农业，就减少了发展重工业所必要的人力、物力和财力，因而不免降低重工业发展的速度，是完全没有根据的。

但我们同时也应认识，动员一切积极因素，全面发展国民经济，是一条艰难曲折的道路。大批农业生产合作社才组织起来，基础不巩固，经营管理水平不高；农业中生产关系的根本变革，无疑会大大提高农业生产力，但因各项工作没有迅速跟上，暂时的局部的减产是会有的，今年猪的减少，农村副业上半年被排到后面去了，棉花以外的经济作物，普遍未完成播种计划，就是明显的例子。工业方面，我国原有重工业发展水平实在太低了，全面发展国民经济的要求，使国家必须很恰当地分配建设资材，才能避免建设中的脱节现象。今后三五年内，类似的困难是会不断发生的。必须不断克服这些困难，努力避免工作中的任何片面性，才能争取全面发展国民经济的计划的胜利实现。

三

实现正确的方针，必须有健全的组织方法与制度。

组织与领导社会主义经济发展的是计划经济制度。这是因为生产手段的公有制（全民所有制及劳动人民集体所有制），排除了生产的无政府状态，从而使人们有可能也必须自觉地运用社会经济发展的客观规律，制订经济计划，实现发展国民经济的任务。同时也只有社会主义的计划经济制度，才能最大限度地集中社会的人力物力，避免脱节现象，避免社会经济的浪费，最迅速地发展国民经济。

能不能说，有了社会主义的计划经济制度，有了统一的发展国民经济的计划，就能保证国民经济得到最大限度的迅速与健全的发展？计划经济制度本身有没有具体方法的差异？这些具体方法的差异能不能影响执行经济方针的结果？历史经验告诉我们，有了计划经济制度，但发展国民经济的基本方针有缺点，实际工作将得到不好的或不是完全良好的结果。制度是执行方针的工具，方针有缺点，执行的结果也会有缺点。反过来说，如果方针是正确的，制度有缺点，也会得到不好的或不是完全良好的结果。计划经济制度本身是有具体方法的差异的，迄今为止，我们已经知道，应该肯定计划经济制度的集中原则，但过分强调集中，对国民经济的发展是有害的。

计划经济制度要求组织全国各种物资的平衡，要求组织全国人力财力的平衡，这是完全必要的。没有这样的全国平衡，全国经济生活将不可避免地陷于混乱。但这样的全国平衡，要穷尽国民经济各个部门、各个方面、各个角落的一切经济活动，那是不可能的。过分强调这一点，就会造成不好的后果。以物资平衡来说，钢铁、粮食、布匹等有决定意义的大宗物资，必须组织严格的分配与调度，但零星的日用百货、手工业制品、各种各样的农村副产品，不加区别，一律要求服从全国产销计划，其结果一定造成生产上的片面性——减少花色品种，减少优质商品与若干种必需商品的生产；限制进步企业，增大生产成本；等等。从人力财力的全国平衡来说，过分强调集中，将使许多可发展的生产、可动员的设备力量与技术力量无法发展，无法动员。过分集中将窒息地方、企业单位中广大干部与群众的积极性，滋长领导机关的官僚主义。这方面极端的例子是，苏联各地方集体农庄的播种计划（种什么，种多少，什么时候种），曾有一个时期必须取决于联盟农业部。结果，计划脱离实际，领导脱离群众，广大干部与群众在发展国民经济的全民任务中，不免处于消极无为的状态。

所以，我们应该肯定计划经济制度的集中原则，同时必须注意到，过分强调集中的片面性的弊病。特别是，我们的全面发展国民经济的总方针，决定了农业发展的重要地位，更应注意地方的计划平衡，地方对经济领导的重要性。因此高度集中的、自上而下的全国计划，必须与地方的、企业单位的、服从全国计划而又有机动余地的自下而上的计划结合起来。毛泽东同志指出：目前要注意的是应增大地方权力，给地方更多的独立性，让地方办更多的事情。重工业要发展就要发展轻工业，就要有市场和原料，而要达到这个目的，就必须发挥地方的积极性，就要注意地方利益。他又指出：企业也必须有一些权力，不能限制得那么死。根据这一原则，国务院正在制定中央、地方、企业间在经济、财政、计划、人事各方面的工作体制。

在物资的全国平衡方面，根据陈云同志6月30日在第一届全国人民代表大会第三次会议上的发言，我们将实行一种新的制度，即生产资料与有关国计民生的消费品，像粮食、布匹等，仍然由国家计划分配，许多品种繁多的消费品，在工业与商业间、商业及供销合作社内部、上下地区间，都实行选购关系，以代替过去商业与工业间的统购统销制度，以及与商业及供销合作社内部的派货关系。实行这种制度的商品都按质论价，直接销售单位一律自行选择最经济的运输方法；生产所需原料，除数量上根据国家计划统一分配外，质量方面，基本上也按质论价。陈云同志指出，这是"在巩固的社会主义基础上，实行一定程度的自由推销与自由选购——就是计划经济范围内的自由市场"。有计划地、分批地实行这个制度，商品价格将会在"国家批准的幅度内摆动"，既会波动全国物价，又会使价值规律充分发挥其作用，促进更多商品的花色品种，改善质量，降低成本；也会使先进的生产单位发展，落后的生产单位进步，那些一扶再扶也扶不起来的落后工厂则只好淘汰改组。

在全国计划控制下，在中央统一领导下，建立中央地方间、部局企业间、工业商业间，以及一切经济机构间生动活泼的联系，国家计划若干项目只有大框子，不作具体规定，或者以自下而上的计划来补充它，或者留为机动，更由于有了"计划价格范围内的自由市场"，企业单位计划与实际经济活动间的距离将会加大。这一切，都不免会削弱国家计划的"指令性"。这样做，是不是有害的呢？不，不会是有害，而是有利的，因为计划与实际生活将更接近，地方与企业将有机会选择最好的方法去完成计划。企业间将通过"自由市场"的竞赛改进自己的工作，机械一律的上下左右间的关系、官僚主义和机构庞大的现象将会减少。严格防止这种办法可能发生的偏向，充分发挥广大干部与群众的积极性，那么这种办法实施的结果，将如毛泽东同志所指出的，是"调动地方的积极性来巩固中央，加强统一"。

四

毛泽东同志的报告指出，在国民收入分配上应坚持集体与个人双方兼顾的方针，我国农民对国家积累的贡献，主要是通过税收而不是通过价格。"农产品的交换，在我们这里是采取缩小"剪刀差"、等价交换或者近乎等价交换、薄利多销的政策"。我们的粮食统销价格与出售价格是一致的，我们准备提高若干项农产品副业产品的价格（参见7月1日国务院关于养猪的指示），我们降低了一般生产资料，特别是农村用生产资料的价格，就是这个政策的证明。但是，我国工业品价格比之农产品价格是相对高的，工业品价格与其成本距离很大，这个差额，以税收与企业利润的形式缴入国库。这种情形，能够证明工农产品价格间没有"剪刀差"吗？能够证明这是等价交换吗？

这是一个复杂的问题。

首先，我们来研究下什么是"剪刀差"。要肯定工农产品价格间有无"剪刀差"，必须首先确定一个年度或一个时期的物价构成作为基数，然后来计算这以后的价格变化是否向着工业品价格越来越贵，农产品价格越来越贱的方向发展。是否有"剪刀差"，"剪刀差"有多大，都是以假定的基础年度或时期为出发点的。也可以肯定，如果少发展轻工业生产，就一定要提高工业品价格，相对地贬低农产品价格；或保持工业品价格不变而贬低农产品价格；或提高工业品价格，同时又贬低农产品价格，这就产生并扩大了"剪刀差"。在我国，以1936年物价水准，或以1949—1950年物价水准为基数，工农产品价格间是否有了并扩大了"剪刀差"，缺乏物价指数的材料为根据。但是，既然我们的方针是发展消费品工业，提高农副产品价格，因此，即使现在存在着"剪刀差"，短期间内也一定会缩小并消灭这个"剪刀差"。至于边远地区，由于交通便利了，工农产品间的价格比例，发展倒过来的"剪刀差"，即工业品价格低，农产品价格高，这也是可以肯定的。

进一步研究1936年、1949—1950年和目前的物价构成，我们会承认无论哪一个数字中，工业品价格都是相对高的，农产品价格都是相对低的。我们也很容易判断，目前如果迅速降低工业品价格，立刻就会造成工业品供应严重不足。工业品价格只能随着工业的不断发展而逐步降低。对这种想象，需要进行理论上的解释。我们承认，我国过去是，现在还是一个农业生产占优势的国家，工业生产的劳动生产率高，农业生产的劳动生产率低，工业产品的市场价值①，是以农业产品的劳动生产率为基准的。例如，机制纱的价格（市场价值的表现形式），以手工纺纱的价格为其最高界限，农业机器的价格，以机器所能代替的人力畜力的成本费用与多收获农产品的价格为其最高限，等等。这时候，将同时有两种相反的运动来平衡这种差异，即社会劳动自劳动生产率低的部门不断流向劳动生产率高的部门，自农业移向工业，工业生产比重逐渐增长，农业生产比重逐渐降低，渐渐形成社会生产以工业生产占优势的状态。同时，工业品供应充分，工业品价格不再能维持在高水平上，工农产品的比价关系，将在一系列的中间水准上逐渐移动向下；如果农产品价格维持不动，工业品价格将逐渐低落，直到社会生产以工业生产占优势时，全部工农产品的市场价值决定就将以工业生产的劳动生产率水平为基准。在这一过程中，农业生产的劳动生产率为工业发展所推动，必然不断提高，并作为一种相反的力量，降低工业生产的比重增长及工业生产劳动生产率提高所作用于工农产品间的比价关系。在社会主义社会，上述经济发展的客观过程，是被国家有计划的经济活动所调节的。工业发展的速度，是被制约于积累的速度的，但国家有计划的经济活动，必须建立在客观事物的规律的基础之上。因此，马克思指出：社会主义社会，价值决定，对社会

---

① 这里使用的"市场价值"的概念，根据马克思在《资本论》第三卷第十章的论证。马克思指出，在资本主义社会，"不同的个别价值，必须均衡化为一个市场价值"（人民出版社1953年版，第206页）；"市场价值，一方面，要视为是一个部门所生产的商品的平均价值，另一方面，要视为是在该部门平均条件下生产的商品（在该部门生产物中，占显著的大量）的个别价值"（同上书，203页）。至于在不同生产部门间，各项产品要形成一个同一水准上的市场价值，在资本主义经济，是经过利润率的均衡化，以生产价格的形式表现出来。我觉得在社会主义经济，与资本主义本质不同之点是：第一，国家有计划地发展经济，自觉地运用规律以代替自由竞争；第二，以社会的积累与人民物质生活的提高，来代替资本主义追求利润的冲动。至于社会经济各部门生产品的市场价值，是适用马克思的分析。马克思在《资本论》第三卷第四十九章对此也有所论证。

劳动在各类生产间的分配上，仍然有支配的作用①，决不能认为是不正确的。

根据上述分析，可见我国工业品价格偏高，反映了我国社会经济结构中工业生产比重太低这一事实。如果我们承认工农产品的市场价值必须以全部社会各部门生产中起决定作用的价值水平为基准，那么应该承认，现在的工农产品间的交换是等价交换，或近似于等价的交换。工业中的利润多，积累多，是具有较高劳动生产率的工人阶级对国家的贡献。还应看到，在我国具有较高劳动生产率的工人阶级的工资收入，与农民收入是相对均衡的，这是国家根据工农联盟的级别原则确定的。从工业的现代化技术装备是全民劳动的积累这一点来说，工农实际收入相对均衡也是正确的。反过来说，如果我们采取了与国民经济结构不相适应的、与调节市场供需无关的、不足以刺激发展生产的、那种人为地压低农产品价格的政策，那就是不等价交换，农民确实是多负担了"额外税"。

我们同时也注意到，我国历史上形成的农产品价格，由于小农经济制度的作用，价格低于其价值。农业的社会主义改造，结束了小农经济制度，因而我国农业生产品会增多，农业中劳动生产率会提高，农业产品价格低于价值的现象，将会通过两条途径得到解决：①生产品增多，农产品价格不变，如粮棉；②适当提高价格，如猪，或还有其他农副产品。前者适用于劳动生产率提高较快的农产品，后者适用于劳动生产率提高不多或一时很难提高的产品。在这里，价格政策客观上服从于价值规律②，也表现为自觉地运用价

---

① 马克思这段论证的引文见本文第五部分。肯定价值决定对社会主义的有计划地发展经济的支配作用，"经济核算制，赢利问题，成本问题，价格问题"，就不仅具有实用方便的"现实意义"，而是社会主义经济规律的必然结果与表现形式；所谓"高级赢利"，就是发展国家经济计划中，自觉运用客观规律，调节经济发展过程的暂时现象，并且是特殊条件下发生的暂时的现象，不是不可避免的。例如，我国重工业，一般是从来不靠国家补助金过日子的。

② 说社会主义社会自觉地运用价值规律，但社会主义经济的客观发展过程不是服从于不以人们意志为转移的客观规律的说法，或近似于这种说法的论证，哲学上说，是唯心主义的观点。

值规律以促进某些部门生产的发展。

根据上面的分析，我们也很容易理解，实行工农产品间的等价交换，国家积累是可能的。这从农民缴纳农业税，工人工资低于其所创造的价值，国家财政收入大部分用于经济文化建设中已得到证明。从工农产品的市场价值被决定于社会平均条件下的劳动生产率来说，工业产品的市场价值比其个别价值为高，这是工人阶级所创造的价值的一部分，同时也成为国家积累的最方便的形式。"节约是建设社会主义的根本方法。"这个概念，与价值规律原是一致的。我们也会了解：工农生产越发展，国民收入越提高，虽然工业产品价格不断降低，国家仍然会从日益增多的工农产品中获得不断增多的积累基金。这说明，缩小"剪刀差"，消灭"剪刀差"，等价交换或近似等价交换的政策，与多发展一些轻工业和农业的政策原是完全一致的。提高积累，原不必依赖，也不能依赖那种扩大"剪刀差"的"额外税"。

价格政策必须以价值规律为基础，同时也还有一些与价值决定比较间接有关的，但也十分重要的问题需要注意：①坚持稳定物价的政策，因此首先要把各类物价稳定在历史形成的水准上，然后逐渐改变一切不合理的关系。②物价水平与工资水平密切相关。因此，对工人实际工资的变化起决定作用的农产品如粮食的价格，不能轻易变动。随着社会经济结构的变化，逐步变更工农产品的价格比例，将会以维持基本农产品价格不变，逐步降低工业品价格的方法来实现。③为了迅速提高农业与工业的劳动生产率，工业品价格的降低，将首先是生产资料的减价。④消费品的减价，既会变更工农产品的比价关系，同时也提高了实际工资。这时候就应考虑工农收入的相对均衡化问题。⑤提高实际工资的办法可以有两种，一是增加货币工资，二是降低消费品价格。要有计划调整各地各类各级工人原有工资使之渐趋合理化，以增加货币工资的办法为好，降低消费品价格，实质上是平均主义的增加工资。因此，变更工农产品比价关系牵涉一系列问题，应从各种复杂矛盾的变化联系中选择妥善的办法。

决定价格政策另外重要的一面，就是必须兼顾国家积累与人民收入两个方面，任何片面性都是不对的，这里就不详细说了。

五

我国农业与私营工商业的社会主义改造，是根据我国所处的特殊历史条件与民族特点，创造性地运用马列主义基本原则，沿着独特的道路前进的。半年以来，在社会主义改造胜利之后所建立起来的社会主义生产关系上，经济发展的过程，也具备着自己的特点。毛泽东同志"关于动员一切积极因素为建设社会主义服务"的报告与中央有关文件，总结了这些特点，明确制定了我国进行社会主义建设的方针与具体道路。不言而喻，这将使我国今后社会主义经济建设的实际过程更深刻地表现出自己的特点。

我觉得，我们学习政治经济学，同样应该很好地研究本国情况、本国特点、本国经济发展的实际过程，把理论与实际紧密地联系起来。我们应该学习社会主义各国的经验，但必须如毛泽东同志告诉我们的，要批判地接受，不要不加分析地盲从，特别在行政措施上不能盲目地学，不能一切照抄，不能机械搬运。当然，这并不是否定外国经验。例如，苏联在建设社会主义中首先建成了重工业，奠定了发展国民经济一切部门的物质与技术基础，在单独一个国家中建成了社会主义，巩固了国防，战胜了帝国主义的进攻，成为世界社会主义阵营的中心力量，我国今天还受到这个胜利的极大好处。苏联经济建设中若干不正确的措施，二十次代表大会前后，苏共党内进行了批判与纠正，值得我们很好研究，吸取教训。否定苏联经验是错误的。

关于经济研究工作的重点，似乎也可以考虑这样一个问题，即我国社会主义改造的胜利，在生产关系上建立了"巩固的社会主义基础"（陈云同志6月30日发言），当前的实际问题，似乎不是以过渡时期一系列经济问题为限,已经进入社会主义经济的范围了。自然,我们所经历的社会主义建设的时期还太短,我们还来不及根据实际材料,系统地总结实际经验,许多重大的方针性问题还只是指出了应走的道路,还未经过实践的充分验证。但是,如果把学习与研究的目标规定为比较异同,提出问题,以便进行有目标的调查研究,进一步根据调查结果,联系理论研究,这样逐渐积累,似乎对理论工作密切联系解决当前经济任务有好处,也许对社会主义政治经济学若干理论问题的解决,也能提供一些有益的启示。

在学习毛泽东同志报告的过程中,觉得需要深入钻研的问题实在太多了。前面各部分所涉及的每一个问题,都应该花费极大的劳动进行研究,目前的初步体会是粗疏的,许多观点肯定是会有错误的。除此之外,例如下面两个问题,我觉得也极其值得注意:①我们的农产品统购价格与销售价格基本上是一致的,我们强调家庭副业,农业合作社与农民家庭副业之间会有一种例如购买粪肥的经济联系;合作社支付社员劳动报酬乃至支付拖拉机站报酬似乎趋向于以货币为统一计算单位(当然实际支付时一部分或大部分是支付实物)。看来我们的农业合作化运动,改变小农经济制度的结果是在发展货币经济。这个特征,与苏联集体农庄过去对内对外的经济关系异同如何?怎样与苏联农机站固定驾驶人员实行经济核算制、集体农庄不准备实行产品交换制而改为实行每月预付劳动报酬的新制度进行对比研究?发展货币经济,对农业生产的发展,对整个国民经济乃至对货币发行容量将造成什么影响?②我国私营工商业社会主义改造的特点是赎买政策的实行,统一安排资方人员,特别是吸收其中有经营管理能力与技术能力的资方人员参加实际工作。"无论是工业或商业方面原来私营企业中许多良好的经营方法都将更被重视",并将实行"在巩固的社会主义基础上一定程度的自由推销与自由选购。也就是计划经济范围内的自由市场"(均见陈云同志6月30日发言)。这种办法会推动企业间工作上的竞赛，因而也会推动改进生产，降低成本，本文第三部分已经说过。这种办法是临时性的措施，还是将较长期地实行下去？消费品工业的原料既然也实行按质论价，对生产资料部门将产生什么影响？我想，类似这样应该充分进行研究的问题是很多的。

上面两个问题都与社会主义经济学中价值规律的作用（也联系到社会主义经济中价值规律的本质）密切关联着。关于这个问题，本文第四部分曾涉及。马克思对此问题曾有下述论证。①

> 斯托赫下面一段话，也表示了许多别的人的意见。他说："构成国民所得的各种可卖生产物，在政治经济学上，必须由两个不同的方法去考察：它们当作价值对于个人的关系；和它们当作财富对于国民的关系；因为一国的所得，不能和个人的所得一样，依照它的价值来估计，但要依照它的效用，或依照它能够满足的需要来估计。"
>
> 第一，把一个在价值上面建立它的生产方式，进一步按照资本主义组织起来的国家，当作一个单纯为国民需要而劳动的总体来看，是一个错误的抽象。
>
> 第二，在资本主义生产方式废止以后，但社会化的生产维持下去，价值决定就仍然在这个意义上有支配作用：劳动时间的调节和社会活动在不同各类生产间的分配，最后，和这各种事项有关的簿记，会比以前任何时候变得重要。

针对上述论证，斯大林在《苏联社会主义经济问题》中说：

> 有人说，价值法则是一切历史发展时期都一定适用的恒久的法则。如果价值法则在共产主义社会第二阶段时期会丧失其

---

① 《资本论》（第三卷），人民出版社 1954 年版，第 1115—1116 页。

> 为交换关系调节者的效力,那末它在这个发展阶段中仍将保持其为各种不同生产部门相互关系的调节者、各个不同生产部门劳动分配的调节者的效力。
>
> 这是完全不对的。正如价值法则一样,价值是与商品生产的存在相关联的一种历史范畴。商品生产一消失,价值连同它的各种形式以及价值法则,也都要随之消失。
>
> ……
>
> 下面这个论断也是完全不正确的,就是说在我们现今的经济制度下,即在共产主义社会发展的第一阶段上,价值法则仿佛调节着各个不同生产部门间劳动分配的"比例"。
>
> 假如这是正确的,那就不能理解,为什么在我国,没有用全力去发展那比起往往赢利较少而且有时简直不能赢利的重工业说来是最能赢利的轻工业?
>
> ……
>
> 这些同志忘记了,价值法则只是在资本主义制度下,在生产资料私有制存在之下,在竞争和生产无政府状态、生产过剩的危机存在之下,才能是生产的调节者。他们忘记了,在我国,价值法则发生作用的范围是被生产资料公有制的存在、被国民经济有计划发展的法则的作用所限制的,因而,也被大致反映这个法则的要求的我国各个年度计划和五年计划所限制的。①

我们可以看到,两个论断是直接互相反对的。

马列主义经典作家,对理论问题的论断有所不同,是完全不值得奇怪的,这对我们联系实际,独立思考,是有极大的启示作用的。我深信,我国与社会主义阵营各国今后越来越丰富的实际经验,定会供给解决像这样的理论问题以实践的、实际经验的根

---

① 斯大林:《苏联社会主义经济问题》,人民出版社 1953 年版,第 19—21 页。

据。自然,反过来说,不能认为像这样的理论问题的解决,对实际工作没有好处。因为实际工作的指导思想,总是与理论认识相一致。

(写于1956年,原载《顾准经济文选》,
中国时代经济出版2011年版)

和余霖同志商榷价格政策中的几个问题

余霖同志在本刊陆续发表的三篇文章［《从经济核算制来看我们的价格政策》，1963 年第 17 期；《级差地租和我们的价格政策》，1963 年第 19 期；《怎样正确计算各类产品的价值（根据哪一种盈利率来规定各类产品的价格）》，1964 年第 3 期］① 提出了价格政策中许多重要的问题。我不揣浅陋，提出几个问题和余霖同志商榷。

一　价格中的需求因素

余霖同志认为，"社会主义国家的价格政策……应当首先服从经济核算的要求"。办法是"使货币同社会产品（使用价值）保持固定的联系……与此同时，货币所代表的劳动时间，可以随劳动生产率的上升而反比例地下降……使物价能够经常保持原来的水平"，但是因为"各种社会产品价值之间的比例关系是会逐渐发生变化的"，所以，在保持价格水平不变的情况下，"有必要对各种产品的价格，进行有升有降的调整"。这种办法，"最能保证核算的简便易行且有高度的正确性［Ⅰ］"。我觉得，保持价格水平始终不变，在此条件下随时调整不同产品的相对价格，以此作为我们价格政策的根据是完全正确的。这样一个方针的好处，不仅在于便

---

① 本文引用余霖同志文章时，一律用方括弧在本文内注明［Ⅰ］［Ⅱ］［Ⅲ］代表上面的第一、第二、第三篇文章。

于计算，更重要的是，它可以使货币、工资率始终直接表现为实际工资率，使社会劳动生产率水平提高而造成的国民收入增加额得到正确的表示，从而容易计划如何将这部分国民收入增加额正确分配为积累基金和消费基金。其实，价格水平的稳定不过是平衡地发展国民经济的结果，所以这种价格政策本身就是发展国民经济的总方针，而不单单是价格政策。平衡地发展经济可以同时又是迅速地发展经济，关键在于在各方面实行严格的节约，争取最大限度的积累，其间深入贯彻企业的经济核算又是一个极重要的方面。但这所谓经济核算，和取得一个稳定的货币计算单位（稳定的价格水平）已经不完全是一回事了。

余霖同志在这个总前提下，又提到要为不同产品"规定……接近于它的价值的价格"，因为"社会主义制度使我们有可能排除市场供求关系等的影响"。余霖同志指出，"即使在这样的情况下，价格同价值的一致还是暂时的、相对的"[Ⅰ]，可惜他对何以是"暂时的、相对的"，并未深论。这里涉及两个至关重要的问题，即社会主义制度下价格和需求的关系究竟如何，以及通过怎样的途径才能使价格符合于价值。而彻底弄清楚这两个问题，和余霖同志在第三篇文章内讨论的主题，即"怎样正确地计算各类产品的价值"又有密切的关系。

社会主义经济学一般并不排除需求因素于价格政策考虑之外，斯大林的《苏联社会主义经济问题》一书中论价值规律对调整消费品供需的作用，实质上就是讨论价格政策中的需求因素问题。但是因为这个问题在农产品、工业产品、消费品和生产资料中性质各不相同，所以需要作一些具体的分析。弄清楚这些问题以后，才可以进一步探究价格如何才能符合于价值，以及三种盈利率的比较，在决定价格政策中能够解决什么问题。

二 消费品价格、基本生活必需品的供应保证和国家积累

为了讨论的方便起见，让我们暂时不考虑工农产品的分别、消费品和生产资料的分别，而把社会产品只简化成为一种，即全民所有企业所生产的消费品，由此来考虑需求因素在价格政策中的地位和作用。

基本生活所必需的消费品，如粮食，我国采用定量供应制度。定量供应的原因有二，一是低工资制，二是粮食生产并未丰裕到可以实行"敞开供应"。倘使我国农业发展较快，敞开供应已无问题，不实行定量供应当然可以省去不少麻烦。农产品收购价格本身的问题也牵涉到能否实行敞开供应，这准备在下部分讨论。消费品供应除定额部分之外，还有限制供应的部分。消费品的限制供应也因为生产不够丰裕。全体来说，实行定量供应和限制供应的消费品究竟较少，敞开供应的消费品比重较大。可以有信心地假定，随着我国经济的发展，消费品中的定量供应部分会逐渐减少乃至全部消灭。定量供应是保证基本生活必需品供应的重要办法，是我们价格政策中的一个重要因素，暂时我们把它看作特例，先来考虑敞开供应的消费品价格问题。

敞开供应的消费品价格，有一些具有限制性的高价，如烟酒。除此之外，消费品的零售价格和出厂价格都强烈受到需求的影响。十几年来，尤其最近三年来的经验告诉我们，当整个国民经济平衡发展、物价水平稳定的时候，消费品的花色品种越适合消费者的需要，销路越好，越不会有耽搁，有时甚至不得不调高零售价格以平衡供需。越是货不对路，越是销不出去。重要消费品的出厂价格是由国家规定的，但是看得出来，热销货的出厂价格极易制定，滞销货的出厂价格结果终究无法维持。商业系统呆销货削价遭到损失以后，反过来一定要压低出厂价格。就国民经济整体而言，出厂价格低，工业少赚钱，或出厂价格维持一定水平，商业系统呆销货削价遭受损

失,其实是一笔账。由此可以推论,消费品的品种花色越受到消费者欢迎的,工业商业利润合在一起越大,对国家积累的贡献也越大。

以上所论,看起来目前只适用于敞开供应的消费品,完全不适用于定量供应的消费品。但上面已经指出过,一切定量供应消费品之所以实行定量供应是因为产品不够丰裕,而凡不够丰裕的产品(除依政策要限制的产品外)又必定是要大力增产的产品,长期来看,它们终究要丰裕到废除定量供应的程度。既如此,消费品价格问题应以敞开供应的消费品为依据,在这里,需求因素是决定价格的一个十分重要的因素。我国轻工业部门近年来在增加花色品种、力求满足群众需要方面已经做出了不少成绩,这又是他们的增产节约的重要课题。应该肯定,这不仅是轻工业部门群众观点的表现,而且是增加国家积累的极为重要的途径,因为货不对路的产品成本未必比热销货会低多少,呆销却会造成国家的浩大损失。这样看来,消费品的价格政策并不仅仅是消费品的出厂价格即计划价格应该如何规定的问题,还有以下一些很重要的问题有待研究,如当前零售价格的动向,工商两大部门的关系,商业部门对工业生产消费品的出厂价格可以施加一些什么影响,怎样通过商业部门包销价格的调整使轻工业部门更加改善它们的生产,等等。余霖同志说,社会主义制度使我们"有可能排除市场供求关系的影响"[1]。在这个范围内适用程度如何是值得怀疑的。

承认消费品价格中的需求因素,决不意味着走"经济自由化"的修正主义道路。经济自由化是要使计划经济变为自由市场竞争经济,承认需求因素,并不意味着要使我们的价格变成随市场波动的价格,这不过表现为,在敞开供应的消费品范围内,承认零售价格不得不随需要调整,在此基础上,规定某种办法令商业部门得以根据零售价格调整包销价格,以便极力促使生产消费品的工厂生产为广大群众所欢迎的东西,以便也能从生产适合需要这方面为国家争取更大的积累(当然,力求降低成本是增加积累的一个重要方面)。所有这些,在我们当前经济生活中已是现实的东西,不过远未完整而已。总结现实中已经存在的经验，规定有利于国民经济、有利于国家积累的成文的制度是重要的，对此作出理论的概括，以便有意识地指导我们实践的发展也是重要的。

三 农产品收购价格

余霖同志对农产品收购价格问题的讨论，侧重于级差地租问题，并认为当前农产品收购价格中解决级差地租的办法是切实可行的办法，对此我们没有什么意见。我们这里所想讨论的是，余霖同志所提出的价格政策中的一般原则，即"使价格接近于价值"的原则，当前是否适用于农产品收购价格。

我们觉得，至少对最主要的农产品即粮食的价格而言，这个原则并不适用。不能否认，现在我国农业中劳动生产率比工业要低得多，如果工业和农业这两大部类分开来平均计算它们产品的社会必要劳动，也许农业劳动生产率只等于工业的一半，要使价格接近于价值，粮价就应该提高一倍。粮价若提高一倍，现有工资率和价格体系将全部打乱。看起来，正确地解决农产品价格接近于价值的办法，是在大体上维持现有粮价水平的条件下，正确执行党的以农业为基础、以工业为主导的方针，努力发展农业，提高农业的劳动生产率。现行价格体系和工资率水平有利于迅速积累和进一步加快工业化的速度，工业化是农业现代化的前提，而农业中劳动力逐渐转入工业也能相对提高农业中的劳动生产率。① 农产品收购价格既然

---

① 国家积累基金越大，新建设越多，达到一定水平，现有城市劳动力必定不能满足需要，农业劳动力转入工业就是必然的。有些同志根据近年来执行调整、巩固、充实、提高方针下，新就业人数减少，以及国家迎头赶上的技术方针，一定要优先发展现代化的用人最少的新产业，因而不相信未来会有大批农业人口转入工业，恐怕是未必正确的。企业的经营管理水平越高，成本越低，投资越密，这些企业的劳动力需要数相对于产量而言越低，但是由于积累基金的提高而造成的新建设规模的扩大，必定会需要更多的劳动力进入工业、建筑业、商业、城市服务业和交通运输业，在这种情形下，农业劳动力的移出农业，规模也会逐渐扩大。

有这样特殊的问题，在考虑价格应接近于价值这个大问题中，就应该把它看作一个特殊的问题，不要和一般物价问题相提并论。就具体政策而言，余霖同志的原意也许也是如此。他提到三种盈利率的比较时说到"机械化程度较低的农业的盈利率（盈利同劳动报酬之间的比例）就应当低一些"[Ⅲ]，说明他既承认农业劳动报酬水平较低这一现实，又承认以现行较低水平农业劳动报酬为基础加算工资盈利率时还要算得低些。这样算出来的"价值"，和现行粮食收购价可能弄得差不多，用不着作大幅度的提高。可是虽然在具体政策方面也许没有分歧，这种政策到底可不可以叫作价格符合价值的政策，则又涉及价值究竟应如何定义的问题，这是下面还要和余霖同志商榷的。

按照余霖同志的价格水平稳定不变，随时调整各种产品相对价格的总方针，并不排斥这样的可能，即当工业产品和某些农产品降价时，可以适当调高粮价——首先调高粮食销售价格，有可能时也调高粮食收购价格。如果调高粮价又不致变更实际工资率，那么这对粮食增产、提高商品粮比例、计划生育也许都有好处，而农业方面货币收入的提高，也可以使农业购买工业生产的农业生产资料的数额有所增加。不过粮价变动影响国民经济的各个方面，所以考虑必须十分周密慎重。

四　生产资料价格

已经指出，消费品价格必定包含需求的因素。我们还应该考察一下，生产资料价格中是否也包含需求的因素。

生产资料价格中，显然也包含有需求的因素。以钢材、煤炭、石油、化肥、机械这五类主要生产资料的现行价格为例。钢材、机械这两类生产资料的现行价格是可以调整的，无论按三种盈利的哪一种计算它们的"价值"，使现行价格调整到适合"价值"的程度都可以办得到。煤炭的现行价格的调整，在工业用煤范围内完全不成问题，在民用煤范围内则未必可以轻易变化。石油和化肥的现行价格大大超过了它的价值，但其价格目前不能作大幅度的调整，而长期来看，现行价格又无论如何维持不住，必须调低。短期内不能大幅度地调低和长期地维持不住，两者都不是因为它们的价格不符合于价值，而是因为短期内供应不足，长期内产量必会大增，以至石油要部分代替煤炭，而化肥产量达到一定数量以后，必定要降价才能推广它的使用。

分析上例中生产资料的需求因素起作用的范围，可知某些生产资料的一部分本身直接是消费品的，或者其一部分或全部向农业销售，价格受需求的影响大，纯粹全民所有制范围内的交换，可以通过计划价格和计划调拨解决问题，需求的影响小。余霖同志所说，"有可能排斥市场供求关系的影响"，使价格符合于价值，以便作正确的经济核算的，主要恐怕就是这类产品。在某种程度上，我们同意余霖同志的看法。但是即使在这类产品范围内，也决不能说价格的决定可以全不考虑供求因素。例如，木材不足，要用钢材和水泥代替坑木，这可以由物资分配计划决定。但如果在物资分配之外，同时又适当调高木材价格，显然也有助于木材的节约利用。钢材、机械价格总的说来可以任意调高调低，但分开品种来考察，正确运用价格政策，也可以有助于生产不足的原材料的节约代用。

五 价格政策、生产计划和投资计划

余霖同志的第三篇文章，着重比较三种不同利润率，目的是要解决"怎样正确计算价值"，以便得到价格赖以决定的根据，因为在他看来，价格应该符合价值。

既然价格中总包含需求的因素，价格也符合价值总不免是"相对的，暂时的"，所以，即使我们能够正确计算价值，我们也不过找到了价格依以围绕运动的重心，即找到了制定计划价格的基准，并不就是找到了价格本身。因为倘若我们算出了某种产品的正确价值，但这种产品供不应求，价格不得不高于价值，或维持并不和其他价值一致的某种定量分配的价格，只有当这种产品能够充分满足需求，而且供求平衡时，才可以在不需要任何行政手段的条件下使价值和价格一致，反过来，当某种产品供过于求时，一定要缩减它的生产才能使价格和价值一致，倘还要继续维持它的生产，就一定要降低它的价格到价值以下。已经指出，这在消费品领域内最为明显，在生产资料范围内也有相当大的作用。这样看来，计划价格的制定同时包括两个问题：第一，要找出一个基准，作为理论上合理的价格，暂时假定这种基准就是价值；第二，要以这个基准为依据，考虑需求状况规定实际可行的计划价格。重复说一遍，光找到了基准（或价值），并不就是找到了计划价格，更不是找到了实际价格。

我们是在讨论价格政策，本来可以不涉及一般的国民经济计划问题。但是价格如何才能符合价值，实际上并不光是一个正确计算价值问题，而和总的国民经济计划有密切的关系。因为既然价格必定包含需求因素，即使我们正确算出了价值，倘若供应不足的产品生产并不增加，价格还是无法符合于价值。反过来，倘若我们在平衡发展国民经济的大前提下，各类产品都能符合于需要，产品价格自然极容易地和价值一致。符合需要的生产，最能节约生产资料的消耗，最不容易受到呆销货削价的损失，它是在降低成本以外另一条重要的增大国家积累的途径。这样说来，计划价格的制定，除找出合理的基准，结合需求状况规定实际可行的计划价格之外，还要经常比较计划价格的基准、计划价格和所实现的价格三者间的差距，在决定生产计划和投资计划中，要力图消灭这种差距。所以，这种差距在决定生产和投资计划中是极为重要的参考。

我们把这种差距说成参考，是因为我们的生产计划和投资计划决不以经济合理性为其唯一的根据。政治、文化、国防等非经济因素，在决定计划时都处于极端重要的地位。但是经济合理性显然是一项重大的因素。有了比较经济合理的根据，我们才能"心中有数"，"根据"本身不是政策，但是正确政策必须以"心中有数"

为前提。

承认计划中的非经济因素,又力求在经济范围内做到生产符合于需求,才能使价格越来越接近价值。价格符合于价值涉及整个社会主义生产,这是一个经济问题,又是政治和经济高度结合的问题。重复说一遍,要使价格符合于价值,光依靠计算,即使依靠电子计算机也是不能解决问题的。

余霖同志说:

> 只要我们为各类产品规定的价格,都大体上符合于它的价值,就能够达到节约的目的。……如果我们所生产的是生活资料,那就可以通过正确的价格,鼓励城乡人民选用社会劳动消耗比较小的产品……如果我们生产的是生产资料,也可以通过正确的价格,鼓励各使用单位选用社会劳动消耗比较小的产品……如果价格过多地背离它的价值,当人们选用价格比较低的产品时,可能……对选用单位来说是节约,从整个社会来说反而是浪费。

余霖同志上述论断,对于"过多背离价值"的价格,当然是完全正确的。当前我们的价格体系,并非没有余霖同志所指出的那些弊病,[①] 找出正确的计划价格的基准,以此作为有步骤地修改我

[①] 价格符合价值这种说法是苏联提出来的说法,我们的粮食销价和收购价格并不脱节,我们的生产资料价格,并不一般地严重低于价值,我们的轻工业品也并不严重地高于价值,我们价格体系中严重背离价值的现象其实并不普遍。我们的价格体系大体上承袭中华人民共和国成立前的体系,钢铁、机械、石油等以前依靠进口的产品价格一般偏高,曾经经过一度修正,但和那时候的价格体系距离还不很远。像苏联那样价格严重脱离价值,要求对价格体系进行较大幅度修改时,价格符合价值这种说法还有它一定的意义,可是这在实际上意味着全面调整需求,从而也意味着全面调整生产。这时候,如果单纯着眼于价格计算问题,不考虑价格结构和生产结构的关系,事实上无法使价格符合于价值。苏联近年来各类产品价格(尤其农产品)的变化,可为证明。我们当前价格结构的修改,在生产资料领域内,似乎是使价格适合已经改变了的技术状况和部门工资率(例如机械、煤炭),通盘来看,价格变动幅度不会太大,这种调整,是否宜于用苏联的价格符合价值的说法来表现,似乎值得怀疑。粮价和消费品价格问题远为复杂,价格符合价值这个公式似乎更不能解决实际问题。

们的价格体系的依据是完全必要的。但是我怀疑，找到这种合理的价格基准后，能否使我们的价格体系立即符合于这种基准。修订价格，固然不能纯粹根据这种基准，要使价格符合价值，更不能依靠制定出符合于价格的价值，而是长期正确的生产计划和投资计划的结果。

六 价格、基准及三种盈利率的比较

计划价格要有一个基准，但这个基准并不一定就是价值本身，已如前述。现在我们还要探讨一下，这个基准应不应该就是价值。

余霖同志比较三种不同的盈利率，比较的目的是为了正确计算价值。按照余霖同志的意见，社会必要劳动决定不同的价值，在各部门劳动生产率不同的情形下，必须在企业成本之上加上一个附加率，作为计算不同产品的共通的社会必要劳动的标准，而当我们在三种不同盈利率中选取任何一种为共通标准时，就可以算出价值，问题只在三种盈利率中哪一种最能正确计算价值而已。这种探讨，可以找到一个决定计划价格的基准，但是这个基准并不一定就是价值。

按照劳动决定价值的理论，[①] 又假定现行工资率正确反映了简单劳动和复杂劳动的换算比例，我们认为，要计算产品的价值，只能根据统一的工资利润率，除此之外，别种标准，或工资利润率掺杂一些别的利润率的因素计算所得的结果，都不是价值。以工资利润率为计算价值的标准，诚然完全忽略了劳动生产率因技术装备程度不同的差距，社会主义经济建设则会缩小这些差距，但是社会必要劳动，必定是社会劳动生产率现状所必要的劳动，用某种计算比率抵消一部分差距，都会歪曲不同产品在现状下的社会必要劳动。

---

① 骆耕漠同志对于这个问题做过很多探讨。本文关于什么是价值，怎样决定价值这些问题的看法，都来自他的近著，特此说明。

严格解释劳动价值理论，只能得到这样的结论。其他一切解释，都是违背马克思主义经济学的基本理论的。

但是要通过工资利润率来计算各类产品的价值，必须满足：①各生产部门的工资，按照国家统一工资率支付（假定国家统一工资率正确反映了简单劳动和复杂劳动的比例）；②各生产部门所附加的工资利润率必须完全一致。按照这样的标准计算出来的结果，才能反映各部门的实际劳动消耗。各部门内部诸企业间产品的个别价值不一致，则可用部门平均来解决。

除国营农场外，一切公社中及其生产队生产的农产品显然不能用上述办法来"正确计算价值"。因为农业劳动报酬的差距又夹杂了级差地租和农业积累（积累越多，支付报酬越小）因素在内。余霖同志认为可以按照实际农业劳动报酬来计算农产品价值，又主张所附加的工资利润率还要低于工业，这使农产品价值和工业品价值计算的基础根本不一样。不同计算基础所得的经济量不是同质的经济量，非同质的经济量不可比。

余霖同志"要正确计算价值"，但他又主张在工资利润率之外加算一部分资金利润率。这样计算所得不是价值。

看来余霖同志是要找出制定计划价格的一个合理基准。而在当前情形下，这个合理基准却不可能是价值。我们应该从理论上、实践上探索这个合理基准，也探索何以这个合理基准不可能是价值的原因。

七 什么是合理的基准，价格怎样才能符合价值

一开始，我们还是认定农产品价格有它的特殊问题，认定我们所要找的计划价格的合理基准不包括农产品在内，而只限于全民所有制企业所生产的工业产品。

工业产品计划价格的合理基准不可能是价值，因为价值反映各部门不同劳动生产率的现状，这种现状内，包含了因技术装备不同

而产生的、部门间劳动生产率的巨大差距。基础装备来自投资，投资总是需要多而数量有限的，而社会主义经济建设的速度，在很大程度上有赖于合理使用投资，即把投资使用在最急需最有效的方面。除政治、国防的因素之外，所谓最急需最有效的方向，就是现行劳动生产率不高而产品有巨大需求的方向，假定这种产品是敞开供应的，那就是能够得到最大投资报酬的方向。最大投资报酬意味着最大的国家积累，所以正确的投资方向能够使国家积累作加速的增长。多快好省地建设社会主义，要求各方面实行最大限度的节约。节约成本和节约投资是最主要的两种节约方法，最合理地使用投资又是节约投资的基本方法之一。

既然成本是一切企业的会计所能正确反映的，在成本之上加上资金利润率，[①] 就同时反映节约成本和节约投资的两种要求。把加上了资金利润率的生产成本作为计划价格的基准，能够使产品反映计划价格的高低，同时反映节约劳动消耗的两个重要方面。

固定资产折旧不能反映因技术装备不同而造成的劳动生产率的巨大差距。技术装备本身诚然并不产生价值，但是有必要把因此而产生的劳动生产率的差距，化为一个共通的数量指标，使这个因素化为可比的数量，这个指标就是资金利润率。资金利润率的大小取决于不同时期各部门因技术装备不同而产生的劳动生产率的差距。差距越大，利润率越高；差距越小，利润率越低。但因为社会主义经济根本不存在自由投资市场，所以资金利润率可以作为一种政策来决定。这个资金利润率并非投资利息而是一个计算指标。所以拿资本主义经济的资本利息率和它做比拟是不妥的。

余霖同志以为，固定资产并不产生价值，所以资金盈利率作为计算价值的根据并不合理。这当然是对的。但是，我们现在讨论的

---

① "资金利润率"中的"资金"，是指企业的经营生产基金，也即没有资本主义剥削意味的"资本"。应用"资金"一词，容易把经营生产基金和货币基金或财政资金相混淆。参见项裕泰同志在《江汉学报》1964年第3期的论文。为避免混淆起见，建议经济学界能够经过详尽的讨论，规定出大家能够一致遵守的名词，来区别"资金"两种不同的含义。

不是正确计算价值的问题，而是要找出一个计划价格的合理基准，所以问题和固定资产是否产生价值无关。

加上了资金利润率的生产成本并不是生产价格，因为价值转化为生产价格这种机制是资本主义社会所特有的，社会主义社会的价值并不转化为生产价格，社会主义不发生如何把总剩余价值分配于总资本家的问题。这一点，我们和余霖同志的意见相同。但是余霖同志根据这一点反对全部利用资金利润率，他主张基本上利用工资盈利率，他说工资盈利率能够推动节约劳动消耗。我们则虽然主张社会主义并无生产价格，而仍然主张利用资金盈利率，并且认为利用加上了资金盈利率的生产成本，有助于节约成本和节约投资，所以最有助于节约劳动消耗。我们认为这比余霖同志的理由更切合实际一些。因为节约投资，使用投资于最有利的方向，就全部国民经济而言，最有利于总劳动生产率的提高。而在我国条件下，迅速用现代化技术装备把国民经济各部门装备起来，显然是节约劳动消耗最根本的途径。我国这样一个广土众民的国家，劳动力供应十分充裕，发展国民经济的主要途径是在维持现有群众生活水平情况下尽一切可能加速积累并使积累得到最有效的利用。任何政策，不认清这样一个特点，都无助于劳动消耗的真正节约。

余霖同志说，"如果各行业劳动生产率是大体相等的，那么盈利率就应当和工资保持一定的比例"[Ⅲ]，这是十分正确的。我们还可以追究一下，怎么叫作"各行业劳动生产率大体相等"。从物质技术上说，各行业工艺过程工艺装备不同，所以劳动生产率相等与否没有可比的标准。所谓各行业劳动生产率大体相等，只能是，一切行业都已经把现在已经知道的先进技术方法全部使用上去，也就是说，各行业已经用现在已经知道的现代化技术装备起来，那么各行业劳动生产率之间就不再存在差距。不难看出，我国现在的生产力水平，距离这种理想状态还太远。用最快的速度去接近这种理想状态，最根本的办法是扩大积累和合理使用投资，这也是我国经济建设的根本目的所在。在达到这个目的的过程中，价格中的资金利润率的因素不可缺少，而且应该占相当的比重。生产越接近上述理想状态，各部门劳动生产率差距越小，资金利润率在价格中的比重应该日益缩小。这时候，如果生产结构又和需求结构相一致，价格自然而然会符合价值，这时候，资金利润率在价格中已经不占任何地位。由此看来，要使价格符合价值，并不仅仅是价格政策问题，同时也是生产计划和投资计划的问题。越是我们正确考虑现实因素来制定正确的价格政策，越是我们的生产计划和投资计划正确符合于客观要求，价格符合或接近于价值这种局面的来到越快。仅仅计算价值，并规定符合价值的价格，并不能达到这个目的。

余霖同志认为，资金利润率是否加入生产成本，是否列入计划价格基准之内，和国家投资的方向无关，他说："国家完全可以用这一个行业所提供的积累（盈利）去投入另一个行业；如果必要的话，也完全可以对按资金计算的盈利率比较低的行业投资。……规定价格是一回事（这决定于价格是否符合价值），在国民经济各部门各行业分配投资是另一回事（这决定于是否能够保持国民经济各部门的按比例发展），不应混为一谈"[Ⅲ]。这似乎值得商榷。

在计划制订的实践中，取任何一种产品为主导产品，必定有为这种产品生产所必要的一系列生产资料和劳动力的需求，所支付的工资又会引起一系列消费品的需求，所以，要增产这种主导产品，必定要按有计划按比例的规律，同时增产与此有关的一系列产品。但是，同等数量的工资，在不同情况下引起不同构成消费品的需求，而在这个生产系列中所需生产资料的构成，也绝不是一成不变的。倘使不是如此，价格政策的探讨就是不必要的。所以要研究价格政策，就是因为正确的价格政策能够诱导消费趋向于最节约劳动消耗的方向，也可以此为参考来制订最优的生产计划和投资计划。由此可知，既然我们是在探讨什么是最合理的价格政策，就必定要探讨价格政策如何影响需求，也要探讨价格政策如何影响生产。计划经济不同于自由市场之处是生产不被盲目的市场规律所左右,这并不是说有意识地找出合理的计划价格的基准,比较这种基准和计划价格及所实现的价格之间的差距,由此修正生产计划和投资计划使之能够最迅速地发展经济是不必要的了。重复说一遍,价格政策问题不仅仅是计算出一个正确的价格来付诸实现的问题,它是一个不能不联系到整个生产计划和投资计划的问题。

八　资金盈利率和企业的经济核算制

余霖同志说,我们比较三种不同的盈利率,目的是要"讨论能不能用这种或那种平均盈利率来规定各类产品的价格,而不是用这种或那种盈利率来检查企业的经济效果"〔Ⅲ〕,这是完全对的。因为我们不论确定哪种盈利率来计算基本价格,这种盈利率对个别企业来说都不过是一种定额,确定个别企业的经济效果,要比较定额和实绩,定额本身不足以反映经济效果。为使实绩大大优于定额,企业要做多方面的努力;要鼓励企业间用极大的努力得到最优良的实绩,首先要在政治上思想上加强对企业的领导,这都不决定于定额是一种什么样的定额。

但是,把资金盈利率加入生产成本,以此作为计划会使企业所得销售收入包含这种利润的因素在内。粗略看来,任何一种盈利率都表示企业有权得到这种盈利。其实,在实践上,作为价格基准的盈利率,同时就是企业上缴纯收入的一种税制。作为税制,那是企业的负担而不是权益。任何一种盈利率对企业经济核算制的影响如何,应根据依定额计算的权益和依实绩计算的负担两者同时并存这一事实来作考察,不能仅仅依据这种盈利率是企业的权益这个片面的事实来加以考察。

我们现在的计划价格基准,是加上了成本盈利率的生产成本,与之相应,我们就有按产品价格计算的工商统一税。倘使我们改用资金利润率,在某些行业中,也许可以按固定基金和流动基金总额计算的资金税来代替工商统一税（纸烟、酒以及某些需求特别超过供给，又实行敞开供应的消费品，工商统一税作为平衡价格和利润间差距的手段，还不可废除）。工商统一税是和销售收入成比例的，企业会计中把它作为总销售收入的扣除额。资金税和销售收入不是绝对成比例的。生产越多，销售越多，每单位产品的税负越小。例如我们把两种盈利率看作两种不同的税制，后者比前者显然更有利于促进以同量资金生产更多产品，或同量产品占用更少的资金。这虽和计划价格的基准有关，严格说来，已不纯粹属于价格政策范围，而属于税收政策范围了。

余霖同志是否同意采用资金利润率，本来和"税制问题"无关。但余霖同志下面这一段话，如果理解为对"资金税"制度的评价，那么看来又是大可以商榷的：

> 如果某一行业由于管理不好，有大量的固定资产和流动资金没有得到充分利用，而国家仍按平均盈利率来规定价格……不但不能鼓励各行业节约固定资产和流动资金，相反，有可能造成固定资产和流动资金的很大浪费 [Ⅲ]。

规定一种盈利率，作为计划价格的基准，同时又规定这种附加是企业理应得到的合法权益（譬如规定这种盈利率是企业应得的企业基金的计算标准），都无助于经济核算制的贯彻。资金盈利率固然会造成资金的浪费，工资盈利率也会造成劳动力利用上的浪费，成本盈利率则会造成整个成本的浪费。但是，假定和价格中资金盈利率的因素平行的是资金税制度，这种资金税不是企业有权取得的权益，而是它有责任缴纳的税金，情形就会完全相反。它将不造成浪费，而将促成节约。①

---

① 这里所说的资金税制度，不过是部分代替工商统一税的税制，它完全不足以代替企业经济核算制中其他各项考核指标。产量、品种、质量、产值、劳动生产率、利润等指标都还应该照旧。

工商统一税也是企业应交的税收而不是企业的权利,所以它同样不会造成浪费。差别在于,它比资金税制度之促成节约,作用要小而已。

笔者对价格问题缺乏研究,以上所论,错误之处必多,大胆提出来,是为了指望得到余霖同志和经济学界的指正。

(写于1946年,原载《顾准经济文选》,中国时代经济出版社2011年版)

粮食问题初探

一 经济形势和粮价政策

（一）农业增产的潜力

自1961年开始执行调整、巩固、充实、提高和以农业为基础、以工业为主导的国民经济总方针以来，在党的正确领导下，贯彻了一系列正确的政策措施，我国农业的恢复和发展极其迅速。1963年各地蔬菜供应大增，1964年肉蛋鱼供应大增，油菜籽和蔗糖成倍增产。1964年秋如无自然灾害，各项经济作物及粮食都将有较大幅度的增产。农业生产的形势大好，迄今为止已经实现了的增产，恐怕不过表现了增产潜力的很小的一部分。因为：

第一，农业劳动力越来越充沛，农村现有劳动力的稳定程度为新中国成立以来所未有：1961年前的农村劳动力外流现象已不再存在，1961—1962年回乡人员不安心农业生产，跑买卖等现象已经消灭，农村中劳动力的安排已可做到大量投工于基本农田建设而不误生产；农村子弟毕业于小学和初中的，都能稳定在农业生产中，为农业现代化准备了技术后备力量。后面这一点，对农业的长期发展，尤为重要。

第二，农用生产资料的供应已有大量增加，"三五"时期，支农生产是整个工业的中心任务，基本建设项目也将相对集中在这个方面，化肥、农药、农机、电力、燃料的供应还将成倍增长，农业四化的物质技术保证程度将不断提高。随着经济作物和化纤工业的增产，农用消费资料也将进一步增长，这将进一步贯彻工农产品的等价交换，间接也有助于农业的增产。

第三，今后几年自然灾害还是会有的，但以1963年华北及中原地区严重水灾的经验来说，自然灾害的消极影响是可以缩小的，基本农田建设，更将逐步提高农业的抗灾能力。

（二）经济作物的增产和粮食的增产

经济作物，尤其是原棉，现在还是一个薄弱环节。但就当前形势来看，经济作物的初步解决恐怕为期不远。因为一切经济作物（棉、麻、油、糖、烟、草等）的播种面积大致上不超过耕地面积的20%，有些经济作物（干果、木本油料、茶叶等）不与粮食争地，如果把复种指数也算进去，经济作物占耕地面积也许远低于20%。当前经济作物收购价格偏高，收购中还有许多优待办法，经济作物及畜产品增产十分迅速，最近一两年猪肉、蛋类、油菜籽、蔗糖年产量成倍增长，可为例证。由此推测，1965年秋季，至迟1966年秋季，原棉及其他经济作物（除恢复期较长的蚕丝、桐油等外）将达到或超过历史上最高年产量，初步能满足需要。

粮食增产，任务比经济作物的增产远为艰巨。现在粮食总产量还未达到历史上最高年产量，粮食征购量比1956—1957年水平还低得多。又因为经济作物和畜产品的进一步发展要以粮食的持续增长为基础，因为今后工业发展的速度在某种程度上要取决于粮食征购量增加的速度，所以，即使粮食产量达到或超过历史上最高水平，也还远不能满足需要。另外，粮食生产在整个农业生产中所占比重最大，它的每一分增产都要整个农业战线付出巨大的努力。因此，虽然在目前看来，经济作物还是薄弱环节，粮食增产却是农业战线上的恒久任务，"三五"时期在这方面所能取得的最大成就，对于今后国民经济的发展，尤将起十分重大的作用。

（三）农业是工业的重要市场

支援农业，是工业在"三五"时期的中心任务，农业市场的大小，将在很大程度上决定工业增长的速度。

早在 1957 年，毛主席在他的《论人民内部的矛盾》这部辉煌的著作里就指出："我国是一个大农业国，农村人口占全国人口的百分之八十以上，发展工业必须和发展农业同时并举，工业才有原料和市场，才有可能为建立强大的重工业积累较多的资金。……重工业要以农业为重要市场这一点，目前还没有使人们看得很清楚。但是随着农业的技术改革的逐步发展，农业的日益现代化，为农业服务的机械、肥料、水利建设、电力建设、运输建设、民用燃料、民用建筑材料将日益增多，重工业以农业为市场的情况，将会易于为人们所理解。……农业和轻工业发展了，重工业有了市场，有了资金，它就会更快地发展。这样，看起来工业化的速度似乎慢一些，但是实际上不会慢，或者反而可能快一些。"工业要以农业为其重要市场，过去我们确实没有看得清楚，因为"一五"时期及"二五"时期，我国要在十分薄弱的基础上建成一个初步完整的工业体系，当时的任务是要尽一切力量保证建设器材的供应，满足日益增大的职工工资基金的需要，不可能有较多的生产资料和消费资料供应农村，农业市场对工业来说是并不重要的。1961 年以来的严格控制基建投资和工资基金，是连续几年严重天灾以后的必要措施，三四年来的实际生活则不仅教导我们领会党的以农业为基础、以工业为主导的经济方针的重要性，也教导我们领会农业市场对工业的重要性这个真理。

　　目前工业生产的形势的特点是，我们初步建成的工业体系，还远没有达到满负荷生产，许多轻重工业部门开工率不高，增产潜力极大。工业没有达到满负荷生产的原因当然不止一端，其中如：①以农产品为原料的轻工业（主要是纺织工业）的增产，有待于经济作物的增产；②机械工业、钢铁工业要解决多品种、高质量等生产中的一系列技术问题；③整个工业体系要进一步填平补齐；等等，都和农业市场的大小没有直接关系。有些产品如化肥和电力迄今还供不应求，当前的任务是要迅速扩大生产能力以满足农业的需求。

但是整个说来，农业市场的扩大是充分发挥现有工业体系生产潜力的关键，确实已经越来越明显了。

某些轻工业部门（主要是不以农产品为原料的消费资料）现在产品已有积压：机械、钢铁、电力、煤炭等部门设备能力有余，可以生产大量农业机械及基本农田建设器材（如钢材、钢管、打井设备等），可是因为现在农业积累能力十分薄弱，国家投资或贷款的规模又终究有限，它们的有效需求不能迅速增大。化肥，一般说来是供不应求的，有些粮区社队却买不起化肥，许多农机站抽水机站赔本取费，但是电费、机耕费、供水费还大量拖欠。造成这些现象的原因又是十分复杂的（如有些支农产品价格过高，农机和抽水站的技术管理和经营管理还亟待改善等），现在农业购买力过低，农业市场容量太小，显然已经是一项重要因素。

考虑到①经济作物将很快恢复历史上最高年产量，纺织工业等以农产品为原料的轻工业部门将能成倍地增产；②重工业部门努力解决技术问题和填平补齐，主要目标不外扩大支农生产资料及轻工业的产量，未来几年支农生产资料和一般轻工业都可能成倍地增产；③未来几年从头做起的新工业基地建设规模并不太大，工资基金将无巨额增长，工业及城市吸收工业增产部分的比例不会太大三个因素，我们就了解，虽然现在农业购买工业品的绝对量并不太大，未来几年农业市场扩大的速度，却将在很大程度上决定工业增产和工业积累速度。支农生产不仅是工业的任务，它同时又成了工业发展的必要条件。毛主席七年前预见的、当时我们还不易于理解的"重工业要以农业为重要市场……重工业有了市场，有了资金，它就会更快地发展"，现已经成为实际生活中的真理了。

（四）粮价政策的再考虑

现在我们要考虑一下，在上述经济形势下我们应该采取怎样的工农产品比价政策及粮价政策？

"一五"时期，要在十分薄弱的基础上迅速建成一个初步完整的工业体系，从基地建设开始的重工业建设投资大而收效慢，所以农业的任务，是要以较低的价格保证农产品的供应，并从中解决一部分工业建设资金，为此，那时候，我们曾不得不相对压低农产品的价格，限制农业购买力的增长。又因为经济作物及畜产品的生产不像粮食那样具有较高的自给性，国家要求保证工业原料的供应较急，在全部农产品中它们的价格偏高，于是粮食价格相对偏低。低粮价政策保证了低工资职工的生活水平，保证了工业建设的顺利进行，但无可讳言，限制农村购买力增长的同时，它对农业增产，尤其对粮食增产，要产生消极的影响。

如果上面的分析是对的，低粮价政策显然不应该长此继续下去。在经济作物初步满足需要以后，我们在农业战线上的任务将是以粮食增产为中心，求得全部农产品的均衡（按比例）持续增产，我们要通过农业增产来扩大一切工业品的农业市场。低粮价政策原来是达成某种任务的手段，现在任务变了，手段和目的不仅不相一致，而且是背道而驰的了，必定要有一个新的粮价政策来代替旧的。

（五）解决粮价问题的两个方案

仅从工农关系方面来考虑粮价问题，也许不难得出低粮价政策不适合新形势和新任务的结论。可是粮价政策并不仅仅是关于工农关系的政策，它和物价水平、劳动报酬的分配、财政平衡等问题密切相关，换句话说，无论当前粮价是高是低，整个国民经济已经形成了一整套适应这个粮价水平的秩序，调整粮价，必定要"牵一发而动全身"，倘使没有统筹全局的妥善安排，现在的粮价是不能轻易变动的。因此，尽管当前包括经济作物、畜产品及粮食在内的整个农产品价格体系十分复杂，1961年以来形成的粮食议价价格还和收购牌价两者同时并存，以基本农田建设为主的农业基本建设亟待开展，多数同志倾向于保持现有收购粮价及销售粮价不变，而以不断降低工业品价格，并通过银行贷款或国家直接投资帮助农村社队筹措农业基本建设资金，来调整工农产品比价和解决农业基本建设问题。这个方案的好处是，现在的工资体系不必因调整粮价而有所变动，国家财政不会因粮价和工资的变化受到直接的影响，在经济作物尚未初步满足需要时，保持经济作物的较高价格有助于促进经济作物的迅速增产。可是如果我们比较深入分析这个方案，分析继续执行的结果（见本文第二部分），就会发现，一旦经济作物初步满足需要，它对国民经济生活中必然要出现的生产、分配和物价等方面的一系列新问题，似乎缺乏妥善的解决办法，长期来看，这个方案究竟是否适合新形势和新任务，不免令人怀疑。

由本文第二部分的分析，可以知道，粮价不动方案的一切弱点，都和它之努力要避免调整粮价有关。调整粮价确实是一件"牵一发而动全身"的大事情，要妥善安排由此引起的一系列问题确实是很不容易的，但粮价不动既很难解决新形势和新任务下的一系列问题，要认真执行上引毛主席关于工农关系的指示，似乎还是不能不考虑粮价的调高，并探索由调高粮价所引起的一系列问题的解决办法，由此来决定调高粮价到底是否行得通。本文第三部分，就是对这个问题的大胆的探索。

在分析维持现行粮价不动时难以解决的问题和探讨调高粮价是否行得通以后，本文还企图进一步比较以上两个方案对生产、分配、物价、积累等方面的不同后果（见第四部分）。严格说来，"粮价不动"虽然是目前实际执行中的政策，但谁也没有坚持在经济作物初步满足需要，经济生活中将会出现一系列新问题时，粮价必须固定不动。下一部分所论，不过是假定粮价不动政策继续实行下去时，将要出现一些什么问题，以及如何解决这些问题。另外，第三部分探讨调高粮价的时机、幅度、办法等，不过是极粗浅的设想，远不是什么可以实现的"方案"。把两者都称为方案，不过因为它们多少反映了处理粮价政策有关的一系列问题的两种不同的途径，会产生不同的后果，称为方案，较便于对比分析而已。

二 现行粮价长期维持不动中的诸问题

(一) 经济作物、畜产品和粮食的比价：收购粮价和议价粮价

1961年以来，粮食销售牌价始终屹立不动，粮食收购牌价比1960年调高了大约26%，经济作物和畜产品收购价格也调高了，有的调高幅度高于粮食，有的略低于粮食，同时经济作物收购中规定了许多奖售办法，使经济作物收购价格实际上大大高于牌价。1961年与调高农产品收购价格同时，又开放了农村集市贸易，起初各类农产品集市议价价格都很高，随着畜产品及经济作物的大幅度增产，它们的议价价格跌得很快，有许多已和收购牌价一致，从而实际上已不存在议价价格，有些东西（如鸡蛋）的收购牌价还降低了一些，现在议价价格还高于收购牌价的经济作物，一旦产量达到或超过历史上年产量时，议价价格都要消失，这是可以有把握地预计的。至于粮食议价价格，最初也很高，跌得也很快，但据作者所知，1964年夏收以后，河北和山东两省的议价粮价都还在牌价的一倍左右，一般推测，粮价议价要跌到接近收购牌价是很不容易的。

议价粮价不易自然消失，有两个原因。第一是除京沪等城市而外，城市居民要买一部分议价粮以补充口粮定量的不足，议价粮不仅用于农村粮食调剂，城市的需求也构成了议价粮的一部分市场。第二是相对于经济作物收购牌价而言，粮食收购牌价偏低。当国家粮食后备增大，适当调整城市口粮定量以后，城市居民对议价粮的需求当可大减，价格可以跌落。但是，只要粮食收购牌价比经济作物收购牌价偏低，农村居民继续通过集市调剂粮食供需时，议价粮价的彻底消灭总是很难做到的。

1961年，一面适当调高各项农产品收购牌价，一面任令各项农产品的议价价格和收购牌价同时并存，通过工业品的降价，通过农业增产的自然作用，使议价价格逐步下跌，直到它自然消灭，这

是正确英明的措施，现在在很大程度上已经见效。目前，经济作物产量还未恢复，保留偏高的经济作物收购价格，以期在极短时间内初步解决经济作物问题，也是必要的。但是，预见到不久以后经济作物即可初步满足需要，而粮食增产还是严重的任务，那时候应该怎样来进一步解决经济作物收购价格偏高和两个粮价同时并存的局面，这是值得探讨的问题。

维持粮价不动作为一个具体的农产品价格政策，它的目的显然不是要无限期地让经济作物和粮食收购价格两者间保持一定的差距，更不是无限期地让两个粮价同时并存，而是要以现行收购粮价为中心形成一个单一的农产品价格体系。如果这个目的可以肯定下来的话，一旦经济作物初步满足需要以后，我们就应该有意识有步骤地压低经济作物和畜产品的收购牌价，使之逐渐接近粮食购价的合理比价。经济作物和农产品的收购价格每压低一分，议价粮价必定要随之降低，经济作物及畜产品价格降低到粮食购价的合理比价时，议价粮价自然消灭，剩下来的将只有一个以现行粮食购价为中心的农产品价格体系，于是就达到了政策的目的。某些经济作物（如水果）并不能生长在任何土壤和气候条件之下，这些经济作物还可能保持较高的价格，但总体来说，只当一般经济作物价格不再偏高，议价粮价才能彻底消灭，这大概是可以肯定的。

以上所论，显然以一切经济因素都是有利的，都将使粮价不动政策能够毫无阻碍地贯彻它自己的目的，即建立一个以现行收购粮价为中心的农产品价格体系为其前提。但我们还得仔细审察一下这个政策继续贯彻下去时，实际经济生活的变化，究竟有利于达到政策的目的，还是要阻碍这个政策达到自己的目的。

（二）**农业的货币收入及其对农业增产的反作用**

1961年开放农村集市贸易，各项农产品都出现议价价格以来，农业货币收入曾经出现一个最高峰，自此以后，随着各项农副产品议价价格及部分收购价格的逐渐降低，农业货币收入即有逐渐下降的趋势。因价格降低而引起的农业货币收入的下降，有两个抵消的因素，第一是农业增产，第二是高价工业品的降价（经济作物、畜产品收购中的低价奖售物资也属于这种性质），前者使农业货币收入的绝对额不因降价作同比例的减少，后者则从货币购买力方面保证了农业的收入。但是一般说来，过去几年中农业货币收入的绝对额，即使有所增加，总和增产不成比例，这一点大概是可以肯定的。

农产品集市议价价格是一种临时措施，国家不会维持议价价格而要消灭议价价格，这一点，农民当然也是理解的。少数农产品如鸡蛋，当产量大增时，收购牌价要随市场零售价格的下跌而调低，农民也是易于理解的。但是，某些重要的经济作物如棉花、糖蔗、油料作物等，过去国家在按收购牌价购买之外，还按议价价格收购一部分的，一旦撤销议价收购，农民已经表示不满，不免要影响生产情绪。可是维持现行粮食购价不动，又不可避免地要求降低经济作物收购牌价和压低粮食议价。这时候，显然会出现一个两难局面：不跌价，经济作物收购价格偏高和两个粮价并存无法消灭，单一的农产品价格体系无法形成；跌价，不免要影响农业增产。

进一步分析，又可以知道，要使农产品价格普遍下跌到足以建立一个以现行收购粮价为中心的单一农产品价格体系（不考虑其他一切因素），必须以农业的持续的大幅度的增产为其条件，而农业货币收入的降低，或农业货币收入不能和农业增产成比例上升，又恰恰妨碍我们充分调动农业生产中一切积极因素，阻碍农业的持续的大幅度的增产，政策本身，在其目的和手段两方面是矛盾的。

也许有人会指出1957年前后经济作物收购牌价已经偏高，当时并未出现粮价议价议购这一事实，来证明今后可以出现同样的局面，从而指责上面所说的"两难局面"是杞人之忧。作者则深以为不然。自1953年粮食统购统销到1957年为止这一段时期中，农村经历了合作化的大浪潮，当时粮价偏低，经济作物价格偏高而不出现黑市粮价，在很大程度上应该归因于农村政治形势的剧烈发展，当时农产品价格对农业生产和农产品收购虽然也有一定程度的反作用，比较起来却是不太强烈的。自此以后，经过伟大的人民公社运动和"农业六十条"的贯彻，农村社队组织稳定了，集体经济越来越稳固了，农村"四清"和社会主义教育运动越来越深入了，1961年以来的经验证明，在此情形下，经济措施和价格政策对农业增产的反作用不是减弱了，而是加强了。当然，农村政治思想工作的加强，本身就是一个最重要的增产因素。但是，作为一个冷静的促进派，应该考虑的是怎样在政治思想工作的基础上制定正确的经济方针，充分调动群众的生产热情。既如此，听令经济作物收购价格的偏高，用行政办法禁止议价粮价，维持现行收购粮价，就未必是正确的措施；而降低经济作物收购牌价以期消灭议价粮价，又必定要减少农业收入。不考虑由此造成的对农业生产的消极的反作用，也未必是妥善办法。

（三）工业品价格及工业增产

主张维持现行收购粮价不变的同志，并非不知道农产品价格趋降不利于农业增产，他们认为补救办法不应该是提高粮价而应该减低工业品价格，以相对提高农产品价格。我们知道，农产品单位价格表现为一定的货币量，减低这个货币量（经济作物价格及粮食议价价格的跌落）或保持这个货币量（粮食收购牌价）不变，即使工业品的降价完全能够达到相同的效果，也远不如不减价或提价更能刺激生产。这一点即使存而不论，仔细审察工业品降价的过程，我们又可以发现，通过工业品的降价来扩大农村市场，实质上总有限度，总要限制工业品的增产达不到理想的速度。

工业企业多数是全民所有制企业，只要国家计划决定工业品领先跌价，企业必定要服从这个决定，由此看来，工业品价格可以降低到任何国家计划所要求的程度。但是，一切全民所有制企业又都是经济核算制的企业，除非国家特别指定，不能超越它当时的成本水平和利润税收上缴任务降低成本价格。不仅如此，任何工业企业，从本企业经济核算角度考虑，即使发现降低产品价格，薄利多销，可以获得更大经济效果，它也不能任意降价，而要经过领导机关层层审核,而领导机关之对待降价,又总不免要顾虑它会减少财政收入,影响当年财政平衡。这样看来,除了某些支农性质特别突出的工业品(如手扶拖拉机、水轮泵等),国家会组织大量生产,组织大幅度减价而外,一般工业品总有一种维持现价的"惰性",当购买力不足,发生滞销现象时,降价多销的可能性,往往还小于积压或减产的可能性。

可是,当主要经济作物即原棉增产到初步满足需要的时候,也就是纺织品这种主要农用消费资料可以大幅度增产的时候。初步估算,如果全国现有纺织设备班次开足(每周二十一班),纺织品出口量保持现额不变,国内纺织品供应将为1964年供应粮量的2.5倍以上。假定这种局面出现在二三年之后,当时其他消费资料和支农生产资料的供应量比1964年都将有大幅度的增长,但二三年内工资基金却不会有巨额增长,这就是说,当时的工业将迫切要求农业购买力的增长,在这种情形下,即使调高粮价,稳住经济作物价格,工业品尚且不免要相当幅度地减价。指望单方面通过工业品的降价来抵消农产品价格的下跌显然是十分不够的。

(四)农村社队的积累能力,农业基本建设资金的来源,支农生产资料的价格

工业增产潜力浩大和农业市场狭隘之间的矛盾,在固定资产性质的支农生产资料方面更为突出。

当前农业建设的主要途径是建设旱涝保收的基本农田,在这个农业基本建设过程中,需要大量投入劳动力,对农业社队来说这是不困难的,但它同时还需要大量建设器材(打井钢管、水泥、钢材)、排灌机械、运输工具、各类农业机械,而这是需要花钱去买的。经济作物区的农村社队,货币收入较多,积累能力较大,建设资金的筹措也许还不太困难。粮食产区的农村社队,多数还处于"吃饭靠集体(公共经济),花钱靠自己(家庭副业)"的状态之下,积累能力十分薄弱,基本农田建设的主要对象又恰恰是粮食产区,现行收购粮价固定不变,单方面减低支农生产资料价格,显然

无法解决他们"买不起"的问题。

解决"买不起"的问题另外还有两个办法：①扩大农贷，或国家直接投资办抽水机站等；②大力提倡办农村集体副业，增大粮区社队自筹建设资金的能力。以上第一个办法可以解决建设资金筹措中的困难，但不能解决粮价相对偏低，从而农业投资效果过低的问题。譬如说，由国家直接投资和公社合作兴办的抽水机站和水库，农村社队当然可以劳力出资。但抽水机站的劳务取费取决于机械、燃料、电力的成本，取费过低要赔本，如果取费过高，灌水增产的收益抵不上税费，旱涝保收的基本农田就无法迅速扩大，于是这种建设只能限制在很小的实验规模之内，不能对粮食增产起决定作用。

也许有人会认为，目前机械、钢铁工业等工业部门降低成本的潜力还很巨大，抽水机站等初办，经营管理不易一下子走上正轨，但它们的进步一定十分迅速，上述困难可以很快得到解决。这一点诚然是事实。但是工厂要薄利多销，抽水机站等要降低成本，必定要同型产品有比较广阔的市场或者服务（例如灌区）范围较广，成本才能相对低下；市场和服务规模越狭小，成本越是不易降低。换句话说，当它们获得一个有利的起步点以后，才会自动走上"降价—市场的扩大—进一步降价"这个上升循环。维持收购粮价不动，恰恰靳而不与这个有利的起步点，于是"积累—增产—更多的积累"这个过程也就无法起步了。

当粮食生产中的投资看不见什么效果的时候，提倡农村多办集体副业，扩大收入，借以筹措农业基本建设的资金，恐怕也难期望有很大的效果。我们只要设想，全民所有制的企业尚且要努力消灭亏损项目，当农村社队的粮食生产只能解决吃饭问题时，除非为了解决社队本身的口粮饲料和完成粮食征购任务，要求他们用副业收入来扩大价格偏低的商品粮生产，看起来总不免是不现实的。

（五）物价趋势

以上列举的各项困难，看来都是粮价不动方案所无力彻底解决的。现在我们进一步,姑且承认这些困难都能解决,并且假定粮价不动方案的一切目的都已达到,那时候的物价水平将发生什么变化,这个物价水平又将怎样反作用于社会分配?

单纯从价格政策而言,粮价不动的目的是:①以现行收购粮价为中心形成一个单一的农产品价格体系;②一切工业品,包括支农生产资料和消费资料在内,已经把价格降低到适合于上述农产品价格体系的水平。现在让我们假定,上述农产品和工业品的价格体系并没有阻滞现有生产潜力的充分发挥(实际过程当然不会这样),农产品和工业品都大大增产了,工业基本建设投资增加不快,现行工资制度仍维持不变,工资基金有所增加但增加不大[参见第一部分之(三)],农业市场因增产而扩大了,但因为粮价并未调高,经济作物价格下跌,农业购买力的增加幅度不大。在这样的情况下,因为社会产品的价格总和总不能超过它的购买力总和,所以,贯彻这个政策的逻辑上的后果是,工业品价格所达到的水平将远低于现在的水平。又因为一般说来粮食生产短期内不易充分满足需要,所以我们又可以假定农产品价格并未进一步跌落。上述局面事实上很难实现,即使能够实现,也要费去很长的时期,因为不论在农业或工业范围内,跌价总要阻滞生产增产的速度。暂置这一点不论,让我们看一看,它所达到的物价水平具有什么性质。

首先,我们可以发现,这个物价水平将远低于1956—1957年的水平,原因是,工农业总产量,尤其是工业总产量比1956—1957年要多得多,而购买力(包括国家对工业及农业的投资、工资基金及农业购买力三者)虽高于1956—1957年,但其增加额则远低于工农业总产量的增加。

其次,我们可以发现,就这个物价水平中的价格结构而言,农产品价格,不仅绝对水平高于1956—1957年(见前附农产品价表),又因为工业品价格将远低于1956—1957年(工业品总产量比1956—1957年要多得多),所以农产品对工业品的相对价格也将远高于1956—1957年。

上述第二种情况的出现，当然绝不是偶然的。加紧工业建设的"一五"时期，工业建设所需器材，既要用一部分农产品对外交换，也吸收了当时相当部分的重工业产品，而当时的重工业产品则因我们的工业基础十分薄弱，为数本来不多。现在我们已经建成一个初步的工业体系，重工业本身建设规模并未进一步扩大，重工业产品必定要以轻工业建设和农业建设为其市场，重工业产品本身的价格不能不下降，轻工业产品价格也一定要下降。就这一点说来，农产品对工业品比价的低价政策（集中体现为低粮价政策），不仅就政策上考虑已无必要，客观上也是无法继续的。这一点目前之所以还不显著，不过因为我国国民经济的调整巩固、充实提高的过程还未过去，过去工业建设的效果还未全部显现出来。"三五"时期贯彻执行毛主席关于工农关系的指示，也就是国民经济调整巩固、充实提高过程的彻底完成，这个过程的成果，在物价结构上反映出来，必定是农产品对工业品的相对价格大大提高，决不能是另一个样子①。如果我们对比1956—1957年和1936年的工农产品比价，可以发现1956—1957年的农产品相对价格大大低于1936年，于是我们可以理解，今后农产品相对价格的提高不过是战前比价的恢复。战前工农产品比价中的工业品，绝大部分是洋货，现在的工业品则都是国产，这个差别，当然再好不过地证明我国工业建设的成就，仅就工农产品比价而言，恢复战前比价则是必然的，合理的。

（六）工农业劳动者报酬的平衡

如果上面的推测是正确的，我们本来可以提出这样的疑问：既然1956—1957年的工农产品比价终究已经无法恢复，为什么我们必定要坚持粮价不动，听令一切物价长期下跌，而不提高粮价，建立一个较高的农产品价格体系，同时相应缩小工业品降价的幅度？但因为这个问题实质上并非价格政策问题，而是国民经济增长能不

---

① 讨论现在粮食的相对价格是低是高，离开这一点是无法解决的。此外，如果我们要对比我国粮价和国际市场粮价，仅对比两者的绝对数（不论用什么外汇率为计算标准）也是没有意义的，能够对比的，只是农产品对工业品的相对价格。

能达到可能的高速度的问题，所以我们准备把它保留在本部分之（四）加以讨论。现在我们则讨论另一个问题，即这样的物价水平和结构，对工农劳动者报酬的平衡将要产生什么影响。

既然现行粮价维持不动时物价水平将要跌到远低于1956—1957年的水平，现行销售粮价又是1952年的老价格始终未变，那么职工货币工资率不变（降低工资当然是做不到的），职工实际工资率将超过1956—1957年的水平。

与此同时，农业货币收入因经济作物降价和粮食议价价格的消灭，将不能和农业增产成比例增大。如果我们考虑到：①基本农田建设需要大量投工，需要支出建设资金，粮区社队，投工既多，分配额又不能迅速提高；②花钱靠自己（家庭副业），而家庭副业收入中占相当比例的养畜养禽收入，又将因畜产品的降价而有所减少，可以看出，粮价不动方案在社会分配方面的客观后果之一是，工农劳动报酬将出现差距，差距还会不断扩大。

"一五"时期，大量农村劳动力流入城市，证明当时工农劳动者报酬是有一定差距的。1960—1962年大量城市劳动力还乡生产，政治思想工作做得好是决定性原因，但当时城市职工实际工资下降，农村生活好转显然也起了一定作用。今后很长时期内我们要使农村劳动力稳定在农业生产中，职工工资水平客观上受农村劳动报酬的制约，脱离农村劳动报酬水平来提高职工实际工资，容易导致农村劳动力盲目流入城市，这一点，特别适用于不熟练劳动，对农村知识青年的影响尤为敏锐。当前（1964年7月）职工实际工资水平诚然还低于1956—1957年水平，但在经过1958—1961年实际工资急剧下降的过程之后，大体恢复到了1956—1957年的水平，甚至略低于1956—1957年的水平，似乎更有利于保持工农劳动报酬的平衡。任令实际工资率继续上升是否得策，似乎值得慎重考虑。

三　调高粮价行得通吗

农产品对工业品的相对价格既然必定要提高，在适当时机直接调高粮价似乎比粮价坚持不动要得策得多，问题在于如何妥善制订方案，以便处理由此发生的分配（职工工资和社队内部分配）问题及财政平衡问题。倘使这些问题并非没有妥善处理办法，调高粮价就不是行不通的。

（一）收购粮价调高实际幅度的初步设想

让我们从收购粮价如何调高开始讨论这个问题。

初步设想，主要经济作物原棉产量初步满足需要时，参照现行经济作物收购价格，调高收购粮价，也许是合适的。其所以要在原棉初步满足需要时调高收购粮价，这是因为主要农用消费资料纺织品的产量及国内供应量的大幅度增长，可以充分抵消农业购买力的增长，在此以前调高收购粮价不免要引起供应的紧张。同时，以目前各类经济作物生产情形而论，当原棉产量恢复到最高年产量时，糖、麻、烟草大体上都能初步满足需要，少数恢复需时较久的经济作物（蚕丝、桐油等）产量还不太高，就全局而言，影响不大。

收购粮价调高幅度，除参照经济作物收购价格而外，其他各种复杂因素也都要统筹照顾。反过来，现在各类经济作物的收购价格未必全都合理，实际调高粮价时，说不定还要对此做有升有降的调整。本文目的既不是建议什么具体的方案，为简化讨论起见，下面直接假定一个调高幅度，讨论粮价调高中诸问题，其他概从简略。假定的调高幅度当然是没有根据的，只想借此表明各种经济因素间的相互关系而已。

假定调高幅度规定得比较妥当，能够做到经济作物的收购牌价一般稳住不跌，可以顺利建成一个以粮价为中心的农产品价格体系，议价粮价当可同时消灭。但是，为要消灭议价粮价，还必须压缩或消灭议价粮的城市需求，使议价粮市场缩小到以农村居民间的口粮调剂为限。为此，和粮食销价调高（见下）同时，现在还要仰赖议价粮解决一部分口粮的城市，居民口粮定量似乎还要适当调整。

（二）粮食销价可不可以同时调高

调高粮食收购价格，可否同时调高销售价格？

如果工资可以局部调整，又不致造成物价的全面上升（"粮价一涨，万物飞腾"），那么，粮食销价是可以调整的。下面的讨论，将证明这一点完全可以做到，所以，调高粮食销价，同时局部调整工资是可能的。又，过去由于①粮食销价比粮食购价更为偏低；②1961年调高粮食购价时并未调高粮食销价；③以人民币计算的进口粮成本高于国内收购粮食的成本，财政上每年负担了一大笔粮食亏损。下面的讨论，又将证明只要决心局部调整工资，粮食销价的幅度可以高到足以抵补①当时收购粮食的提价部分，②已经形成的粮食亏损两者。

调高粮食销价，并不仅仅是一个经济问题，它影响千百万职工群众和城市居民的生活，所以又是一个严肃的政治问题。已经指出，调高粮价，只能在纺织品及其他各类消费资料供应大增，经济全面好转，支援农业成为全民任务的时候实现，因此，这时候在职工群众中可以①大力宣传加强工农联盟，促进农业增产的政治意义；②解释调高收购粮价而不调高销售粮价对财政平衡和社会主义经济建设的危害性；③指出销售粮价的调高将如何被其他消费物资的降价所抵消；④同时宣布局部调整工资。以上这些政治教育的内容，既充分指出了调高粮价的政治意义，又指出了保障职工生活的具体办法。循此途径做好政治思想工作，调高粮食销价也许不难为职工群众所接受，工农联盟也能得到进一步的巩固。

（三）粮食购销价格调高的幅度，工资局部调整的可能性，购买力平衡及财政平衡

许多同志之所以不赞成调高粮价，首先因为他们认为调高粮价会增大财政负担。其实，粗略的计算将能证明，如果粮食购销价格

调高幅度规定得妥当，可以做到同时局部调整工资，而不至于增大当年的城市购买力，也就是不至于增大当年的财政负担。

假定一年粮食收购数为原粮 500 亿斤，公粮（实物农业税）为原粮 250 亿斤，进口原粮 100 亿斤，每年粮食销售额加工粮 700 亿斤，粮价调高以前的粮食亏损 20 亿元。现在收购粮价原粮每斤调高三分，收购支出增 15 亿元。销售粮价的调高，要把收购支出的增大和粮食亏损全部弥补，调高幅度应为：

$$每斤销售加工粮调高 5 分 = \frac{15 亿元 + 20 亿元}{700 亿斤}$$

因为粮食亏损是财政上已经负担着的支出，所以，如果弥补了这笔亏损，而不用这笔数字来调整工资，加大当年的工资基金的话，当年社会购买力要减少 20 亿元，而这是要造成消费物资的滞销的。这就是说，粮食销价如果调高到足够弥补已有粮食亏损时，弥补掉的粮食亏损，也就是工资基金必须相应增加的数字。用它来局部调整工资（参见下文），这应该够用的了。

既然如此，调高粮食购销价格，同时局部调整工资，当年财政平衡可以完全不受影响。财政账上因调整粮价直接多支出的 15 亿元收购粮价的增大额，多收入 35 亿元的销售粮价增大额，两抵盈余 20 亿元。工资基金的增大额，一部分直接由财政支出（机关、学校、部队），一部分由企业支出。企业工资基金的增大即使全部要减少上缴利润税收，当年财政收支还是不会因为调高粮价而多负担。

这里假定了农业税实物征收率不变。收购粮价调高，农业税收入的实物粮食如按调高粮价计算要相应提高，粮食收购支出也要多算一部分，上面的算式对此忽略未计。倘使加入计算，则

$$每斤销售加工粮应提高 6 分 = \frac{22.5 亿元 + 20 亿元}{700 亿斤}$$

农业税收入提高 7.5 亿元是一笔虚数，财政上并未增加货币支出。为当年购买力平衡计，这笔数字还应用来增大工资基金，于

是，当年工资基金应增加 20 亿元 + 7.5 亿元 = 27.5 亿元。粮食销价每斤多增加一分，工资基金可增加 7.5 亿元，这当然也是够用的了。总而言之，因为调高粮食购销价格的当年，决不应该缩小社会购买力，所以只要弥补粮食亏损，总要留下一笔可增工资基金的数字，于是调高粮价，同时局部调整工资，总不会影响当年的财政平衡。

粮食销售额并非全归职工家庭购买，其中非职工城市居民购粮为数不大，可以忽略不计，值得注意的是经济作物区、渔区的销粮和收购畜产品中优待的饲料粮，销售价格应该调高到什么程度。这一部分销售粮价的调高数和工资问题无关，而和经济作物及畜产品的价格有关，必须另行决定，而具体计算购买力平衡和财政平衡时也必定要考虑到这一点。如果这部分销粮价格不提高或提高不多，在当年购买力平衡条件下，工资基金可增加额要相应减少一部分。即使减少，用来增加工资基金的数额大概还是可以够用的。

（四）调高粮价及局部调整工资对物价的反作用

到此为止，我们已经考察了调高粮价中的几个主要问题，在这个过程中，实际上我们建议了以下几项具体办法：①适当调高收购粮价；②调高销售粮价，使之足够抵消收购价增大及已经存在的粮食亏损两者；③局部调高工资，但工资基金的增大额，要限制在所抵消的粮食亏损额范围之内，这样，当年的社会购买力总量不变，财政平衡也不受影响。假定这些办法是行得通的，它们对物价的反作用又将如何？

根据假定，实施这些办法以后，农村总购买力（包括农用生产资料和农用消费资料的购买力）的增加和工资基金因粮食销价提高而减少的购买力（粮食销价调高的总额，减去工资基金增加额后的净数）两者恰相抵消。由此可见，物价水平不会因此发生任何变动，粮价提高，不会"万物飞涨"。同样，如果当时某些消费物资或农用生产资料本来要跌价，调高粮价的措施，不会阻止它们的跌价，该跌的还是可以跌。跌价的品目当然会有变化，比如说大路货这时候要少跌或不跌（因为农村收入增加），高级品要多跌些（因为高收入阶层多支出的粮价不予补偿），等等。

物价水平不会因此发生任何变动，某些商品物资的相对价格，却可能因此发生一些变化。粮价涨了，以粮食为原料的某些消费品原料成本增大了；工资局部调整了，工资占成本总额比重很大的生产部门（如煤炭）的成本也增大了，倘使它们的利润税收任务不变，当然非涨价不可。但根据假定，财政上已因粮食销价提高，减少了一笔巨大的开支，为购买力平衡计，企业的利润税收任务应相应减少而不应提价，因此，物价还是不会上涨。当然，粮价调高后各类企业的成本构成必定因此发生不同变化，长期说来，各类物资价格必须适应这种情况，做有升有降的调整，但在购买力平衡的条件下，物价水平还是不会有什么变化的。

粮价调高后，假定在农业增产方面产生了积极效果，粮食产量及收购量大幅度增加，农业购买力因单位价格和商品农产品数量两者都提高而有剧烈的增长，当然也会反作用于物价。这种反作用是我们本来指望要达到的目的，它对工农业生产只会产生有益的作用，而且也绝非属于"粮价提高，万物飞涨"的范围。

那么，为什么过去我们大家的一个牢固印象："粮价提高，万物飞涨"不会出现于我们的事例中呢？理由其实是极为简单的。"粮价提高，万物飞涨"在"一五"时期确实说明了当时的情况，因为那时基建投资不断在增加，物资供应本来已经很紧张，那时候调高收购粮价，不能同时增大农用生产资料及消费资料的供应量，所增农村购买力就成为促成"万物飞涨"的动力。又因为低工资政策以低粮价政策为前提，调高收购粮价同时调高销售粮价本可以减少工资基金以抵消农村购买力的增大，但调高销售粮价而不同时调高工资又为当时政策所不许，调高工资则同样会加剧供应的紧张局面。了解了当时情况的特点，不难知道我们正在考虑调高粮价实施时的环境条件和当时正相反，而我们的方案中工资只做局部调整而不做全面调整，又为购买力平衡找到一个额外的因素，我们就不难理解，为什么同样是调高粮价，却会得到完全不同的后果了。

（五）局部调整工资行得通吗

那么，调高粮食销价而不全面调整工资能否行得通呢？

前文已经指出，在粮价购销价格同时调整，当年社会购买力并不增加的条件下，物价水平不仅不受影响，消费物资该跌价的还要跌价，而高级品跌价的可能性还会因此加大。这样，调高粮食销价对各种等级工资的职工生活的影响将是：

（1）凡人口少，工资收入高，每人平均生活费较多的家庭，因粮食提价而增多的开支，等于或小于因消费品降价而得到的好处的，他们的生活水平将提高或不变。

（2）凡多子女低工资家庭，因粮食提价而增多的开支，大于因消费品降价而得到的好处的，他们的生活水平将降低。

（3）有一些低等级工资，不论职工本人是否已经成家，粮价提高要降低他们的生活水平。

（4）某些重体力劳动工种，本人口粮定额特高。除非他们的工资等级较高，消费品降价的影响足够抵消粮价的调高，否则他们的生活水平也要下降。

以上四种影响就其应否调高工资而言，又可以分成三大类：①粮价调高后，无须采取任何补救办法的；②粮价调高后，按标准的家庭人口的生活水平计算，应该提高工资以保障一定生活水平的；③家庭人口过多，必要的生活保障应该设法补救，但这种补救办法不宜成为常规工资制度的一部分，也不宜长期继续，否则将不利于计划生育推行的。针对以上三种情形，仔细地审慎地考虑，包括临时性质的粮价补救方案在内，不是简单地、平均一律地调高工资就应该是行得通的。这样做，可以用来增大工资基金的数额[见本部分之（三）]应该够用，而工资调整的结果，以货币工资而论，低工资等级有所调高，高工资等级维持不动，各级工资间的差距可以缩小，也符合当前工资政策的要求。倘使可用工资基金增加额用于解决粮价调高之后尚有余数，还可以用来解决本该解决的职工工资的提级问题。如果方案制定得合理，局部性质的工资调整，还可以在消极的补偿（粮价提高）作用之外，有所贡献于生产的促进。

（六）调高粮价对农村社队经济和劳动报酬分配的影响

收购粮价的调高，对于农村社队经济的影响如何，对农业劳动报酬分配的影响如何，对农业劳动报酬分配的影响如何，也应该加以考察。

粮食种植，是农村社队公共经济的主要部分。调高收购粮价将要提高公共经济的收入能力和积累能力，逐步改变粮区社队"吃饭靠集体，花钱靠自己"的状态，从而有助于社队公共经济的进一步巩固，有助于粮食的迅速增产，这是一目了然的事情。从社队公共收入中劳动报酬的分配来说，也会产生一些有利的影响，计算也可以证明这一点。

不考虑超产奖励、集体副业、家庭副业等因素，又假定被考察的农业生产队只生产粮食而不生产其他经济作物，调高收购粮价对不同条件的社员劳动报酬的影响是：

（1）凡劳动力多，赡养人口少的家庭，生产队分给的货币报酬将增大，扣除自用粮食的货币报酬增加得更为突出；

（2）凡劳动力少，赡养人口多的家庭，生产队分给的劳动报酬也要增大，同时，只要投工量应得分配数超过口粮数，扣除口粮后的货币报酬也有少量增大，但其相对份额则有所减少；

（3）凡投工量应得分配数少于口粮数的家庭（例如，依靠农村以外收入维持一部分家庭开支的）口粮开支的增加额，将超过劳动报酬的增加额。

试算如下：

假定某生产队共包括四户，全年产粮9000斤，除种子饲料外净产8000斤，按每斤9分计折合720元，除去生产资料等扣除额，应分配额620元，各户人口、工分、口粮、应得报酬、净得货币收入见表1：

表1

户别	人口	劳动力	口粮（斤）	折款（元）	工分	应得报酬（元）	扣除口粮后净得（元）
甲	2	1.5	700	63.00	450	199.28	136.28
乙	4	1.5	1200	108.00	450	199.28	91.28
丙	7	1.5	1960	176.40	450	199.28	22.88
丁	5	0.5	1400	126.00	50	20.16	-105.84
合计	18	5.0	5260	473.40	1400	620.00	146.60

如粮价每斤提高3分，收获量、种子饲料粮及生产资料等扣除额不变，各户分配将如表2所示：

表2

户别	人口	劳动力	口粮（斤）	折款（元）	工分	应得报酬（元）	扣除口粮后净得（元）
甲	2	1.5	700	84.00	450	276.43	192.43
乙	4	1.5	1200	144.00	450	276.43	132.43
丙	7	1.5	1960	235.20	450	276.43	41.23
丁	5	0.5	1400	168.00	50	30.71	-137.29
合计	18	5.0	5260	631.20	1400	860.00	228.80

可见调高粮价，对农业生产队内部劳动报酬的影响是：①劳动报酬更趋合理；②可以鼓励各户投工，从而有利于生产，有利于基本农田的建设，有利于集体经济的进一步巩固；③对农村计划生育多少有些促进作用。

以上对于调高粮价方案的原则，以及调高粮价中将要引起的各种问题的解决办法的探索，当然是极不完全的，问题中的因素既如此复杂，遗漏未加考虑的当然不在少数，由此很难得出"粮价调高绝对行得通"的结论，所建议的办法更不过是极为粗浅的轮廓，远不是什么实际可行的方案。指陈上面各点，倘对本问题的解决有万一的参考作用，作者就已经十分高兴了。

四　两个方案的比较

已经指出，迄今为止，粮价不动并不是一个已经肯定了的长期不变的方针，由于粮价继续不变时必将引起一系列它所无力克服的困难，人们也许不免要不断被迫对此做局部的修改。另外，本文第三部分所探讨的调高粮价的初步设想和解决由调高粮价所引起的一系列问题的办法，即使可以作为考虑一个实际方案的出发点，也不过是多种可能办法中的一个。这样，要把粮价不动和粮价调高作为两个方案，对比它们的后果，作为取舍抉择的标准，看来是十分不现实的。但是，"三五"时期的国民经济总方针毕竟已经决定，为了贯彻这个总方针，我们总得有一个具体的粮价政策。粮价政策是关于工农产品比价政策，是一般的物价政策，但它又深刻影响生产和分配，而物价、生产、分配三者又必定互相渗透互相关联。尽可能揭露它们的相互关系，探索一个统筹照顾一切方面的可行方案，即使极不完整（事实上也绝不能完整），也总比"兵来将挡，水来土掩"的办法为好。而为了揭示不同粮价政策下物价、生产、分配三方面的后果和它们的相互关系，假定上面已加讨论的粮价不动方案和粮价调高方案，是客观上已经存在的处理粮价问题的两个方案，对讨论的进行也许有若干方便之处。以下的讨论，就是在这个假定之下进行的。

（一）物价和生产

已经指出，粮价不动方案继续贯彻下去，其逻辑上的后果之一是现在的工农产品比价无法维持，农产品对工业品的相对价格必定要逐步提高，达到这个后果的途径则是工业品的大幅度降价，而包括经济作物价格和议价粮价在内的农产品总价（格）水平也要下降，直到形成一个以现行收购粮价为中心的单一农产品价格体系为止。调高粮价方案下，工业品的跌价不会全部阻绝，但因全部农产品将以调高后的收购粮价为中心形成一个单一的价格体系，这个农产品价格水平将高于粮价不动方案下的水平，农业市场也将较大于前者，工业品的跌价幅度也将小于前者。

两个方案对农业增产和工业增产的反作用显然并不相同：

（1）农产品价格长期下跌（"谷贱伤农"）和农产品价格及早稳定在一个较高的水平上，两者相较，哪一个方案更有利于促进农业增产，应该是显而易见的。农业增产主要应该依靠深入的政治思想工作，价格刺激不能居于首要地位，这一点当然谁也不否认，但是考虑粮价政策的出发点，则是在作为政治思想工作的基础上，哪一种政策更能充分调动农业生产中一切积极因素，两两对比，后者显然优于前者，而且后者的优越性决不应该过低估计。

（2）如果后者更能促进农业增产，那么它同时也要进一步促进农业购买力的增长，于是我们可以得到"农业增产—农业积累能力的增长—进一步的农业增长"这个上升循环。农业购买力的增长同时就是工业品的农业市场的扩大，这将要在工业方面促进"工业增产—工业积累—进一步的工业增长"这个上升循环。某些工业品，尤其是农用机械，将开始一个"市场扩大—大量生产中的降价—进一步扩大市场"这个上升循环，这个循环，正是工业支援农业，和农业基本建设所渴望要得到的东西，它只会进一步加速，"农业增产—农业积累能力的增长—进一步的农业增产"这个上升循环的进程，又是不言而喻的。

反之，粮价不动方案，不仅因为它推动农业增产的效果较小，又因为工业品减价中的"惰性"总要起作用，大幅度降低工业品价格以扩大农业市场总难以做得完全，这双重的阻力，将使工业品增产的速度大大低于粮价调高的方案。

当然，不能认为，只要粮价调高，上面几个上升循环就会自然到来，一切阻力就将自然消失。农村政治思想工作还要加强，如何说服农民把因调高粮价多得的收入主要用于农业基本建设，如何组织工业进行切实有效的支农生产，如何尽一切可能降低农用机械的价格以扩大它的有效需求，如何组织农业迫切需要的化肥、农用钢材及建筑材料的大量增产以期逐渐减低它们的价格，这些都还需要做十分艰巨的工作。但是，在粮价调高方案下，这些工作比粮价不动方案下较容易进行（粮价高一些，化肥、农机及其他农业投资的经济效果高，"买不起"的情形要减少一些；工业品要大幅度降价时，减产的可能性比少降价或不降价时要多），也是不言而喻的。

总之，"三五"时期的经济形势是，工农业生产两者的上升循环及其相互促进的客观条件已经具备，国家的经济方针是要使这一系列上升循环迅速进入它的行进过程，正确的价格政策将为这个进程扫清道路，推动它们起步，加速它们前进，不正确的价格政策则不免要在前进道路上设下层层障碍，还要拖住后腿，不让这个客观过程能够干净利索地走上征途。所以，具体办法虽然可以不同，原则上的取舍抉择倒是并非没有准绳可循的。

（二）物价、分配和生产

不同的物价政策形成不同的物价水平，决定不同的实际工资率（货币工资率不变）和不同水平的农业收入，从而决定不同的工农劳动报酬水平，这一点，反过来又要反作用于生产。

粮价不动方案侧重保障职工生活，它的目的之一是要恢复1956—1957年的物价水平，以便恢复1956—1957年的实际工资水平。前文已经指出，这个方案彻底贯彻的结果，所达到的物价水平是远低于1956—1957年的物价水平的，于是各种等级工资的实际工资率将一律超过1956—1957年的水平，其中高工资等级的购买力上升得还要快些。又因为物价不断超跌情形下组织生产的大幅度上涨要克服重重困难，所以达到这个结果的过程将漫长而艰苦，反过来，这又将使工农业生产在长期内达不到可能的最高速度。在这种条件下，用这样的方法来保障职工生活，所费代价确实太大，可是达到这个目的时又将使工农业劳动报酬差距扩大［第二部分之（六）］。工农劳动报酬差距的扩大，对于当前农业中劳动力的稳定状态将要引起一些怎样的消极作用，因为因素不止一端，当然难以预测，但它之不利于农业增产应该是显而易见的。

调高粮价，直接提高了占职工生活费中很大比重的粮食支出，间接阻止各类消费物资的跌价，所以必须局部调整工资。就整个物价水平而言，它并不以恢复1956—1957年水平为目标，它在短期内具为目标的物价水平，是低于目前（1964年8月）但高于1956—1957年的水平；它的长期目标是稳定农产品价格，不断地，但逐步地降低工业品价格。这样的政策，在经济全面好转开始时，可以以一个合理的标准来平衡工农劳动者报酬，因为它展开了一个农业迅速增产的前景，它在长期内较能促进工农劳动者报酬的均衡提高。同时，调高粮价方案对于今后熟练职工的工资提级丝毫不会起什么阻碍作用，随着今后工业生产中劳动生产率的提高，成本的降低和纯收入的增加，提高熟练职工的工资等级，以期进一步促进工业生产，当然是要不断进行的，但这和降低物价，不分青红皂白地提高一般工资率，意义是截然不同的。

作为一般的价格政策，粮价调高方案不以恢复1956—1957年的物价水平为目标，短期内它要达到的是高于1956—1957年的水平，这又是否妥当呢？看来，判断这件事情的标准，应该是物价、生产、分配三者的综合影响，而不是能不能恢复已经过去的某一个时候的物价水平。某一个时候的物价水平，有其形成的客观条件，有适合这个水平的各方面的经济秩序。当这个物价水平不再存在了，它的客观条件已经变了，各方面的经济秩序也已经变了，在这种情形下，重要的是考虑一个物价、生产、分配三方面综合影响最为有利于国民经济的方案，恢复某一个时候的物价水平似乎不能成为政策的目标。至于方案具为目标的物价水平达到以后，应力求其稳定，当然又是另外一个问题了。

（三）财政

通常反对调高粮价的一个强烈的理由是，它要加重财政的负担。本文第三部分建议的方案，粮价调高的当年，力求购买力的平衡，因而也能做到当年财政的平衡，不会加大当年的财政负担。追究这件事之所以可能，一则因为公粮和进口粮"成本"不会因调高收购粮价而有所增大，二则因为我们所建议的方案，不打算全面调整工资，高工资等级、并非工资收入者的城市居民（例如领取定息的资产阶级分子），甚至领取退休金的老年职工，多支出的买粮开支，不由国家财政补偿。挹彼注此，把以上几项转为粮区农业社队的收入，看起来还是合情合理，切实可行的。

其实，调高粮价对财政的影响，远不止因调高粮价而直接增大或减少的财政支出。调高粮价方案剧烈作用于生产，有利于国民经济的发展，而凡有利于经济的，必定也有利于财政。如果要把财政上的有利影响，分项列举，又可分为比较直接和比较间接的（总体来说，它们都是间接的）两类，列举如下：

1. 比较直接的影响

（1）收购粮每增加一斤，若需要量不变，进口粮可相应减少一斤。每斤进口粮按人民币计算的进口成本高于国内的收购粮，因此，凡因调高粮价而增大了粮食收购量，压缩了进口粮，都将减少财政开支。

（2）农业因单价及产量提高而增大了货币收入，自筹建设资金必可相应减少（增加），由此就会减少农贷或国家直接建设投资的需要，这也应该列为财政的利益。

2. 比较间接的影响，来自工业因增产而加大的积累

前文已经指出，调高粮价可以扩大农业市场，可以缩小工业品降价的幅度，削弱工业品降价的"惰性"的抵抗力量，大大提高工业品增产的速度。在当前若干基本工业部门（煤、机械、钢铁、电力）开工不足，工业增产可以超乎增产比率而增大积累的条件下，这一项财政利益虽然是间接的，却是潜力最大的。为此，下面准备对此作比较详细的说明。

（四）工业增产和工业积累

凡不以农产品为原材料的工业，因增产而得到的财政利益，在以下三类情形下各有不同：

第一类情形，生产工厂开工不足，增产不用添机添人，它所需要的原材料的生产工厂也开工不足（例如机械制造之于煤炭、钢铁及电力），增产这类原材料也不用添机添人，两者又都不需要进

口零部件或稀缺原材料。这种情形实际上当然是没有的，但讨论这种极端事例容易帮助我们弄清楚问题。

在这种情形下，增大的销售量在各个工厂账上表现形式不同，如机械厂原材料成本因销售量增大而增大，电厂售电扩大耗煤加大，同时各厂都在不同程度上增大了利润税收的上缴额等，但要算工业体系的一本总账时，各厂的原材料成本增大和利润税收的增加都可以不去管它①，我们只要算最终结果就行了。最终的结果是，

---

① 在个别厂的成本利润计算中，这一点表现为某些成本项目不随产量增加而增加，所以，当产量增加时，利润增加额大于产值的增加额。
假定某厂开工率为50%时，各项成本及纯收入占产值的比例为（单位:%）：
原材料成本　　　　　　　　　50
工资成本　　　　　　　　　　20
折旧费　　　　　　　　　　　3
设备运转费用（电力费、修理费等）　5
管理费　　　　　　　　　　　5
纯收入　　　　　　　　　　　17
又假定这个工厂可以增产而不添人添机，那么，各成本项目中只有原材料将和产值同比例增加，设备运转费有所增加，但增加速度将慢于产值的增加，工资成本、折旧费及管理费则并无增加。假定这个工厂的产值加一倍，原材料成本也加一倍，设备运转费用加80%，纯收入将增1.7倍，新增加的产值中将有46%归于利润。计算如下：

项目	原产值		增加后产值		增加额		指数
	(1) 数额	%	(2) 数额	%	(2) - (1)	%	(2) / (1)
产值	100	100	200	100	100	100	200
原材料成本	50	50	100	50	50	50	200
工资成本	20	20	20	10	—		100
折旧费	3	3	3	1.5	—		100
设备运转费	5	5	9	4.5	4	4	180
管理费	5	5	5	2.5	—		100
成本总额	83	83	137	68.5	54	54	165.06
纯收入	17	17	63	31.5	46	46	270.59

由此可见，任何工厂，从设备能力未达满负荷生产状态，进入满负荷生产状态的过程中，有一种自然的降低成本和增大纯收入的倾向。因此，从个别工厂的立场说来，薄利多销，有时候比高价少销能获得更大的纯收入。

全部工业除了①工人的生产奖金（没有添人，这些工人的工资原来一律照付）；②工厂因赚钱而多提的企业基金而外，农村增购这笔生产资料全部归于财政收入。这是因为从个别厂说，原材料成本当然是要付钱的，从整个工业体系来说，归根结底原材料是由工人从地下挖出来或从森林里采伐得来的。按照假定，生产的整个系列都未加人，所以一系列过程中都未增加工资支出，所以，全部销售的增加额，都归于财政收入。

第二类情形，生产工厂开工不足，增产时不添机，但要添人。与此同时，假定凡供应这个厂的原材料的一切工厂，也开工不足，但也不添机，要添人。这时候，农村所购的生产资料，除一系列生产过程中添加工人增付的工资，以及多付的工人生产奖金和工厂多提的企业基金而外，余额也要全部归入财政收入。

第三类情形，如果生产工厂以及供应它原材料的工厂，为了增加农村购买的生产资料，既要添机也要添人，添机器又要使一系列生产过程都添机添人。倘最终结果添人（包括基建设备的生产及建筑工人在内）所增付工资超过农村增购的这笔生产资料额，财政上的基建投资数也就超过了利润税收的增加额，结果，工业生产设备是扩大了，当年财政支出的增加额则要超过当年财政收入的增加额。

以上三种情形，都未考虑因增产而须增加的稀缺材料、设备和零件的进口。倘有进口需要，财政和外汇支出当然都要相应增加。

不以农产品为原料的工业，实际上不会符合以上三种情形的任何一种，而是三种情形的复杂的组合。但是上面的讨论却指出了一件极端重要的事实，即在当前机械、钢铁、煤炭等好几个基本工业部门都开工不足，许多城市达到就业年龄的青年极端缺少工业就业机会的条件下，工业增产的财政利益是很大的。努力扩大农业市场，是经济上的必要，也是财政上的必要。

农业增产，将直接增加以农产品为原料的工业的原料供应，将增大粮食供应量,以至工业基本建设规模有进一步扩大的可能,反过来又会增大工业积累,这里就不详细讨论了。

(五) 粮食后备、物资后备及财政储备

以上几点,都侧重于说明粮价调高方案的有利之处。但粮价调高方案也有其不利之处。

第一个不利之处,为了准备实施这个方案,需要集中相当数量的粮食后备和物资后备,这二者都需要占用一定的财政资金,所以总体上又表现为需要相当数量的财政后备,从而不免要相对缩小国家经济计划其他方面的规模。

粮食后备的一种必要性,前文已经指出来了。现在有许多城市居民的口粮供应一部分取决于议价粮,为了在调高收购粮价的同时消灭议价粮价,必定要调高这些城市居民的口粮定量,以便把议价粮的需求压缩到只限于农村居民相互间的口粮调剂。调高粮价和消灭议价粮价可以增大粮食收购量,但这是后事,当时却需要增大城市粮食供应额(即需要"垫本"),这是要由粮食后备来解决的。除此之外,必定还有现在我们看不到的、足以在调高粮价实施前后的一段时间内冲击市场,只有用强大的粮食物资后备,才能对付得了的一些因素,如果事前不充分估计到这一点,调高粮价这个战役就打不成一个干净利落的歼灭战。为此,充分的粮食和物资储备必不可少,粮价不动,则根本不会发生这样的必要性。

(六) 应付意外事变的经济力量

粮食、物资后备是调高粮价这个战役当时所必要,这一仗打赢了,此后工农生产的增产当然也要比粮价不动快得多。但是,所说的工农业更迅速地增产这种效果虽然可以肯定必会到来,它的实现总需要一定时间,在它的效果未显现前,粮价调高中的许多措施,都带有"垫本"的性质。不能否认,在已经垫本,还要继续垫本(例如城市口粮供应已经提高,粮食收购量还未大幅度增大)这一段时期中,应付意外事变(如天灾,国际紧张局势)的经济力量不能不有某种程度的削弱。粮食后备和物资后备能够部分解决这个问题,按照"战略上藐视敌人,战术上重视敌人"这个原则,仍然要求我们选择意外事变发生可能最少的二三年,作为进行粮价调整这个战役的最有利时机,否则的话,就会变成政治上、经济上的冒险了。

(写于1964年,原载《顾准文稿》,中国青年出版社2002年版)

资本的原始积累和资本主义发展

一 《资本论》"原始积累"章和《共产党宣言》

1. 四十年前,在《资本论》思想指导下,加入了实际斗争的行列,但是系统地读《资本论》,十九年前才开始。这以后,曾经长期地作过一些由《资本论》引起的历史和哲学的探讨,没有重读《资本论》。感谢促进者,这一回又翻开了"原始积累"章,并联系地读了《共产党宣言》。

这一次重读,是发现了以前没有注意过的几点的:

第一,《共产党宣言》从阶级分析开始,那里所指的"资产阶级"是 burgher①,亦即法文的布尔乔亚(bourgeois),其实原意是"市民"或"市民阶级"。在那里,马克思和恩格斯分析了市民阶级怎样从他的卑微地位上升为统治阶级,这个过程当然就是资本主义成为统治的生产方式的过程。

第二,"原始积累"章是为驳斥"忍欲""节约"之类的谬论而写,其目的是要把资本主义的牧歌(可以译为田园诗)式的创

---

① burg 为市镇,burgess 为市镇人民,相对于乡村人民而言。黑格尔《法哲学》和《马克思恩格斯全集》第四卷以前各卷文章,"市民"和"市民社会"联称。细读《共产党宣言》第一章,可以知道这意义。恩格斯 1888 年所加附注,正是为了不愿意 burgher 再遵从往昔的广泛解释而加上去的。

世史①，还原为它的血腥的创世史的本来面目，所以着重写劳动者怎样从生产资料和产品的所有者，被剥夺成为从生产资料和产品异化出来的、一无所有、依靠出卖劳动力为生的无产阶级。

阐述的目的既然不同，论证的方法自然也不同，至于作者的立场当然是始终一贯的。

2. 然而，作者写成这两部伟大著作以后，终究已经过去一百多年了。后世的人，经历前辈所未曾经历过的事情；后世的人，对先前时代的历史知识当然也有某些新加的东西。所以，读这两部伟大著作，提出一些问题加以探讨，马克思和恩格斯地下有知，必定也会赞许，这是符合他们"为人类服务"那种严肃的精神的。特别是我们中国人，虽然今天面临的已经不是资本主义发展不发展的问题了，可是，一百多年来，中国从天朝上国下降到地下发掘出来的木乃伊的可怜地位，中国人对之记忆犹新。这一百多年中，中国人深深具有马克思当时对德国的那种感慨：我们为资本主义不发展所苦。这样，我们的探讨，就不仅仅是"无产阶级是怎样异化而成的"，它必然要涉及"我们历史上的异化是什么性质"，以及，如果这种异化不同于欧洲的话，"为什么不同"，"它是否使我们的苦恼更为严重"，等等。

这不过是历史的探索。历史的探索，对于立志为人类服务的人来说，从来都是服务于改革当前现实和规划未来方向的。因此，这个笔记的范围就不免要宽泛一些——也许是大而无当的。

---

① 现在的《资本论》中译本，有些地方似乎还值得斟酌。例如"原始积累"章之四，英译标题为 Genesis of the Capitalist Farmer, Genesis 套《旧约》的《创世纪》，有一种真实历史的神话的意思。中译为干巴巴的"资本主义租地农业家的发生"。此外，protestant 是新教，这是中国人习知的名称，直译应为"抗议教"。译者用日文外来语的方法译音，结果，无论和基督教有关系的、无关系的中国人，一概看不懂。"原始积累"一章涉及大量西方历史，译文似需进一步推敲。

二 "市民阶级"是欧洲文明独特的产物

1. "市民阶级"在欧洲文字中的语源，我没有考究过，也许这是中世纪以后才有的词汇，并不是从希腊拉丁文字传下来的。不过，马克思下列的几句话，显然承认市民阶级的渊源可以上溯到罗马和罗马以前：

> 资产阶级（市民阶级）……在一些地方组成独立的城市共和国（例如在意大利和德国）。①
> 在意大利……那些大抵是由罗马时代传下来的城市。②

其实上面的引证不免有些学究气，罗马共和国是城邦共和国，罗马时代意大利的各城市都有城邦式的组织，这是众所周知的事。中世纪中期，威尼斯、热那亚、皮萨、佛罗伦萨，这些商业共和国，或商业—手工业城邦，十足地承袭了罗马时代城邦遗风，这也是众所周知的事实。吉本（Gibbon）在他的《罗马帝国衰亡史》中还告诉我们，威尼斯在古罗马是海滨荒村，蛮族征服罗马的时代，许多富有的罗马人避兵乱到那里，它逐渐扩大起来，不过没有成为"世外桃源"，却发展成为一个借商业为生的城邦，以后变成一个足以左右十字军行动的、富有的、有强大的商船队和海军的、威力强大的商业共和国。城邦国家，商业城邦，这都是希腊、罗马的传统，其渊源远远超过中世纪，这是西方传统的一个显著特点。

我们中国人却往往忽略这个特点，并且只把这种渊源推到欧洲的中世纪，还接着来了一个非历史的类推：既然欧洲中世纪产生城市，产生市民阶级即资产阶级，这种马克思主义的普遍规律对于中

---

① 《马克思恩格斯选集》第一卷，人民出版社 1972 年版，第 252—253 页。
② 《资本论》（第一卷），人民出版社 1953 年版，第 905 页脚注 189。

国就应该是无条件适合的。因此,中国的中世纪也有资本主义的萌芽,倘若不是意外的历史事件打断客观历史发展过程,中国社会自己也能生长出资本主义来。

2. 这种非历史的观点,必须批判。

欧洲文明的传统,离不开希腊。希腊的社会经济类型,希腊思想,被罗马几乎全盘继承。蛮族征服,给欧洲文明打上了日耳曼的烙印,可是罗马传统通过基督教会大部分保存下来了。13世纪以后的文艺复兴运动(这是 Reminiscence 的意译。直译,干脆就是回忆往事运动。回忆什么?回忆希腊和罗马,尤其是希腊),更使被基督教神学掩盖掉的那部分——欢乐的、世俗的人生哲学,民主主义的政治哲学和具有强烈实证气味的理性主义学术思想,以新的面目恢复了它们的旧观。谁都承认,文艺复兴运动是世界近代化,亦即资本主义化的一个重要因素。

外国人承认这一点,随即肯定,迄今的西欧文明可以名之曰希腊罗马文明。中国人也承认这一点,可是他们目光所及,以中世纪为限,不再上溯到希腊罗马时代。种种误会,可以说大部分由之而起。所以必须略加叙述。

希腊人本来是北方的蛮族,他们来到希腊半岛和爱琴海诸岛屿的时候,开始也以务农为生。有些部族,所占土地肥沃,一直务农下去了,斯巴达就是其中之一。大部分部族,所占土地太贫瘠,几代以后,土地上的出产就养不活越来越多的人口了(最著名的是雅典)。可是爱琴海域海岸曲折,海域不宽,岛屿密布,周围又是一些早已具有高度文明的富裕的专制主义农业王国或帝国(埃及、巴比伦、波斯等),或者是已经相当开化的蛮族(北非的柏柏尔、欧洲的高卢、凯尔特、拉丁等),于是航海、商业(进一步兼及精制品的手工业)、殖民就成了他们的传统。

希腊人的特殊环境,使他们无须组成统一的民族国家来抵御外族,他们组成一个一个城邦,他们的政治基本上是民主的,当然是贵族中的民主。有过所谓僭主政治,有过斯巴达那样的特殊类型的尚武的集权国家，但从未建成同时代埃及、波斯那样的绝对专制主义的国家。

希腊时代的学术，有文法学、逻辑学、几何学。在中国人看来，他们很笨，一件事要打破砂锅问到底，一些不容怀疑的自明之事，他们要制成什么"律"、什么"律"的。例如，"甲是甲"，中国人从不再进一步考虑，他们却说这叫作什么"同一律"，并由此推出矛盾律、排中律之类，他们的哲学，考究宇宙论，如地水风火是宇宙的四大要素之类。中国也有，五行学说即是。不过他们从这里出发，期望对自然作出精确的分类，还引申出什么概念、判断、推理之类的逻辑学。中国人的宇宙论，不经过什么中介，立即应用到"正名定分""君臣上下"之道上去，要不然来一个庄子式的一切虚无，于是，实际生活，客观事物的考究，就被排除在士大夫的冥心思索之外去了……

希腊时代有些东西，在现代的中国人看来，惊人地"现代化"。希腊世界曾经团结起来抵抗波斯帝国——希波战争。战争胜利之后，立即开始了以雅典为首的一个集团和以斯巴达为首的另一个集团之间的长期战争，即所谓伯罗奔尼撒战争。历史学家修昔底德写了一部《伯罗奔尼撒战争史》（有中译本），翻开这本书，我们惊异地看到，由欧洲人带到中国、带到全世界的一套国际关系的惯例——条约、使节、宣战、媾和、战争赔款等鸦片战争前中国人不知道的东西，已经盛行于当时的希腊世界。这一套国际法权关系，只能产生于航海、商业、殖民的民族之中（罗马人几乎全部承袭了希腊传统。他们唯一的独创是法律，而这是近代欧洲"不可须臾离之"的东西）。

不过希腊罗马文明在东罗马帝国时代，却承袭得大大走了样。它的根干，在西欧虽有日耳曼征服的"遮蔽"，却和日耳曼精神混合得更向自由化走了一步。在拜占庭，它和巴比伦的东方专制主义结合，成了所谓东正教文明，其正干是今天的俄罗斯（拜占庭末代皇帝的女儿嫁给俄罗斯的基辅大公，俄文字母是东正教教士帮助创制的。俄国人说，罗马是第一个罗马，拜占庭是第二个罗马，莫斯科是第三个罗马，永远不会有第四个罗马。俄国人研究拜占庭历史最有兴趣）。拜占庭帝国的首都拜占庭，在中世纪初期，是西方唯一的商业发达城市。说起来，它和我们中国还有关系，因为它的商业的一大部分是通过"丝路"西运的丝绸转口贸易。这个帝国对于商业的态度和中国一样——当作帝国的摇钱树看待。它的朝廷奢华，国势衰弱，而皇帝特别装腔作势，显出无上的威仪。马克思十分鄙视这个帝国，称之曰"没落帝国"。

3. 在这里，宜于说说中国的城市和市民了。中国从来没有产生过商业本位的政治实体，而且也不可能产生出这样的政治实体。中国城市发达得很早，航海技术发达得也很早。春秋末期，吴出兵攻打齐，一路军队是从海上运去的。洛阳、临淄，是早期的大城市。中世纪欧洲的商业规模，从一些经济史文献可以看出，是十分可怜的。马可·波罗来到中国，对于当时的北京、杭州等城市的繁华，惊为天堂，而马可·波罗还是从威尼斯来的。拜占庭依靠丝绸转口贸易为生，而当时丝绸的唯一来源是中国。这就是说，中国从不缺少商业。陶希圣甚至断定，唐代的社会是商业资本主义性质。但是，中国的城市、市井、市肆，却从来都是在皇朝严格控制之下①，是皇朝的摇钱树，皇朝决不会允许商业本位的城市、城邦产生。

这是中国传统和希腊罗马—基督教文明传统的极大区别之一。外国人对此是不了解的，正如中国人不了解他们一样。最现代的一次误会，就是英国唆使广州的陈廉伯组织商团企图赶走孙中山。伦敦的商人，在内战中（17世纪）起过巨大的作用，甚至在滑铁卢战役中也是军队的骨干。在中国，谁要是听到商团要打天下成大事，那就是天大的滑稽了。

4. 欧洲中世纪城市的兴起，更和罗马传统的法权观念有关系。

---

① 参见刘志远《汉代市井考》，《文物》1972年第3期。

中世纪欧洲的城市，是一个摆脱了封建主和王朝的封建义务的自治体。它在法国干脆称作公社——Commune，共产主义的名词由此而来，巴黎公社的公社两字，也袭用了这个传统的名词。这种城市自治体的内部关系是：

> 13 世纪……（英国）大小不同的城市都已多少取得一点自治。城市现既然摆脱了封建的勒索，其主要目标是将它的商业掌握在它自己的市民手里。所根据的原则是，只有对本市的自由出过一分力的人才有分享它的特权：由于市民组成商业公会，这个目的达到了……
> 14 世纪末，伦敦市长只可由十二个大行会里选出。①

我没有把城市内部的阶级特权和雇工等的无权状态等文段摘录下来，我不是不注意城市内部的阶级斗争，我只是想指出，城市及其自治，是中国历史上所绝对不会发生的。东正教文明的俄罗斯沙皇统治下也是不允许存在的，一个苏联人写的《苏联通史》叙述过，俄国（大概是诺沃哥罗德）有过城市公社，不久就被帝国勒令解散了。

城市自治是怎样取得的呢？是赎买封建主的封建权利而得到的。莫尔顿说：

> （12 世纪末，第三次十字军兴起之际）需要额外的现款。这些款项的筹措方式不一，最重要的是向城市出卖特许状。……这些城市仍赖耕种它们的公地来维持，它们所以与周围的乡村不同，主要是因为市内土地保有权的条件有较为自由的倾向。然而，城市常要负担种种既无理而又苛刻的地租和赋

---

① ［英］莫尔顿：《人民的英国史》，谢琏造等译，生活·读书·新知三联书店，第 56—57 页。

税。城市渐渐发达，与领主们订立合同，约定缴纳一笔总款项，更常见的是，缴纳一笔年租，以免除它们的种种义务。要做这事，便不免给予一纸特许状，设立一个负责交租的团体。……

> 摆脱私人关系和私人服役制度的自治市"地方自治体"兴起了，结果形成了准备加入政界的新阶级……①

在中国，王朝兴军筹饷之事很多，但是决不会有出卖特许状，由此建立一个个"独立王国"式的城市自治体的可能。考究其原因，中国历史上的法，是明君治天下的武器，法和刑是连在一起的，法绝对不会和权连在一起。可是，取法希腊精神的罗马法，以及继承罗马法传统的欧洲法律，法首先和权连在一起。他们的封建制度，是具有严格身份等级的一种统治制度，可是，至少在统治集团之间，相互间的身份和关系，观念上认为是由契约规定的，法学家称之为"规定身份的契约"（Contract to Status）。中国，这类问题由简单的 16 个字加以解决，即所谓："普天之下，莫非王土；率土之滨，莫非王臣。"

正因为城市具有特别的法权，所以它有特殊的政治地位。《共产党宣言》说：

> 资产阶级（市民阶级）……在工场手工业时期，它是等级制君主国或专制君主国中同贵族抗衡的势力，甚至是大君主国的主要基础。②

原来，14—15 世纪，欧洲在彻底的分裂中兴起民族国家的时候，民族国家大半经过一段专制主义或开明专制主义的时期。可

---

① ［英］莫尔顿：《人民的英国史》，谢琏造等译，生活·读书·新知三联书店，第 59—60 页。
② 《马克思恩格斯选集》第一卷，人民出版社 1972 年版，第 253 页。

是，这种专制主义国家的王权，是依靠了城市来同分散主义的封建贵族斗争，才做到了国家的统一的。说老实话，我初读欧洲史，简直不知道这是说的什么。我们中国人只知道秦始皇、李世民、朱元璋或者蒙古人、满洲人带兵打仗，杀败旧皇朝和一切竞争对手，登上宝座。再深入一些，知道汉武帝打匈奴，缺钱，有著名的"杨可告缗"，征收财产税，对象主要是商人，结果是"中人以上家率破"；知道秦制，戍边发谪吏、有罪、有市籍者、父母及大父母曾有市籍者；知道"三年清知府，十万雪花银"。哪里知道城市可以花钱买特许状，取得自治权利，登上政治舞台，成为民族国家建立过程中支持统一的基础！

罗马法权传统，国家是建立在公民权利基础之上的。欧洲各国现代诉讼法中，个人或法团可以成为诉讼的一方，其另一方是国家。个人权利，在理论上是受到法律保障的，国家不得随便加以侵犯。固然，这不过是纸面上的保障，然而纸面上的保障也是世世代代斗争结果的记录。固然，这是特权阶级的权利，可惜，在中国，在皇帝面前，宰相也可以廷杖，层层下推，什么"权利"也谈不上。所以，马克思讥讽中国是普遍奴隶制——当我们读《家庭、私有制和国家的起源》，读《国家与革命》《法兰西内战》，看到其中强烈谴责凌驾于人民之上的国家的时候，千万不要忘掉，马克思他们是在什么历史背景之下写作的！

5. 我们有些侈谈什么中国也可以从内部自然生长出资本主义来的人们，忘掉资本主义并不纯粹是一种经济现象，它也是一种法权体系，法权体系是上层建筑。并不是只有经济基础才决定上层建筑，上层建筑也决定什么样的经济结构能够生长出来或不能够生长出来。资本主义是从希腊罗马文明产生出来的，印度、中国、波斯、阿拉伯、东正教文明都没有产生出来资本主义，这并不是偶然的。

应该承认，马克思生长于希腊罗马文明中，他所认真考察过的，也只有这个文明。中国不少史学家似乎并不懂得这一点。

三　有了市民阶级,并不必然从中产生出资本主义来

1. 既然市民阶级渊源甚古,又,既然希腊、罗马的城邦并未产生出资本主义来,那么,从这一条,就可以得到本部分题目的结论。架空一点讲,商业资本主义并不是资本主义的同义语,这是马克思再三论证过的。何况,中世纪城市的特点是行会制度,它不是大量生产的,不是合理经营的,它对经营规模是限制的而不是努力扩大的,它对行东、帮工、徒弟施加一种封建式的身份限制,所有这些,都使中世纪的市民阶级 burgher 迥然不同于现代的资本家 capitalist,这一点,《共产党宣言》也有所论述。

不过,《共产党宣言》着重指出的是资产阶级的凯旋行进。《共产党宣言》并没有指出那些落伍者,为了说明"市民阶级,并不必然从中产生出资本主义来"这个命题,我还想列举一些向资本主义进军中"市民阶级"的落伍者。

落伍者第一号是意大利诸商业城邦和商业共和国,威尼斯、热那亚、皮萨、佛罗伦萨等。这些城邦共和国,曾经为现代资本主义举行过奠基礼:现代银行和国际汇兑制度发源于此,复式簿记发源于此,近代物理学和实验科学滥觞于此。它还是文艺复兴的故乡。可是,地理大发现以后,它们衰落了,那里的市民又返回到农村经营起园艺式小农业来了。可以把此事解释为航海殖民的中心转移到大西洋海岸,地处地中海的意大利不适宜再成为中心。然而,16世纪上半期西班牙霸权的崛起,囊括新大陆的移民和贸易,扩大疆域及于整个欧洲,甚至意大利也沦为它的领土,看来与它们的衰落也不无关系。那么由此推出这样一个结论,也许有些道理:仅仅经济上的优势,而没有强大的军力和适当规模的民族国家来保障这种经济上的优势,那种商业城邦是发展不出资本主义来的。

类似的例子是汉堡、不来梅和卢卑克等北欧商业城邦组成的汉萨同盟。12—13世纪及以后,它也曾煊赫一时,甚至当时波罗的

海最强大的立陶宛——波兰王国也向它借债，仰它鼻息，可是到15—16世纪也衰落了。我手头贫乏的文献中，找不到任何解释汉萨同盟衰亡的资料，推测起来，意大利诸城邦衰落的原因，也许也适用于它。

第三个例子是西班牙诸城市公社。西班牙首先发现新大陆，征服拉丁美洲，掠夺大批金银回来，并且由于这些财富，使得不久前从反伊斯兰哈利法的民族解放斗争中崛起的西班牙王国，成为欧洲最强大的国家。可是，这一航海、商业、殖民的伟大成果，在资本主义的发展上竟毫无着落。原因何在？我摘录一段文献：

> 西班牙在16世纪初……存在着大量的自由城市——公社……等级制的国会依旧保留极大的意义。……1519年卡斯提腊国会向国王宣称："陛下，你要知道，国王只是领俸给的国家公仆。"……1520年春，卡斯提腊国会对查理提出……（一）（国王）不许离开卡斯提腊（那时查理的西班牙，领土遍布全球，1519年兼德国皇帝）；（二）禁止黄金出国；（三）撤销外国人的高级官职。查理拒绝了这些要求。……1520年6月，在卡斯提腊爆发起义……主要动力是公社城市……1521年起义失败……查理五世与城市分裂，并和上层贵族联盟。……马克思说："西班牙……贵族政治虽然已趋于衰落，却没有失掉它危害性最大的特权，而城市虽已失掉它中世纪的威力，却没有获得现代的意义。"①

总而言之，野心勃勃的皇帝要世界霸权，把城市当作金鹅，并且还杀鹅取蛋，以致城市既失掉它中世纪的威力，又不具有现代的意义。于是西班牙就此一蹶不振，而航海、商业、殖民，对它来说

---

① ［苏联］谢缅诺夫：《中世纪史》，叶文雄译，生活·读书·新知三联书店1956年版，引马克思语，见《革命的西班牙》。

竟毫无收获——除今天拉美各国说西班牙语以外（不包括巴西，那是说葡萄牙语的）。

以上三例，都是产业革命以前的。列举它们，无非说明，市民阶级在转化成为资本家的路途上并不都是成功者，有许多倒下去了。也说明，商业城市，唯有在合适的政治权力和强大的武装保护下才能长出资本主义来。可是，如果政治权力和军事力量只以城市为取得征服扩张的财源之所，而不保护它成长的话，那也是长不出资本主义来的。后面这一点，中国人应该是懂得最多的。

2. 跟着西欧编年史往下数，数到17—18世纪的时候，就不免接触到产业革命，并且要问产业革命的背景何在，它何以发生于英国？可是这样一来，就接触到一个问题，究竟我们怎样给"资本主义"下定义？

我本人，作为一个中国人，对于资本主义有一种先入为主的观念，那是指私人所有的，以牟利为目的，采用机器生产和合理经营方法的那种生产方式。我不敢代表全体中国人说话，不过我分析我这种观念的来源，不外：①工场手工业，咱们中国古已有之，不足为奇；②使中国人震惊于资本主义的威力的，最初是船坚炮利，后来是它的"商战、学战"的威力（我还清楚记得，我的母校——留云小学的校歌，开头的几句是："滔滔黄歇浦，汲汲竞争场，商战学战较短长。"我学会唱这歌，是在1922年，五四运动后的第三年）。究竟这种先入为主的观念对不对？

我也对马克思对资本主义的定义做过多年的探索，我发现，他的定义，集中在一点上：资产阶级是指占有生产资料并使用雇佣劳动的现代资本家阶级。

这就是说，凡不是以行东帮工的关系处理雇佣关系，而以雇佣劳动方式，即"无情地斩断了把人们束缚于天然尊长的形形色色的封建羁绊……使人和人之间除了赤裸裸的利害关系，除了冷酷无情的'现金交易'，就再也没有任何别的联系"的方式处理雇佣劳动的，是资产阶级，不论那是工场手工业、农业，还是机器大工业等。马克思所以采取这样的定义，显然是因为他悲叹丧失了生产资料的劳动者，被他自己的劳动所异化了——这是他的根本哲学命题，是他的社会主义革命学说的出发点；是他坚决主张，社会主义不再存在商品关系（这是他称之为拜物教的一种关系）和价值范畴的原因。现在读"原始积累"章，看到他从"农民土地的剥夺"开头，看到他把鸟一样的自由劳动者的存在作为资本主义创世纪的唯一或几乎唯一的必要条件，在理解了他的学说的"发源地的秘密"（这是马克思在他的《经济学—哲学手稿》中评论黑格尔的用语）之后，就不难理解了。

可是，坦率地说，1954年我初次系统地读《资本论》的时候，我对这一点是不懂的。我从字面上理解"自由劳动者"的存在是资本主义创世纪的秘密，我把它对照中国的历史和现实，我发现，历史上中国从来不缺少这样的自由劳动者——那些没地种、没饭吃、铤而走险、当土匪，或者成了朱元璋兵士的农民，难道不是这样的自由劳动者吗？这种自由劳动者也曾经成为手工工场的劳动者，范文澜《中国通史》序言就曾经引证过一些材料。为什么中国没有成长出资本主义来？

也许，上述自由劳动者的存在，是资本主义兴起的原因，这一理由对于劳动力缺乏、土地资源相对丰饶的欧洲，是确实的（11世纪，英国人口不过200万人，同时期的中国，在5000万人以上）？也许，对于开辟了广大无垠的殖民地的、地理大发现以后的欧洲，这是确实的？后来我想想，这种确实，也不过是程度上的问题。因为如果它们的人口确实如此不足，就不会有逃亡到城市里因而获得自由的农奴了。就历史现实而论，其他的因素更为确实。所谓其他因素，《共产党宣言》所指明了的，有航海、商业和殖民所扩大了的市场，蒸汽机和机器的发明。我想再补充几点，那都是对照中国状况，似乎不得不补充的：法权体系和意识形态所决定的、国家的商业本位的根本态度；欧洲古代，加上经过文艺复兴积累起来的科学技术①；合理经营（包括复式簿记）②的知识；宗教革命，尤其是16世纪英国宗教纠纷中对天主教的深刻憎恶所激起的崇尚节俭积累的清教徒的上帝选民的意识。如果这几条是合理的，那么，蒸汽机之类的发明应该归到科学技术这一条概括性更宽的条目中去，这一点，在一百多年以后的我们看起来，应该是不成问题的。

3. 经过以上考虑以后，我不免要以中国人的狭隘性，坚持我的资本主义定义了。我的理由还是狭隘的中国人的立场。18世纪末期产业革命以前，欧洲通过航海、商业、殖民确实大大扩大了它的地盘，它在文化上已经有牛顿、莱布尼茨、康德、休谟、洛克、杜尔阁；它已经征服了印度尼西亚、菲律宾，并且开始征服印度，美洲就更不用说了。英国已经有了国债券，有了英格兰银行，有了许多殖民公司。但是当时进步的欧洲对俄国、土耳其、中国，还没有显出压倒性的优势，相反，那时中国状况和中国知识开始为欧洲人所知道的时候，他们对此还十分歆慕③。欧洲文明的潜在优势那时固然已经十分明显，不久就要体现为强大的物质力量，但是，在产业革命以前，也就是在它还没有实现强大的物质力量以前，它还不足以风靡全球，还不足以使"各民族都在灭亡的恐怖之下""变法自强"。

我这个狭隘的中国人的想法，从世界史的角度来衡量，也许并不算是狭隘的。希腊罗马文明，其实自古以来不过是世界上几个大

---

① 科学技术知识的发达，是因素之一，怎样强调也不为过。南齐祖冲之的数学著作，竟然在唐代失传了，因为没有人看得懂。礼教下的中国，这类学术的成就，必然是要湮灭的！

② 桑巴特认为复式簿记的发明，其伟大可与血液循环相比。日本明治维新时代鼓吹现代化最有力、影响最大的通俗思想家，亲自翻译过复式簿记的书。

③ 现在电子计算机的二进位法，是莱布尼茨知道了八卦以后，得到启发而发明的。魁奈的重农主义，被马克思誉为资本主义福音，是中国康熙皇帝的政绩，是中国的重农抑末传统传到欧洲以后发展起来的。

第一次刊于《未定稿》（中国社会科学院写作组）第39期，1979年9月28日；《社会科学》，上海社会科学院1981年第5期。

文明系统中的一个，其他文明，例如中国文明，有过十分灿烂的成就，直到产业革命以前，世界历史并未证明希腊罗马文明的优越性。后代的我们，可指出它的法权体系、思想体系是其后来强大物质力量由以长成的基础，但是当它实现强大的物质力量以前，它还没有证明它自己优越的证据。假如我们把资本主义和希腊罗马文明两者间的关系弄得十分紧密的话，我们未始没有理由把资本主义定义为产业革命以后那种现代化的生产方式和生产关系，而把产业革命以前的工场手工业，有组织的金融方法，规模十分宏阔的航海、商业、殖民，都看作现代化资本主义的准备阶段。

4. 如果我们这样定义也还有几分理由的话，我想进一步探讨，现代资本主义何以发源于英国？

理由不外是上面所举的那些。复述一下：

首先，就历史背景而言，那时的英国承受了古代及通过文艺复兴所积累起来的全部科学技术、合理经营知识，承受了16世纪航海、商业、殖民的全部有利后果。并且，因为英国本身的特殊条件，还发展了这些有利后果。

其次，所谓英国本身的有利条件，有：第一，它组成了一个统一的王国，力量足以保护它的商业利益的扩张；这个统一的王国还以保护它的商业利益的扩张为基本国策（可与上举西班牙相对比）。第二，这个统一的王国进行了异常的殖民扩张，但是它不是以建立一个罗马式的或拿破仑式的大帝国为目标；它的殖民扩张重在夺取东一点、西一点的通商据点，而不是成片占领；它确实有成片的白人移民的殖民地，即北美。不过，那是古代希腊式的殖民地——对母国具有相对独立性的殖民地。

再次，它在航海、商业、殖民扩张初期，虽然也利用了个人冒险的私掠活动（打败西班牙的无敌大舰队，这种私掠式的海军起了十分巨大的作用），基本上采取富于商业冒险精神的贵族所组成的垄断公司（东印度公司、南海公司等），可是，产业革命却不是这些垄断公司的业绩，而是撤销垄断后，由清教徒的市民来完成的。这主要表现在机械纺织业的勃兴上,恩格斯的《英国工人阶级状况》一书可以为证。

这是国家采取商业本位国策的又一证明。19世纪中期,穆勒的书中,十分强调一切营业性事物都绝不宜由政府来办。这其实是17—20世纪基本态度。以此与中国汉代开始的盐铁国营及其后连绵不绝直到清代的食盐官卖,广州十三行是皇商的传统相比(其实,中国在远古的商代,手工业就是"国营"的),可以更加突出地看出它的特点。

最后,产业革命后,英国进行过多少次战争。以拿破仑战争为例,英法两国在战争中的经济政策形成了鲜明的对照。拿破仑在经济上控制一切私商,要他们为帝国效劳,他要金蛋,只是不杀掉金鹅。拿破仑禁绝出版自由,只准有御用的立法团。英国则放纵资本家无限制剥削童工(资产阶级的西方史家至今还以此为历史的羞辱),用公债来搜集所剥削得来的剩余价值(用公债搜集战费,当然有利于资本的积累,拿破仑的政策的结果是相反的),以收买大陆上的王侯和拿破仑作战,它自己基本上只用海军力量作战,只打了一次滑铁卢战役,那已经是"做结论"的时候了。英国的这种态度,在拿破仑战争以前(亦即产业革命以前)的历次战役中都一样,如反对西班牙帮助荷兰解放之战,反对路易十四之战,等等。

其结果:英国的对手,采取大陆主义,王朝本位政策的,虽然所继承的历史遗产都相同,却无一例外地抑制了发展。而在英国,每一次战争都是财神的胜利,最后是18世纪晚期的产业革命。

我这样絮絮叨叨地讲历史,无非想说明:在英国产生出资本主义来,是多种因素共同作用的结果。任何单独一个因素都不能达到这种结果。商业本位国策,荷兰有过,产业革命未发生于荷兰。文艺复兴以来的各种科学技术成就,是许多欧洲国家的共同遗产,而产业革命只发生于英国一国。强大的王权,法国和英国一样早,产业革命却未发生于法国〔固然,法国大革命是一个因素,不过,路易十四时代的科尔贝（Cobbert）主义，即国家出资办国营手工工场，也是发展不出产业革命来的]。航海、商业、殖民的扩大所造成的市场扩大，是欧洲诸国的共同利益，唯有英国才促成了产业革命。

"产业革命是多种必要因素共同作用的结果"这个命题如果是真的，那么由此可以推出一系列命题：

（1）历史地来说，会发生产业革命是必然的，但发生在什么地方，什么时候，却是历史事变凑合的结果。如果历史事变没有这样的凑合，它可以推迟。推迟几百年，在历史上不算一回事。

（2）它只能发生于出现了这样的凑合的国家内。由于这种凑合的机会并不是在所有国家都可以随随便便发生的，所以，它注定要发生在一国内，然后传布于世界——产业革命本身的史实证明了这一点，它是由英到法，到德，到美，到俄，到日，这样传布的。

历史上任何重大的、足以改变人类命运的变革，都是这样发生和传布的。

（3）在具备了所有必要条件中好几项的国家，如英国，产业革命后接受产业革命迅速；而具备条件愈少的国家，接受愈迟缓，接受的方式也显出大大小小的差异。

接受方式，可以分为法国型的，德日型的，美加澳新型的，沙俄型的，以及印度、中国、土耳其、埃及型的，等等。到 20 世纪以后，就不再纯粹是接受资本主义的问题，而成为一个更广泛的"现代化"问题，可以有资本主义道路的现代化，也可以有社会主义道路的现代化，还有 20 世纪 50 年代以后"新兴国家"的特殊样式，等等。

（4）由此可以推论，认为任何国家都必然会产生出资本主义是荒唐的。特别在中国，鸦片战争和英法联军敲不醒，1884 年的中法战争还敲不醒，一直要到 1894 年的中日战争猛敲一下，才略欠伸，到庚子、辛丑才醒过来的中国，说会自发地产生出资本主义，真是梦呓！

附带说说，对于明末资本主义萌芽之说，梁方仲的《明代粮长制度》委婉地列举证据加以驳斥过。此书论证细致，搜集材料丰富，篇幅不大，倒是值得一看的。

（5）最后，想说一下"忍欲""节约"与清教徒精神问题。清教徒精神，确实是资本主义的精神动力，其间，并不仅仅是"节约"和"忍欲"，还要加上：①不是仅仅为了传子传孙，永葆富贵，甚至有100亩田就教会儿子抽鸦片以图保产的那种"节约"，而是冒险精神、事业精神，企图在一个领域里打出一个天下来的那种事业精神。熊彼特曾引北欧航海家庭的门侧题词来说明这种精神："航海是必要的，生命是其次的。"②"上帝的选民"的意识，换句话说，就是要以自己的世界观来改造世界的那种宗教精神。以上几种精神，互相结合，可以表述为崇尚个人才能，力主个人权利神圣的"极端个人主义"。这是路德—加尔文宗教改革以后，经过一系列历史事变激荡出来的精神面貌。它支持了美洲的拓荒者（Pioneer Fathers），支持了克伦威尔的革命，形成了商业事务中的骑士精神。

马克思虽然反对"忍欲""节约"之说，可是他对于这种清教徒精神对资本主义发展的推动力做过充分的估计，不过，没有也不会写到《资本论》里去而已。《资本论》全书要论证剩余价值的非正义性，当然不会说到这一点。而清教徒精神事实上也是17—18世纪的产物，到19世纪西尼耳提出"忍欲"之说的时候，资本家老早是世传的"贵族"，不是凭个人奋斗出人头地的人物了。马克思对清教徒精神的估计，散见其他著作，也没有做过正面的赞赏。马克斯·韦伯得到马克思的启发，写过一本《新教伦理与资本主义》，我仅知书名，没有读过。

应该承认，这是资本主义的精神支持。没有这种精神支持，资本家哪里会有创事业精神，哪里敢和贵族王权抗衡。其实，即使在这种精神支持下，19世纪英国资本家还是甘愿让贵族出头露面——当首相，当将军与外交官，他们自己还甘愿在政治上当配角。这样看来，在重农抑商历史传统下的中国商人，绝不敢要求政权，就不足为怪了。

不过，"忍欲""节约"之说，迄今还是西方经济学家持以为"股息""地租"是合法权利的凭据，这却应该严厉反对。西方进步经济学家，虽非马克思主义者，对此也持否定态度。

四 余论

1. 资本主义靠原始积累起家，其初期内部剥削十分严重，这是无可辩驳的事实。资本的每一毛孔都在渗出血污，这么说是毫不过分的。不过，随着这种剥削积累形成的生产力的逐步发展，工人生活水平必然逐步提高。恩格斯19世纪80年代重版《英国工人阶级状况》时所写的跋，描写了40年间英国工人生活的变化，这是上述命题的第一次历史证明。到20世纪初期，这种历史证据似乎还嫌不足，所以列宁认为，这是英国垄断资本对殖民地超经济剥削所形成的特殊现象。60年后的今天，已经有充分的证据，证明这是普遍规律了。

其实，资本主义从英国向各国传布的过程中，这种普遍规律还成为后进国家得以发展资本主义的动力之一。这就是说，先进国家随资本主义的发展而提高了它们的工资水平，后进国家的低工资水平使它们的物价便宜，竞争能力强，积累率高。19世纪70年代以后德、日两国资本主义的迅猛发展，是一个重要因素。罗素曾经指出，那时德国大学化学系毕业生每月工资"不过"70美元（按当时英美水平大概算是低的，我们现在看来则高不可攀了），这是德国化学工业很快独步世界的原因之一。

附带说说，德、日两国都在兴起之际取得一宗赔款（德国从普法战争，日本从中日战争），这对它们的发展起过很大作用，不过比英法两国在二三百年间海盗式的商业和殖民掠夺所得，到底要少得多。它们的积累大部分得自内部来源，它们还没有 19 世纪初期英国童工那样的惨剧，俾斯麦还创立了世界上第一个劳动保险制度（那是为了取悦工人，抑制资产阶级攫取政权，推行皇朝本位政策）。日本对中国的侵略，我们迄今记忆犹新。不过"二二六"事变的原动力是少壮军人，他们所代表的是未能在收入较高的现代工业中就业的农村居民，少壮军人的口号是打下满蒙，殖民满蒙，来解决他们的问题，这是武士道精神，不是资本主义精神。经过一次战争，日本充分利用了人力资源丰富、工资水平低、技术教育普及的优势，来了一个 20 年的"神武景气"，工资水平差异这个因素的作用就显得格外明显了。

工资差异的另外一个因素来自资本主义发展的另一种类型——美加澳新型。其特点是广阔无垠的新土地，家庭农场的大农经营（事实证明，这种家庭农场类型的大农经营，比英国的资本主义大农场更加有力。读《资本论》"原始积累"章，关于资本主义租地农业家的创世纪这一节，必须不要忘掉这件事），造成高工资的底子，它促使工业一开始就不能不实行高度机械化，产生了福特主义、泰罗制度、产业合理化等一套古老的资本主义国家所未见过的东西，这自然在资本主义体系中激起反应，使资本主义世界的技术水平、工资水平发生一系列的变化。

不管怎样，总之，资本主义发展提高了工资水平，而不是压低了它。要对此进行合乎事实的理论分析，还可以说许多话，因为前面已经说到过，这里就从略吧！

2. 资本主义的发展提高了工资水平，这是事实，是否认不了的。有人闭着眼睛说瞎话，在说"绝对贫困化"，这是违背事实的，甚至不值得批驳。

这也是对马克思的歪曲。①马克思本人，分析过绝对剩余价值，以明显的文句，分析过工人物质生活即使逐步提高，相对而言，他们还是越来越贫困化了。马克思本人，没有直接说过什么绝对贫困化。②马克思本人，指出工人的工资，由其必要生活资料的价值所决定。但是，他所说的必要，显然是弹性的，换句话说，是水涨船高的。马克思本人，如果认为工人生活水平会从资本主义发轫之初的一般平民生活水平逐步下降到"收租院"的水平，他还能是马克思吗？③马克思的贫困化理论，和他在哲学上坚持无产阶级是从自己的生产资料和产品异化出来的残缺不全的人的观点密切相关。从这个命题出发，资本主义不消灭，社会化的生产资料和社会产品不回到社会化的人手里，这种异化不会结束。即使他们吃得也许好些了，但总是处在可悲的贫困状态中。不管我们对于马克思的异化理论采取什么态度，总之，不了解他的这种理论，也就不会理解他的贫困化的理论。

现在人们絮絮叨叨地谈绝对贫困化，正和不谈佛教寂灭哲学，却念南无阿弥陀佛，不谈圣保罗的原罪和救赎哲学，却跪在圣母玛利亚像前祈祷一样。这种现象必然会有，可是不必去争辩。

3. 不过，在指出资本主义工业发展必然提高工资水平这个普遍规律的时候，必须同时指出一个极为重要的问题：这是一个长期的过程，而且要靠职工运动的斗争。还有，在资本主义发展初期，职工运动不易发展起来；即使发展起来，提高工资的要求也只能逐步发挥作用。一句话，资本主义发展初期的贫富不均现象总是突出的。

理由何在，不难找到。要通过资本主义来现代化，必然要鼓励事业精神和牟利动机，必然要把资本主义的积累看作人类的福音。可是，资本主义把社会积累"委托"给资本家。这种积累，资本家有权无限制地加以动用，即使他"忍欲"了，这份积累还可以变成坐收利息不劳而获的特权。这必然要鼓励他一方面实行无限制的剥削，另一方面把个人生活搞得穷奢极欲。事实上，现在世界上一切新兴国家的现代化，都面临这么一个大问题。人类比200年前聪明一些了，残害儿童已经不能忍受了，所以，新兴国家怎样现代化，资本主义老路走得走不得，已经成为一个严肃的问题了。

不过，我们也不要以为我们的问题全已解决。清醒地看到问题所在，知道我们已经解决了什么，哪些没有解决，哪些走过了头，实事求是，而不是教条主义地对待客观实际，我们国家不久就会在经济上雄飞世界……

（写于 1973 年，原载《顾准经济文选》，中国时代经济出版社 2011 年版）

帝国主义和资本主义

一　美帝国主义在 20 年的较量中退却了

这个命题，看起来是确定无疑的。朝鲜战争和越南战争，较量的双方，实质上是中美两方。经过较量，美国丢掉了世界霸权，号称为"丰裕社会"（加尔布雷斯 Galbraith 一本书的书名）的第一号资本主义国家，其实经不起国内消费增长和大量军事费用的双重负担，于是退却了（加尔布雷斯那本《丰裕社会》的主旨，正是企图证明，资本主义发展到了现在，用于军费的，实际上还少于用于个人消费的。这无异说，它经得起双重负担）。

二　战后是帝国主义全面退却的时期

不过退却的并不是美帝一家。一切帝国主义都退却了。丘吉尔吹嘘他不当大英帝国的清算人，他事实上真正当了清算人。纳粹完了，大英帝国也完了。法国也完了，而送了法帝的终的戴高乐（关键在于从阿尔及利亚撤退；法共还不主张撤退呢！）成了拿破仑以后法国第一个伟人。

帝国主义完蛋是悄悄地完了的——没有什么大规模的殖民地革命战争，例如 1776 年的美国独立战争。唯一的戏剧性的一幕是 1956 年英法联军打苏伊士。那一次，纳赛尔露了一手，战绩比"以色列进攻的六天"要漂亮得多。不过并不是纳赛尔真正打赢了英法联军。那一回，美苏两国都表示支持埃及，反对英法进军。那一回对中国有很大的震动，真正使我们懂得帝国主义是纸老虎的，不是朝鲜战争，而是塞得港（Port Said）。

三　新殖民主义和老殖民主义

因为美国反对英法联军的塞得港之役，也因为其他原因（主要是美国原来并非古典意义的殖民国家），所以美国不被称为老殖民主义，而被称为新殖民主义。

新殖民主义的定义不容易用一句话说清楚。用美国这个国家的"殖民利益"来说吧，它有在拉丁美洲诸国的巨大的投资，巨大的农产品和矿产，包括石油的供应来源，那当然也是它的市场，还有一个巴拿马运河特区。拉丁美洲是它的后院，除此而外，它还有遍布全球的军事基地，它事实上占领了日本和中国的台湾等。

略微分析一下，可知这个新殖民主义主要可分为两项：

A. 列宁的《帝国主义论》所指的帝国主义的，或者可以称之为经济帝国主义的利益。

B. 并非属于经济帝国主义性质的一种权势，用我们的"霸权"这个词称呼它比较适宜。

不过，再进一步分析我们可以发现，以上这两种"帝国主义"，其性质较之 50 年前都大大地变化了。

四　经济帝国主义的变化

先来看看经济帝国主义。

50 年前，大英帝国号称"日不落"的国家。当时它的殖民地可以分成两种类型，一是白人移民的自治领；二是有色人种地区。前者的经济是现代化的，英帝国和它们的关系，基本上是平等互助的，没有什么超经济剥削。有色人种的殖民地确实给它提供了超额利润——印度所提供的，还不止超额利润，印度的行政、税务等都是英国人借以发财的地方。往前推一点，19世纪中叶及其前，英国在印度发财的人数之多，以致造成一个专门名词"英印富翁——Nacol"。19世纪后期起，英国大量资本输出，以致英国国内的工业装备落后于德、美诸国；第二次世界大战以前，英国总是入超，但是它的航运、保险、金融和海外收入，足以抵消它的入超。

奇怪的是，19世纪下半期起，英国日益从自由主义转向帝国主义，它国内的工人运动却日益稳步地壮大起来，以致到1924年竟能成立起来第一次工党内阁。帝国主义和工人运动并步前进，确实是历史上的奇迹。

列宁的《帝国主义论》就是在这种背景下写出来的。

现在经济帝国主义也有了很大的变化了。

五　罗马帝国的比喻

列宁的《帝国主义论》的末尾——结论部分，不知道罗马史是不易读懂的。为此，插入一段这方面的叙述，也许是必要的。

罗马是一个直接民主的城邦国家，它的统帅由执政官兼任，执政官是民选的。公元前500年左右，经过多次作战，人家打它的危险没有了，于是开始了连续四五百年的征服。先征服意大利全境，然后和迦太基苦战，灭亡了迦太基，把西班牙、法国、不列颠、多瑙河以南的中欧和巴尔干、小亚细亚、北非、埃及、叙利亚、伊拉克先后都征服了。征服中造成了大量的奴隶主。不过，原来的罗马公民，仍是有选举权的公民。这些公民不可能全部成为地主和奴隶主，而在共和国的中期和末期，罗马也曾有过轰轰烈烈的民主运动，为这些贫苦的公民争取"理所应得的权利"。开始，争取的目标在于合理分配土地，不过当奴隶愈来愈多，而被征服的土地（都分别建成了行省）的廉价的粮食涌到罗马的意大利的时候，粮食农业变得存在不了，自耕农也变得存在不了了。分配给贫苦公民的土地转售给大地主，而地主庄园也日益用于生产橄榄油、果品和牲畜业（奴隶种植只能干这个；西罗马灭亡，意大利又要粮食自给的时候，奴隶的后代逐步变成有自己的经济，生产粮食的自耕农或佃耕的依附农）。但是"民主运动"没有停止，不过，目标逐渐转向由国家给"公民"廉价粮食，最后是免费发给粮食，还要加上节日观剧津贴之类的现金补助。

公民们的权利还不止于此。共和国末期，即恺撒和恺撒以前的短时期内，执政官候选人是统帅。统帅，按照罗马法，有权把战争中的虏获据为私有财产。既然候选人是豪富，而"民主原则"还存在，于是竞争的候选人大规模地"贿"买选民——不是抬轿子式的贿买，硬是凡有选举权的公民都有好处可得——这是一种群众性的贿买。

到这一步，"民主"不得不寿终正寝。共和国完了，继起的皇帝不要选民投票了，公民也成了驯顺的臣民。

不过，"无产阶级"这个词倒确实是共和罗马传下来的：Proletariat 是个拉丁字，意指无财产的公民。

六 "帝国主义是垂死的资本主义"所指何事

由此可知，"帝国主义是垂死的资本主义"这个命题，是指：

（1）帝国主义本国，不复是基本的工农业生产国家。它只生产奢侈品。正如罗马和意大利不再生产粮食，而只生产橄榄油、果品和牧畜产品一样。它靠剥削殖民地过活，正如罗马当时靠剥削行省（罗马的行省太守剥削行省是十分可怕的）过活一样。

（2）帝国主义国内的无产阶级，将要堕落到罗马的 Proletariat 那样，免费供给、寄生、腐化。

（3）文化上、技术上、科学上的没落，当然更是必然的。

（4）当年，罗马产生过一批金融资本家，他们借款给行省当太守和财务官的人,利息极高,但是偿还是有保证的。帝国主义国内财政资本的统治,又是和罗马的事例相类似的。

七 近代经济帝国主义走了一条不同于罗马帝国的道路

近代的经济帝国主义走的路,历史证明不同于罗马。

(1) 确实,19 世纪下半期起,英国迷恋于殖民主义。在德、美等国工业突飞猛进的时期,它国内的生产落后了。可是这件事的另外一个方面,恰恰是德、美等国工业是现代的,而它们则是不平衡发展中的新兴帝国主义国家,它们之超过英国,早在 20 世纪 20 年代已是既成事实。这件事,证明工业、科学、技术是一个帝国主义国家所不可或缺的。迷恋于殖民主义的英国,战后(50 年代以后,事实上是帝国主义被清算以后)懂得了这一点。它虽然发展速度不如德、日、法、意,可是在重新装备工业,努力发展技术之后,终究也赶了上来。而且,工人运动的传统,使英国获得了福利国家、"社会主义"国家(我们是被称作"共产主义"的,英国被称为"社会主义",是因为它的国营经济已及于铁道、保险、煤矿、钢铁等部门)的称号。

(2) 它们的科学技术并未衰落。这已是众所周知的了。费正清对比美国和中国之后,再三嘱咐美国要继续在"创造性、自主性"的学术方面领先。田中的《日本列岛改造论》提到日本要努力发展第三产业。事实上,那些"帝国主义"国家都在朝这个方面努力。1929 年大恐慌之后,美国工程师帮助苏联建设马格尼托哥尔斯克,慨叹美国装备陈旧了。可是,早在 20 世纪 50 年代,美国西欧都在用尽办法奖励应用新技术,加速折旧可以免税就是一种奖励办法。现在,装备陈旧的不是它们了,反而是苏联了。

(3) 丢掉殖民地,减少甚至消除国防费用的负担,成了急剧发展经济的先决条件。原因是,现在,保持殖民地,在普遍革命气氛下面,镇压费用,超过非经济的剥削了。原因是,巨额国防费,使工业投资受到限制。

可是这样一来,经济帝国主义势必被"新殖民主义"所代替了。

于是,罗马帝国的那种前途,被事实所彻底否定了。

八 新殖民主义的特色

前面分析过美国的新殖民主义。美国的,也是其他国家的,其特色何在?也还可以略指一二。

(1)新殖民主义的经济侧面,现在是以"和平的"国际法的财产权利和自由贸易为其特征的。从前的炮舰政策基本上是失败了。阴谋是有的,例如中东的复杂局面。炮舰外交也偶有此例,如不久以前的多米尼加。不过,肯尼迪终究没有大规模入侵古巴,而自塞得港以后,炮舰政策已经为国际形势所不许。于是,出现了50年前所没有的石油输出国联盟那种组织。利比亚100多万人口,每年20亿美元石油收入,50年前是神话。

(2)霸权,是极其费钱的。美国在越南花了1000亿美元以上。在其他事例中,争夺霸权要用经援、军援去换。20世纪30年代宋子文借5000万美元棉麦借款,成为国际上,尤其是中国国内的大事。现在印度欠的外债,美国的与苏联的,不下几十亿美元。50年前,这是不可思议的。

(3)出现了一个联合国。联合国的经社理事会,"关怀"不发达国家,而且,似乎发达国家对不发达国家的援助,成了不可推诿的义务;"帝国主义"国家的经济学家,还在不断指出,不发达国家的当权人物是特权阶级,他们不肯在国内实行为经济发展所必要的政治社会改革,结果外援变成特权阶级的海外存款。这简直是一种反叛的合唱。

九　资本主义也变了

"帝国主义是垂死阶段的资本主义"。现在帝国主义变了，资本主义也变了。

马克思预言过资本主义的必然灭亡。他倒不是说变为帝国主义，走罗马的灭亡的道路。他主要是说：①资本主义的生命线是资本的增殖，但是，高利润必须低工资，低工资造成消费不足，造成恐慌；②当资本有机构成愈来愈大，同量的剩余价值表现为愈来愈低的资本利润率，资本利润率有趋向于零的趋势，也就是资本主义有无疾而终的趋势；③从社会结构上说，资本愈趋于集中，愈来愈多的资本家将被剥夺，资本的私有制及其社会性质之间的矛盾愈来愈显著，社会主义化，最后不过是举手之劳。

当然，马克思期望的社会主义是要在最先进的资本主义国家首先实现的。这个预言，在20世纪初期越来越不合乎事实，于是有了列宁的"发展"。列宁的发展未被证实，1929年的经济恐慌，又使人们回到马克思，所以有30年代"国际"的资本主义总危机之说。现在时隔40年，1929年那样的恐慌一直没有再现，而且似乎也不会再现，原因何在？

十　沙赫特和凯恩斯

20世纪30年代的资本主义世界，出现了两个怪人。一个是希特勒手下的"金融奇才"沙赫特博士。他教给希特勒，在恐慌、失业、大批工厂停闭的状况下，用大发钞票的办法来重整军备。结果，重整军备的费用成了"药引子"，没有多少时间就消灭了恐慌和失业。更重要的是，在希特勒发动世界大战以前，重整军备发动的景气，增加了国民收入。所增之数，超过当时重整军备费用。另一个是英国学者凯恩斯。他从20年代起，就鼓吹货币价值不能太高，鼓吹通货膨胀，1936年，他写了一本《就业、利息与货币通论》，主张用"赤字财政、公共工程"来对付恐慌，并且提出了一些资本主义经济的一般理论。《就业、利息与货币通论》现在已经是西方经济学的经典了，因为它为医治资本主义的毛病提供了药方，并且在理论上提供了证明。

一个实干家，一个理论家，合起来，把19世纪上半期开始的资本主义周期危机的问题"解决"了。但是同时，他们也大大加强了资本主义国家的作用。现在资本主义已经不再是古典的自由竞争的资本主义，也不是列宁所描写的那几条特征了。垄断资本是有的，但是垄断资本自行积累，基本上不再受银行资本的支配了。国家对资本主义实行多方面的干预，有些国家，甚至有了"计划"（法国、日本等），当然不是指令性的计划，而是预测性的计划。国家财政开支甚至达到国民收入的1/3，超额累进的所得税是基本的税制……

十一 新技术、新产品、新材料

现在的资本主义，是垄断，但是还有竞争，称为垄断竞争。垄断竞争的资本主义，把新技术、新产品、新材料的研制看作他们的生命线。他们的技术没有停滞，而是突飞猛进。每一家大公司都有研究机构，研究机构变成企业得以存在发展的关键部门。苏联在军事科学方面并不落后，但在民用经济的哪一个方面都落后了。

这种局面，是马克思的"利润率下降趋于零"的预言未能实现的根本原因。倘使没有新技术、新产品、新材料的不断发现，旧有技术的应用达到充分程度的时候，只要还存在竞争，竞争一定要把利润不断往下拉，直到它不再存在为止。现在新东西不断出现，新东西在经济上的意义就是它比老东西成本便宜，生产它可以赚到大利润。这种便宜的新东西的不断投产，也使资本主义生产部门和生产总量不断增多，这就使资本主义老是在发展成长。发展成长就不会使利润率下降到零。

新东西的出现，一经成长，再加上一个通货膨胀的因素，使资本主义物价经常上涨，利润率总是高。19世纪后半期，当金本位是世界通行的货币制度的时候，资本主义经常面临物价下降的威胁，这显然是恐慌的根源。现在局势变了。

十二 大公司、大政府、大工会

除公司越来越大、政府越来越大外，他们的工会也越来越大了。工会大，不仅有力量在订立集体合同的谈判中（还可以继之以罢工）把通货膨胀造成的实际工资下降捞回来，还可以相应于劳动生产率的提高，来提高实际工资。大工会使工资在国民收入中的份额得以维持一定的比例而不下降，它帮助资本主义解决消费不足的危机。所以，有的西方经济学家说，工会，现在是资本主义结构的组成部分，它帮助资本主义消弭恐慌。

十三 多元主义哲学、学术自由和民主政治

所有这一切，都是只能在一定的气氛下才是可能的。这就是多元主义的哲学、学术自由和民主政治。

西方中世纪有过神权的统治，文艺复兴、宗教改革打烂了神权统治，复活了古希腊罗马传统，并且比古希腊罗马更加自由化了。从前，人们都说这是自由资本主义的上层建筑。20世纪30年代，希特勒、墨索里尼红极一时，"共产国际"指出，资本主义到了垂死阶段，它的政治特征是法西斯主义，苏联是民主传统的继承者。事实上，希特勒主义是黑格尔主义的行动家，西方民主传统战胜了希特勒主义，杜威、罗素这些多元主义哲学家战胜了神秘主义的黑格尔主义，神权思想进一步没落了。

也有人曾经企图给杜威、罗素哲学打上帝国主义的印记，康福

斯写过这样的书。1957年，他慷慨陈词地用了杜威、罗素都强调过的话："哲学的任务在于批判。"

西方思想确实善于批判。政治权威当然是批判对象。任何既得权利都是批判对象。美国盛行的群众性的种族歧视也是批判对象。只要和公众有关的事情，怎样保密也无法长久保密下去。说美国在越南的肮脏战争，是被批判得最后只好撤退，至少也有一定的真实性。

批判，是由报刊和学校进行的，那都是些精神贵族。说也奇怪，精神贵族中固然也有贵族主义分子，可是其中的多数，也许因为吃饱了饭总要用脑子，总在挖空心思地想投大众所好，总的说来，他们的批判，似乎总在促进进步。他们不善感恩。他们的研究常常受"基金会"的"资助"，他们的话却更多的是反对既得利益集团的。

事实上，20世纪20—30年代的法西斯主义是神权统治的继续。50年代以后，西方未再产生过法西斯主义，迄今也还没有见到法西斯复活的迹象。

十四　重新考虑"较量"这句话的意义

说了上面那一堆废话之后，可以来重新考虑一下，"美帝是在20年较量之后退却了"这句话的意思。

无论批判之风如何盛行，美国政治总是维护它的既得利益的。它之所以要出兵打仗，就是为了维护它的既得利益。如果打得顺利，美国的军权会煊赫起来，就是说反动气焰会嚣张起来，"批判"的声音就将越来越微弱。从这个意义上说来，正是较量中它没有占到便宜，才促使进步的批判发展了起来。内外夹攻，它退却了。所以，较量是不可少的。

不过批判这一面也不可忽略。批判之所以能够存在，能够发挥作用，"较量"一词并不能把它包括进去，它还有"内因"。君不见，希特勒打到底，没有产生过批判。而且确实在它这方面说，它的"内因"使它就算不胜也得打到灭亡为止。

再进一步说，帝国主义这个列宁以来的概念事实上已经过时了。资本主义必然灭亡，这个概念倒还没有变，资本主义不可能永存，它一定要灭亡，可是它的灭亡恐怕会通过别的途径，而不一定是工人阶级夺取政权的途径。关于这方面，曾经有过不止一个现代人揭示过一些有趣的意见，不过，这等以后再谈吧。

十五 补论——资本主义还有生命力的原因何在

直率地说吧，我认为资本主义还有生命力的原因，在于它们不限制，相反还在发展批判。假如，1929年恐慌时期，那些坚持前凯恩斯的经济学说的政党，下令禁止一切异端的思想，资本主义早就完蛋了。资本主义不这样做，那里有各式各样的批判——越南战争、吸毒问题、青少年犯罪、种族歧视、水门丑闻、自由放任是恐慌的根源，3000美元或2000美元年收入以下的人是贫穷线以下的人，等等。这样，就呈现出一种奇观，资本主义是一大堆罪恶的根源，可是这一大堆罪恶不断地被揭发，不断受到注意，老是在做一些大大小小的改良，于是，它虽然"气息奄奄"了，却老是混下去了，有的时候还显得颇为活跃。甚至马克思的《资本论》在资本主义体系中，也起了一种揭发批判、促进改良的作用。现在英国的和世界各国的历史学家，对于拿破仑战争时代英国的童工（《资本论》对此作了痛烈的揭露），谈到时还是情绪激越，起码也要讽刺几句。在现在的西方经济学家中，《资本论》还是一种重要的经典。不过着重的，总是它的批判部分。

十六 批判，将要促使资本主义灭亡

可是，批判，归根结底还是在促使资本主义灭亡，不过1970

年的资本主义，已经大大不同于1920年的资本主义了。继续揭发、批判、改良，归根结底，资本主义要被批判送终。

我看，资本主义不会通过暴力革命灭亡，这是因为它在批判—改良。但是它会在批判—改良中一点一点灭亡。

也许这种说法过于武断。那么改变一下：暴力革命也许会有，但那是瓜熟蒂落时期的暴力革命。

（写于1973年，原载《顾准经济文选》，中国时代经济出版社2011年版）

希腊城邦制度
——读希腊史笔记

代序　多中心的希腊史

一位历史家在评论希罗多德的《历史》一书的时候说：

> 希腊文明的游牧形态，希腊生活的多中心，希腊殖民地之分布于东西南北，从法西斯（Phasis，今苏联高加索巴统附近）到赫拉克里斯石柱（今直布罗陀海峡），从敖德萨（Odessa）到塞勒尼（Cyrene，今利比亚班加西附近），每一个独立的城邦的自给自足，这些希腊主义的强点同时又是它的弱点，使得文人们一直对希腊史感到绝望。就历史记载而言，文化上落后于希腊的古代文明——埃及和亚洲诸大王国，比之希腊世界那些小小共和国要幸运得多。代代相承的国王，统治着疆域广阔、人口众多的领土，为国家档案提供几乎是老一套的编年史……又，王朝国家的疆域无论如何广阔，汉谟拉比（巴比伦王）或拉姆塞斯（埃及法老）的诏旨总是驰传于全国的：一个帝国为历史提供了描述和记忆的地理范围。但是，从亚该亚人的来到直到薛西斯（Xerxes，波斯大帝居鲁士之子）的进犯（希波战争）为止，在希腊历史和希腊文明领域内，并不存在什么能够有权要求管辖全希腊的，或甚至某个地区的最高政治权力。某种性质的团结是存在的，一种精神上的并且

是愈来愈紧密的团结：宗教、语言、制度、风尚、观念、情绪，全都趋向于这种团结。不，还不止这些，围绕某个提佛（Thebes，旧译忒拜）某个雅典，和伯罗奔尼撒诸中心的周围，或在伊奥利亚（Ionia，今土耳其小亚细亚西海岸中部），在大希腊（今意大利半岛南部），在利比亚，甚至在黑海（Pontus）或者直到远西（以马萨利亚 Masselia 即今法国马赛为中心的一群城市），有结成集团的，有合并的，有近邻同盟，有统一运动；但是你仍然不能通过推理从树木看到森林……"①

这位历史家说的是迈锡尼时代后期到希波战争以前约七百年间的希腊，那么希波战争以后怎样呢？是的，领导希腊人抵抗波斯进犯的是雅典和斯巴达，古典时代的希腊史基本上是以希腊本土的这两个强大国家为中心的历史，然而，一方面，这两个国家甚至谁也没有完全掌握过希腊本土及其密迩诸岛屿诸城邦的最高政治主权；另一方面，还有许多"边远"的即黑海、意大利南部和西西里、利比亚、远西希腊诸城邦，根本从未处于这两个中心国家支配之下，各自独立发展，虽然它们本身也不同程度地集团化了。甚至亚历山大征服以后，希腊化王国也还有好几个。希腊史，从头到尾是多中心的。

这种历史上少见，在我们中国人看来更觉难以理解的现象，首先可以用希腊的城邦制度来加以解释。

所谓城邦，就是一个城市连同其周围不大的一片乡村区域就是一个独立的主权国家。这些独立的主权国家疆域是很小的：

除斯巴达（Sparta）而外，阿提卡（雅典）是全希腊仅有的，领土相当广阔，却一直处在一个单一意志指导之下的国

---

① 梅根：《希罗多德和修昔底德》，第 V 卷第 19 章，*Herodotus and Thucydides*, by R. W. Macan, Ch. 19, Vol. V, c. a. h.

家，和阿提卡的 1000 平方英里（相当于中国纵横百里的一个大县——本书作者）的领土相比，任何其他希腊城邦的领土是很小的，彼奥提亚诸城邦，除提佛而外，领土面积平均为 70 平方英里，西息温（Sicyon）140，夫利阿斯（Phlius）70，科林斯（Corinth）350，优卑亚八城平均 180，甚至只有一个城邦的海岛基俄斯（Chios）只略多于 300，而此岛还是最大的。

塞维阿·赛尔彼喜阿斯（Servius Sulpicius，公元前 1 世纪的罗马将军）写信给西塞罗说："当我从亚洲回来，从埃吉纳岛（Aegina）航行到麦加拉（Megara）去的时候，我开始观察我周围的地方。在我后面，我可以见到埃吉纳岛，前面看到麦加拉，右面庇里犹斯（Pireaus，雅典的海港），左面科林斯。"①

在古希腊史上留下了那么多史迹，并传下了那么多学术文化遗产的就是这些小城邦。这些小小的城邦不仅是独立的主权国家，而且直到亚历山大事实上把它们降为一个大帝国中的自治城市以前，它们各自顽强地坚持了它们的独立，那些握有霸权的"大国"，企图控制它们，往往也确实控制了它们，然而很少有吞并掉它们的。即使某个城邦被它的强大邻邦所真正毁灭了，不久，战胜了这个邻邦的另一个霸权城邦也会来"兴灭国，继绝世"，召集流亡在外的公民把它恢复起来。

这些城邦显得具有某种个性，这种个性愈是高度发展，愈是强烈地被意识到，就愈不愿意哪怕是部分地牺牲它。……每个城邦向它的邻邦要求它的自由和自治，要求有权按照它自己

---

① 阿德科克：《希腊城邦的兴起》，第 Ⅳ 卷第 26 章，*The Growth of Greek City – states*, by Adcock, Ch. 26, Vol. Ⅳ, c. a. h.

的意愿处理它自己的事务。……城邦虽然不容忍它境界以内主权的分割，对它邻邦的独立却是容忍的。防卫的意志超过了攻击的意志。事实上，领土的扩张亦即东方诸帝国内占支配地位的帝国主义，在希腊诸城邦却出奇地微弱。希腊人缺乏疆域广阔的政治重要性的那种感觉。他们愈是清楚地意识到他们国家的和宗教的社会一致性，他们愈是不愿意扩张，因为扩张意味着他们密切的共同生活松懈下来了。他们打算要统治邻邦，却不打算吞并邻邦，更不愿意在一个较大的联盟内放弃他们的独立。①

城邦制度既是希腊的传统，也是希腊政治思想的不可违背的潮流，是希腊政治学的既存前提，离开了城邦制度就没有政治学。柏拉图（Plato）的《理想国》，无论他的"理想"内容如何，他所理想的国家是一个城市国家，即城邦。亚里士多德（Aristotle）的《政治学》把城邦规定为"至高而广涵的社会团体"，他的政治学，不折不扣是城邦政治学，离了城邦就没有什么政治学可言，东方式的专制主义大王国，在他看来是一种"野蛮人"的制度，是摒除在他探讨范围之外的。

查考一下希腊语中关于城市、城邦、政治、政治学等名词的变化，也是很有趣味的。吴寿彭在《政治学》译注中说：（以下，希腊文词汇都用拉丁字母写出）

"波里斯"（Polis）这字在荷马史诗中都指堡垒（城堡）或卫城，同乡郊（Demos）相对。雅典的山巅卫城"阿克罗波里斯"（Acropolis），雅典人常常简称为"波里斯"。堡垒周围的市区称为"阿斯托"（Asty）。后世把卫城、市区、乡郊统

---

① 阿德科克：《希腊城邦的兴起》，第Ⅳ卷第26章，*The Growth of Greek City‑states*, by Adcock, Ch. 26, Vol. Ⅳ, c. a. h.

称为一个"波里斯",综合土地、人民及其政治生活而赋有了"邦"或"国"的意义。

……由"波里斯"衍生出几个重要名词:(一)Polites(波里德斯),为属于城邦的人,即"公民"。(二)Politela(波里德亚):(甲)公民和城邦间的关系;(乙)由这种关系形成全邦的"政治生活";(丙)把这种关系和生活厘定为全邦的政治制度,即"宪法";(丁)有时就径指该邦的"政府"。(三)Politeoma(波里德俄马): (甲)公民团体;(乙)较狭隘的公务团体;(丙)有时就和波里德亚相同,或为政体或为政府。

从"波里斯"孳生的词类还有形容词 Politikos,作为名词……指"治理城邦的人",现在还泛指各种国家的治理者即政治家。Politics,亚氏原指城邦政治的理论和技术,现在也通用为各种团体的政治学。①

关于希腊城邦的"波里德亚"(Politeia),亚里士多德说:

这里,我还得陈述"波里德亚"(Politeia)和僭主政体两个类型……

"波里德亚"的通义就是混合(寡头和平民)这两种政体的制度;但在习用时,大家对混合政体的倾向平民主义者称为"共和政体",对混合政体的偏重寡头主义者则不称"共和政体"而称贵族政体……"②

我认为,希腊人习惯于把非王政的政制,不管是贵族还是共和,称作"波里德亚"(Politeia),这就是"城市国家的政制"的

---

① 亚里士多德:《政治学》,吴寿彭译,商务印书馆1965年版(下同),第110页译注。
② 同上书,第198页。

意思。贵族平民（或共和或民主）之分是后来的事，开头的时候无非是贵族制度——不过那是合议制，而且，最初说不定还是平民的呢——因为始建一个殖民城邦，人数有限得很……

一　什么是城邦

城邦制度，是希腊文明一系列历史条件演变的结果。究竟是一些什么历史条件，演变出来这样一种制度，正是本文所要探讨的。在探讨这个历史过程以前，有必要先把城邦这个概念弄清楚一下。

城邦的自治

前面已经说过，城邦，是以一个城市为中心的独立主权国家。这里所说的"以一个城市为中心"，显然就排除了领土广阔，包含多个城市的国家。那种国家是"领土国家"，而不是城市国家了。领土国家因为疆域广阔，人民之间不可能有紧密的政治生活，或者换一句涉及下面将要详加讨论的"政体"问题的话来说，领土国家没法实行主权在民的"直接民主"制度。所以，城邦首先是迥异于"领土国家"的"城市国家"。

城邦是"独立主权国家"，不过这里所说的"独立主权"的意义是相对的，因为按照希腊人的概念，甚至"参加"在某个"帝国"内的城邦，只要有自己的法律，有自己的议事会、执政官和法庭，它还是一个城邦。这里需要特别说明一下，我们中国人一说到帝国，总不免要把它等同于我们历史上秦汉以来的郡县制的大帝国。可是希腊人所称的"雅典帝国""斯巴达帝国"之类的帝国，其实不过是以雅典和斯巴达为盟主的"联盟"，有点像我国春秋时代齐桓、晋文的"霸业"。盟主向加盟国家征收贡赋，要它们出兵加入盟军，在不同程度上干涉加盟国家的内政，等等。不过，第一，盟主没有周"天王"那样神授的最高王权①；第二，至少在形式上和理论上盟主不能委派加盟城邦的执政者，虽然扶植加盟城邦内亲附自己的政派和人物总是少不了的。帝国既非郡县制的帝国，参加在某个帝国内的城邦起码还是一个自治共和国；另外，希波战争以后，亚历山大征服以前，一百四五十年间希腊的"帝国"亦即"霸业"，变动实在频繁。"霸权"从雅典手里转移到斯巴达手里，又从斯巴达手里转到提佛手里，等等。可是城邦还是这些城邦，灭亡了的是有的，例如米罗斯（Melos），但那是极少数。于是，城邦的意义也就大大超过了一个帝国内的自治共和国，以后亚历山大征服结束了城邦分立的状态，但是，城邦政治的流风余韵，在罗马时代和欧洲中世纪时代，一直流传不衰，还对近代西方历史产生了极其强烈的影响……

所以，要理解希腊城邦制度，首先，不要和我国春秋时代及其以前的小国林立相混淆。春秋以前诸小国，虽然政制各异，各专征伐，然而从有史时代开始，就有一个凌驾它们之上的神授的最高政治权威，在周代，是周"天王"；在殷代，是有时称为"帝"的殷王朝；在夏代，是称为"元后"（相对于称为"群后"的"诸侯"国家）的夏王朝。希腊远古时代有过这样的最高政治权威（亚该亚人的"万民之王"——迈锡尼诸王），然而从多里安人征服以后，这样的最高政治权威就已经不存在了。其次，春秋及春秋以前，诸小国一直处在相互兼并过程中，这种兼并过程，直到秦始皇的大一统的郡县制的大帝国才告结束。在此以前，虽有孔子的"兴灭国，继绝世"的绝望号叫，兼并一直被认为是伟大的王业。希腊有史时代，也有过这样的兼并，斯巴达征服美塞尼亚即其一例，然而兼并受到极其强烈的抵抗，以至例如斯巴达就不得不很早

---

① 五霸时代的政治，至尊和至强不是集于一人的。至强的是霸主，至尊的是天子即周天王。"尊王室"是霸主的霸业所必不可少的政治口号。希腊历史上这样的王权是有过的，后面还要说到，不过，至少从公元前11世纪起，这样的全民族的"神授"的政治权威就已经不再存在了。

就从兼并转为"同盟"政策（见第四部分）。自此以后，希腊世界内部政治上的集团化，一般都采取"同盟"形态，甚至事实上结束了希腊城邦制度的亚历山大，他之对待希腊本土诸国，表面上也只能采用同盟的方式。

主权在民与直接民主

我国古代的小国林立，和希腊城邦究竟还有某些相同之点，可是，希腊城邦制度的另一个特点，亦即使得这些蕞尔小邦顽强坚持其独立的主权在民与直接民主制度，则是我国古代从来不知道的东西了。所谓直接民主制度，是指城邦的政治主权属于它的公民，公民们直接参与城邦的治理，而不是通过选举代表，组成议会或代表大会来治理国家（即所谓代议制度）的那种制度。在这种制度下：

> 凡享有政治权利的公民的多数决议，无论在寡头、贵族或平民政体中，总是最后的裁断具有最高的权威。①

直接民主制度，可以以伯里克理斯时代的雅典（公元前443—前429年）为例。雅典的全体公民都要出席"公民大会"，"公民大会"每月举行二次至四次，解决城邦的一切重大事件：宣战与媾和问题，城邦粮食问题，听取负责人员的报告，握有国家的最高监督权，审查终审法庭的讼事，等等。每个公民在公民大会中都有选举权，每个公民都有可能被选为"议事会"的成员，每个公民都要轮流参加陪审法庭。陪审法庭的成员多达六千人，而当时雅典的公民总数，最高的估计也不会超过六万人。当时的实际政权由"十将军委员会"掌握，将军任满离职要接受审查，有叛国行为或作战失败的要受到裁判，法庭和公民大会可以没收其财产，可以加以放逐或处死，等等。

直接民主制度唯有在领土狭小的城市国家中才有可能。在这些

---

① 亚里士多德：《政治学》，第199页。

国家中，乡居的公民进城参加公民大会可以朝出暮归，人们相互间比较熟悉，一国政务比较简单，易于在公民大会中讨论和表决。在领土广阔的国家，这些条件是全不具备的。所以，城邦制度和直接民主两者是互相依赖、互为条件的。

公民与公民权

那么，什么是"公民"呢？从字源上来说，"公民"（Polites）原意为属于城邦的人。不过，在古代希腊的任何时代任何城邦，它决不是指全体成年居民而言。妇女不是公民，奴隶不是公民，农奴不是公民，边区居民不是公民，外邦人也不是公民。即使除去奴隶、农奴、边区居民和外邦人而外，祖籍本城的成年男子，能否取得公民权利的资格，在各邦的各个时期也宽严不一。比如说，古典时代的雅典，凡是自备甲胄武器和马匹，参加公民军当骑兵和重装步兵的富裕阶级或中等阶级的成年男子是公民，参加海军当桨手①的贫民阶级，领取国家发给薪饷的，也是公民。但在伯罗奔尼撒战争中"三十僭主之治"的时期，僭主们规定雅典公民只能有五千人。"三十僭主之治"被希腊人看作政权被僭夺的时期，当时的五千人连名单也未公布，所以只能称是变态，不能算是常态。在通常状态下，希腊诸城邦的公民资格虽然有种种差异，凡是自备甲胄武器，不领薪饷地参加公民军的那部分成年希腊居民，包括已经退役的老年人在内，总是它的公民，或至于是它的公民中的主要成分。这并不是说，无公民权的外邦人、农奴如斯巴达的黑劳士（Helots）就没有从军义务了。他们也要从军，不过在军中参加辅助部队或任军中杂役。在战争的紧急时期，也有征召"买来的奴隶"当战舰的桨手这类事情发生，不过这终究是少数。"公民""公民权"等，不见于我国古代，也不见于埃及、两河流域等早于古希腊或与古希腊同时的"东方"各帝国。要详细考证这种政治法律

---

① 希波战争前后，希腊战舰兼用风力和人力。当时比较旧式的战舰，每舰有五十个桨手，比较新锐的战舰称为三列桨战舰，桨手分布于高低三排座位上，每舰备桨手一百五十人。

概念在希腊起源于何时何地，怎样进一步演变到古典时代那样明确的程度，即使在直接继承了希腊文明的西方，那里的史学家拥有大量文献碑铭和地下文物资料，这个任务也许也不是容易的。看起来，这是在长期历史演变中不知不觉地形成的，正如 Polis 一词从城堡变成城市，变成城市国家一样，"组成城市国家的人"即"Polite"，也在漫长的历史时期中，一次又一次发展它的含义，同时也加上一重又一重的限制，逐渐变成了亚里士多德下述定义中的公民和公民组成的城邦：

> （一）凡有权参加议事或审判职能的人，我们就可以说他是那一城邦的公民；（二）城邦的一般涵义，就是为了要维持自给生活而具有足够人数的一个公民集团。①

亚里士多德上述定义，是从公民权利方面来界说公民的含义的。假如我们参照希腊城邦的兵制即公民军或"民兵"制度，把公民的权利和义务两方面一起来考虑，那么我们可以构成这样一个概念，即公民是城邦的主人，他们有"执干戈以卫社稷"的义务，同时有权参加城邦内议事或审判的职能，这一方面可以借此理解城邦的"主权在民"及直接民主制度的诠释，借此理解"公民是自己的主人""公民是轮流地统治或被统治"，或用吴寿彭的译语叫作"轮番为治"的意思。希腊有过以中小农公民为主的农业城邦，它们的基本人口是公民及其家属，在历史的某个时期发挥过很重要的作用，"轮番为治"的直接民主显示出来过强大的威力。然而，我们也应该把"主人"一词，理解为公民是城邦内一切非公民——农奴、奴隶、外邦人、边区居民，甚至他们自己家里的妇女与小孩子的"主人"。希腊的奴隶制（包括农奴制）固然有其自己的历史，后面我们还要专门介绍，不过城邦及其公民的含义，本来

---

① 亚里士多德：《政治学》，第 113 页。

也不可避免地要引导出来奴隶和奴隶制的概念来的。

兵制——公民军

前面已经指出，希腊诸城邦的军队是公民军，它是战时征集、平时离营的民兵，每个战士的甲胄、武器、马匹，都是由自己出资购办，而不是由国家供给。战时在营时期，给养通常也由战士自备。战时给养自备看起来是离奇的，但是只要想到，在著名的几次大战争以前，在漫长的历史时期中，希腊诸城邦所碰到的"战争"，多半是相邻的两个城邦或几个城邦之间的局部冲突，战争不过比一比胜负借以解决某项争端，通常不致发展到有关城邦存亡的地步。那就可以设想，这种制度完全是行得通的。希波战争以后，尤其是伯罗奔尼撒战时及战后，战争愈来愈频繁，这种公民军制度也愈来愈行不通。开始是公民军领薪饷，以后是雇佣军逐渐取代公民军，随之而僭主政治逐渐代替"主权在民"的政体，那时希腊的城邦制度也已经奄奄一息了。

公民军不是常备军，雇佣军才是常备军。一般说来，公民军的统帅是选举的，唯有斯巴达有常任的统帅——它的两个王[①]。在古希腊史籍中我们常常读到，著名的统帅如彼奥提亚（Boeotia）的埃帕梅农达斯（Epaminondas）在他当过将军，任期已满而未被连选为将军的时候，就以普通战士的身份从军作战。顺便说说，古希腊的军队人数一般并不太多。亚历山大出征波斯，出发时全军不过三四万人。除此而外，战争双方各有三五千重装步兵的战役就是很大的战役了。一方面因为军队人数较少，另一方面因为希腊人重视个人勇武和体育锻炼，所以战争中的统帅都列在军阵内参加战斗，而不仅仅是"指挥员"。

古希腊的公民军制和我国春秋战国时期的兵制显然大有区别，

[①] 参看［苏联］塞尔格叶夫《古希腊史》，缪灵珠译，高等教育出版社 1955 年版（下同），第 162 页。斯巴达的两个王产生于两个有势力的氏族，即阿基太族（Agidae）与欧里篷提泰族（Euripontiadae）。王——巴西琉斯——统率国军（征战时由二王之一统率），审判主要有关家族法的案件并执行某些祭礼的职权。——编者注

这里不打算作详细比较。军制不同，武器供应方式也随之不同。希腊公民军武器甲胄既由从军公民自备，所以武器制造作坊是一项重要的私人企业；我国则自殷代以来，武器制造就由王家垄断，所以有"食官"的"百工"……

官制

"主权在民"的希腊城邦的"官制"，也具有它自己的特色。一般城邦所设行政官员，亚里士多德介绍为：（一）将军或统帅，（二）市场监理，（三）城市监护，（四）公共水源管理，（五）乡区监护，（六）司库，（七）登记民间契约或法庭判决的"注册司"，（八）执行法庭判决刑罚的"执罚员"及"典狱官"，等等①。这些行政官员都是义务职，不支薪金。其中，执罚员或典狱官有青年公民帮助他们执行职务。其他行政职务，在小邦无须常任吏员，在大邦如雅典，因为政务繁忙，常任吏员是不可缺少的，这些吏员就由国家奴隶充当。尤其有趣的是，雅典有常备警察，他们是国家买来的奴隶，通常是斯基泰人（居于黑海北岸南俄草原的一个民族），称为"弓手"，或称"斯基泰人"。然而，这些奴隶的待遇倒还不错，每人每天领取的"给养"相当于出席公民大会或陪审法庭的公民所领的津贴，也可以自行觅取居住的地方，等等。

希腊城邦行政官制的另一个特色是，全部行政官员并不组成为某个行政首脑统一领导之下的"政府"。各种行政官员任期不一，全都由公民大会或其他相应机构直接选出，各自独立对公民大会或其相应机构直接负责。这样的做法，公民大会就要直接处理许许多多具体行政事务，不免有轻重并列本末倒置的危险。为了补救这种缺点，于是由议事会（它由公民大会选任，或由城邦的每一个基层组织如村坊〔Demos〕各别推选定额人员组成）对应该提交公民大会的各项议案和报告先行预审，分别轻重缓急，也许还附加处理意见，然后提交大会。公民大会人数众多，无法进行详细讨论，通

---

① 参见亚里士多德《政治学》，第329—338页。

常只能就议事会提出议案加以批准或否决，所以议事会是一个实际掌握行政权的机构。

以上介绍，实际上已经超出我国传统的所谓"官制"，亦即行政机构（或者按照西方传统称之为"官僚机构"）的职掌、分工、品级、编制等问题，而涉及整个政制问题了。确实，希腊城邦政制，不许有单个政府首脑统一领导下的无所不能的行政权力，使得公民大会或议事会只成为"陪衬"这个行政权的"清谈"的议会，这是直接民主制度的重要组成部分。不仅如此，法庭也是由公民大会选任的，法庭也得对公民大会及议事会负责，重大讼案的上诉和终审机构是公民大会本身。近代西方的立法、行政、司法三权分立制度，是古代希腊所不知道的。理解希腊城邦政制的这个方面，再来读马克思的《法兰西内战》和列宁的《国家与革命》，确实可以使我们对于马克思和列宁何以倡导直接民主制，何以猛烈抨击"议会清谈馆"，获得深一层的理解。

正如希腊的兵制一样，希腊的"官制"也和我国古代"官制"有原则上的区别。从远古时代起，我国专制君主下就已经有十分发达的行政机构（或"官僚机构"）了。《周礼》列举的庞大的行政机构固然是战国和汉代官制的杂凑，西周初期周王廷下面的庞大政府机构，从郭沫若考释的西周金文也可窥见一二，这种传统大概还可以推溯到殷代……

城邦的自给和闭关主义

现在再回过头来看看亚里士多德的定义。

亚里士多德的定义中有"自给生活"一语，这在理解希腊城邦制度时也是极端重要的。自给（Autarkeia，Autarky）是指经济上的自给自足。一个城市国家，除非像斯巴达那样禁止贵金属流通，严格禁止奢侈，当然谈不到现代所谓的经济自给，即没有原料与市场的对外依赖。上面所谓的自给，既指通过某种经济政策保障城邦的粮食供应（如在雅典）之类的经济问题，也指限制外邦人购买地产，借以保障公民的财产权的法权问题，恐怕也推及城邦的一般的闭关主义：外邦人没有公民权，也不能入籍为公民，力谋使城邦成为它的"特权公民的特权公社"。变例是有的。从"放宽"一方面讲，梭伦立法允许外邦人入籍（见后），因为那时雅典力图发展它的手工业，借此吸收外国艺匠（其中有许多是埃及人）到雅典来。从"抓紧"一方面来说，斯巴达因为害怕外邦人带进来有碍于它的严峻的军营生活和军事纪律，实施排外条例，禁止外邦人无故入境。除此而外，希腊城邦如雅典允许外邦人入境，甚至允许希腊的或非希腊的蛮族外邦人世世代代在那里居住下去，然而不得入籍为公民，不得购买土地，与本国女子结婚不得视为合法婚姻，还要交纳雅典公民不交的人头税，等等。我们只要想到希腊诸城邦实际上一般超不过我国一个县，其中有些城邦是全希腊的经济中心，是古代的大城市，它的经济中心的地位不可避免地要吸引大量人口到那里去，我们就可以想见，这种闭关主义和自给自足，造成了公民和外邦人间怎样的严格界限，又怎样不可避免地促成奴隶经济的形成和发展了。在并非经济中心的农村地区如斯巴达则有农奴制和边区居民制度，它们的存在，是这个"维持自给生活……的公民集团"性命攸关的前提条件，所以斯巴达要有十分严峻的制度来维持这种残酷的阶级统治。

然而，城邦的自给原则和闭关主义，在发达的海上贸易和频繁的邦际交往的状况下，确实还发展出来了一套国际惯例，这就是后代国际法的萌芽。这些国际惯例中，首先是"外侨招待制度"，即规定公民根据互惠原则招待外侨的一种制度。塞尔格耶夫（Cepreeb）引公元2世纪希腊作者波吕克斯（Pollux）的话说：

> 招待外侨者乃是居于别邦（指本人的城邦）而对全邦（指外人的城邦）作一般性服务的人，例如，负责供给外来者的住宿，在必要时，替他们找得公民大会的入路或者剧场的座位。

招待者的服务是自愿的，也是荣誉的。这种招待者逐渐成为两邦政府的中间人，外交谈判通过他们进行，到城邦来的使节也先到本邦的招待所，这是后来的使馆和领事馆的萌芽形式，不过招待者不是外邦派遣的使节，而是本国公民为外国办理他们的事务，并且始终保持着私人待客的性质而已。①

频繁的国际交往又发展到两邦间订立等权协定，即许给一国公民在别国享有该国公民所享有的国家法和私法上的权利；它还发展成为商业条约，即规定不同城邦公民间有关商业、信贷业务、各种买卖契约的种种诉讼程序上的法规的条约；发展成为国际仲裁的惯例，仲裁者是争端双方同意的第三者；等等。

同样的原因，在希腊诸邦之间也逐渐发展出来一套关于宣战媾和、同盟条约、和平条约、交换战俘、为发还对方阵亡者尸体而协议休战等国际惯例。我们读古希腊作家留下来的史籍，比如说修昔底德的《伯罗奔尼撒战争史》，往往不免怀疑，那里所说的一套国际惯例是不是把古史现代化了。然而作者确实是生在希腊的古典时代，而且是伯罗奔尼撒战争中雅典的一个方面军的将军，因战败撤职而从事写作的。

"法治"的城邦

正如自给自足和闭关主义的城邦，在国际交往上要发展出一套国际惯例和国际法的萌芽来一样，城邦公民集团"轮番为治"的原则，也使得它必须发展出一套国家法和私法来。换句话说，城邦必定是"宪政国家"或"法治国家"。城邦既然是"轮番为治"的公民团体，城邦当然高于它的每一个个别公民，也高于它的一切统治者，这是城邦的"民主集体主义"——一种以公民最高主权为基础的民主集体主义，所以，它必须有规章，要按规章治理。同时，城邦既然是自给的和闭关的，它也必须有各种法律来保障这种自给的和闭关的生活。这就是说，城邦要有关于公民资格、公民的

---

① [苏联] 塞尔格叶夫：《古希腊史》，第277页。

权利与义务的法律，要有行政机构、议事机构和法庭的选任、组织、权限、责任的法律，这些是国家法，即宪法。还要有关于财产、继承、契约等的私法，以及把血族复仇的古代惯例，转化为国家负责惩处犯罪行为的刑法。于是政治和法律两者密切相关，甚至在某种程度上是同义语——柏拉图的主要政治著作之一题为《法律篇》，亚里士多德同样性质的著作题为《政治学》。"立法者"（Lawgliver）是政治家，而不是法典的技术性的编纂者。

由此又派生出另外一种重要的后果。城邦的公民是分为阶级的，政治权力的分配，各种政策的制订和政务的执行，私法、刑法法典的制订，重大诉讼案件的判决，都与相互冲突的各阶级利益有关，一句话，城邦的法律反映统治城邦的阶级的意志。虽然如此，凡包括在公民团体内的各阶级，既然都有参与议事和审判的权力，这些阶级相互之间的阶级斗争，在一定程度上就会在法律范围内进行，表现为公民大会内、议事机构内、陪审法庭内的合法斗争。唯有当阶级对抗不可能在法律范围内解决的时候，才会演变为政变或革命，亦即演变为法律以外的暴力斗争。至于公民团体以外的，亦即在法律上没有政治权利的那些阶级对公民团体或公民团体内某个阶级的斗争，那只有一开头就采取法律范围以外的激烈形态，这就是斯巴达的农奴暴动，雅典等城邦奴隶逃亡和奴隶暴动，等等。这也就是说，城邦制度使得公民团体以内诸阶层组成为政治上的阶级，组成为各有自己政纲的政党或政派，使宪法范围内的政治斗争直接反映各阶级之间的斗争。阶级斗争的这种形态不见于专制主义的王政国家。在那里，相互对抗的各阶级利益不可能表现为各政党各政派的政治纲领，因为那里根本不可能存在什么政党，斗争也不可能在"宪政"范围内进行，它在平时采取曲折得多隐蔽得多的形式，到矛盾尖锐到极点的时候，就要爆发为武装起义和王朝更迭了。

城邦能够发展成为帝国吗？

本部分一开始，我们叙述了城邦与领土国家的区别，然而必须指出，古代希腊并非没有领土国家类型的城邦。这里所说领土国家类型的城邦，并不是指若干城邦的联盟，因为联邦内诸邦是自治的，它们都具有相对的独立主权。这里指的是斯巴达，某种程度上特萨利亚（Thassaly）也是。拿斯巴达来说，它以万人左右的特权公民统治区域广阔的"边区居民"所住的区域和市邑，统治为数众多的农奴身份的黑劳士。"边区居民"究竟处在什么地位呢？修昔底德（Thucydides）告诉我们，斯巴达南边一个海岛锡西拉（Cythera）为边区居民所居住，有他们自己的城市，在这个城市范围内他们有某种程度的自治权，然而，斯巴达的军政大计他们无权参与，他们的城市还有斯巴达特派的"事务官"（总督），他们要交纳贡赋[①]。斯巴达的边区居民占地辽阔，锡西拉不过是一个例子而已。以锡西拉的例子来推论，由万人左右的公民组成的斯巴达国家分明是一个领土国家，锡西拉之类边区居民城市则是这个领土国家的一个自治市。

斯巴达不是严格意义下的城邦，西方历史家通常都赞同这种说法。它在古希腊史中是一个变例。有这样一个变例，不足以变更希腊史上城邦制度的特点，何况它的政制中自治、自给、主权在民、直接民主等特点，大体上和一般希腊城邦还是一致的。在这里，我们是想提出一个问题，既然古希腊的城邦，有的事实上是领土国家，那么，一般说来，强大的城邦可以通过征服建立一个帝国吗？

古希腊的史实，对这个问题基本上作了否定的答复。斯巴达的"边区居民"诚然是通过征服而臣服于它的，但是当斯巴达想进一步征服更多的地方时就碰了壁，而且，正是为了保持已经臣服于它的边区居民和农奴，才使它不得不在它的公民集团中建立那么严峻的一套制度。变例是有的，今南俄克里米亚和塔曼两半岛上的潘提卡彭（Panticapaeum）和西西里的叙拉古（Syracuse）的希腊殖民

[①] 参见修昔底德《伯罗奔尼撒战争史》，谢德风译，商务印书馆1960年版（下同），第297页。

城邦后来蜕变成了王国。英国希腊史家格罗脱（Grote）对此作了这样的解释：这两个地方的环境有利于僭主招募非希腊人为雇佣兵，王国是依靠雇佣兵建立起来的。我觉得这种解释是合理的，因为自治、自给、主权在民的城邦，邦与邦之间，本邦公民与非本邦公民之间的界限十分森严，这种制度本身和为建立一个帝国所必要的对被征服的民族采取兼收并蓄的政策是互不相容的。

当然，希腊史对这个问题的答复不是最后的，最后的答复是罗马史作的——罗马帝国分明是城邦罗马在大征服中建立起来的。不过罗马史同时也令人信服地证明了，城邦制度如果说还有不少长处，那么所有这些长处在它变成帝国的时候，几乎全都转化成为反面的东西，成为丑恶不堪的东西了。

城邦制度是从氏族民主直接演变过来的吗？

我们把什么是城邦制度在概念上略加澄清以后，紧接着的一个问题是，这种制度是从哪里演变过来的，又是怎样演变过来的？接下去，我们还要对它的发展和消亡过程，它的长处和弱点，它对后来历史的影响略加探讨。

许多著名的历史家对上述第一个问题有十分肯定的答复：城邦制度是从原始公社的氏族民主制度直接演变过来的。如果我们接受这个解释，我们就不能不问，一切民族都经历过原始公社阶段，氏族民主是原始公社的共同特征，我国当然也不例外，那么为什么我国古代史中找不到一点城邦制度的影子呢？如果我们再进一步涉猎一下中国以外几个历史悠久的古代文明——埃及、两河流域、以色列和叙利亚、印度、波斯等的历史，我们发现在那里也同样找不到什么城邦制度的影子。我们就不能不怀疑，城邦制度的希腊在世界史上是例外而不是通例，而在古代东方史中，政制的演变倒是具有某种共同之处的。

共同之处是，它们都存在过"神授王权"——有一个身兼军事领袖和最高祭司，或者用我国史籍的语言来说，叫作"国之大事，唯祀与戎"——的最高统治者，即君主。他的权力是绝对的，人民是他的"臣民"。这种王权起源于部落王。原始公社性质的部落的王,也许是氏族民主制度下的民选军事领袖,因为那在遥远的古代,不可能见于史籍。部落王通过兼并建立起来一个王国,他自己部落内与他一起从事征服的战士成为新王国的贵族,被征服部落的人民成为新王国的臣民。随后这种"杀人盈野、杀人盈城"的征服业绩被渲染为神的业绩,在征服中建立起来的王权也被渲染为神授的王权。王权所依靠的是军事力量,但唯有当"手执宝剑"的王同时又是"受命于天"的王,他才具有精神上的权威,王权才世袭得下去。王权是神授的,所以我国周代的王称为天王,他是"天子"——"天的儿子"。古代东方诸国各有不同的宗教,王权神授所用的说法五花八门,各尽其妙,实质上是完全一致的。这种"神授王权"历久不变,"神授王权"的"政体",按黑格尔的说法叫作"东方专制主义",其性质和城邦制度是截然不同的。

既然东方各国政制演变有其通例,希腊城邦制度则是例外,那么何以同样从原始公社的氏族民主出发,后者直接演变成为城邦制度,前者都几乎没有任何例外地走上"东方专制主义"的道路了呢?从亚里士多德起,许多西方史家对此作了几乎完全一致的斩钉截铁的解释,言辞虽不尽一致,却可以亚里士多德下引几句话为其代表:

> 蛮族王制(是)僭主性质(按:即东方专制主义式)的王制……因为野蛮民族比希腊民族为富于奴性;亚洲蛮族又比欧洲蛮族为富于奴性,所以他们常常忍受专制统治而不起来叛乱。[①]

看起来,身为亚洲人的中国人的我们都没法"接受"亚里士多德和与他一致的一切西方史家的上述解释的。

---

① 亚里士多德:《政治学》,第159页。

"没法接受",多少有点感情用事,就是我们在感情上接受不了这样侮辱性的解释。感情当然不能代替历史事实。如果历史事实确实如此,感情上接受不了又有什么办法?可是,历史研究确实证明了这样的史实:远古希腊一样存在过"神授王权",城邦制度是"神授王权"在一种特殊环境下演变出来的东西,它并不是直接从氏族民主递嬗过来的。于是,我们东方人在比较我们古代的专制主义政体和希腊古代城邦制度的截然区别之后,理该进一步探索:是什么环境,通过什么方式使希腊的"神授王权"演变成为城邦制度;还应该进一步探索,城邦制度怎样发展演变,它对后代历史留下了什么影响?这也就是本文的目的。

以下,我们就来逐步展开这一探索。

二 远古希腊存在过神授王权

希腊史上的所谓英雄时代

19世纪末和20世纪初,在古代史研究上出现了一个"考古学"时代。在这个时代之前,比如说关于希腊史的研究吧,所根据的主要是古典时代及其后的希腊历史家留下来的史籍,加上长期来搜罗到的碑铭和文物。在古代希腊典籍中,最古的是荷马的史诗《伊利亚特》(Iliad)、《奥德赛》(Odyssey)和希西阿(Hesiod)的《神谱》及《劳动与时令》等诗作。其中荷马的史诗《伊利亚特》叙述了亚该亚人"万民之王"亚加米农(Agamamnon)远征特洛伊(Troy),也就是以木马计著名的那次战役的故事;《奥德赛》所说的则是特洛伊战斗中的英雄奥德修斯(Odyssus)战后回国——他是希腊西海岸今科孚岛附近的伊大卡(Ithaca)岛上的巴西琉斯(Basileus,即王)——航海历险的故事。这是些文学作品,古时的希腊人虽然很认真地把它们当作可靠的历史,有时并根据《伊利亚特》中的"船舶目录"来解决各邦之间领土上的争端(因为"船舶目录"历数了当时各邦所属的领土),在19世纪的疑古空气中，它们被看作并非信史的传说。真的，古代希腊类似荷马（Homer）史诗这样的英雄传说还有不少，其中有卡德摩斯（Cadmus）在提佛播种龙牙，长出许多武士，经过互相残杀的搏斗，剩下几个人建立了提佛城的故事；有伊阿宋（Iason）驾驶亚尔古（Argos）号船远航黑海觅取金羊毛的故事；等等。古典时代的希腊悲剧作家取材这些英雄传说，写成许多艺术价值很高的悲剧留传于世，这些戏剧毫无疑问地也丰富了这些传说。又，希腊的神是一些神人同形的形象，他们有七情六欲，喜怒悲欢，神还与人结合，生下来的后裔就是英雄传说中的英雄们。这样，神话中的神和英雄传说中的人扭合在一起，史诗的历史价值显得更为可疑。19 世纪的英国希腊史家格罗脱干脆把希腊史的信史时代定在有碑铭可据的第一届奥林匹亚（Olympia）庆会（公元前 776 年），在此以前，历史家几乎一致把它归入传说时代，并正式称之为"英雄时代"。

英雄传说中有王，希腊语称为巴西琉斯（Basileus）。有小地区上的王，例如伊大卡岛的巴西琉斯奥德修斯，有亚该亚人的"万民之王"亚加米农，他是有权统辖全希腊各地诸巴西琉斯的大王。按照传说，亚加米农属于彼罗普（Pelop）家系，他拥有全希腊的"王权"，王权的根据何在弄不清楚。在《伊利亚特》中，王权的象征是彼罗普斯（Pelops）传下来的王杖，这支王杖据说是赫菲斯塔司（Hephaestus，希腊诸神中的工艺大匠）制作的，彼罗普斯把它给了阿特里阿斯（Atreus）一系，传到了亚加米农手里。希腊各邦各有自己的英雄传说，传说中无例外地都有王，例如雅典，就有传说中的西克罗普斯（Cycrops）、埃勾斯、提秀斯诸王，还有王制消亡以前最后一个王科特罗斯（Codrus）。传说中有王，有许多史迹可凭，所以，希腊有王政时代，古代希腊作家全都承认，近代史家对此也毫不怀疑。然而，往上推溯，王政渊源于难以凭信的英雄传说。往下数去，到了有信史可凭的历史时代，希腊各邦的王都已被贵族阶级的专政所取代，只剩下斯巴达的两个王一直继续到公元前 3 世纪，其余凡在说希腊语的人民中而有王的，都是一些落后的地方，于是，有些著名的历史家就把希腊的王解释为不同于"东方专制主义"中的王。他们认为，希腊的王不是东方那样"神授"的王，英雄传说中即使有神授王权的模糊的迹象，那也纯粹出于诗人的想象。希腊的王原来是氏族民主制度中的民选军事领袖，史诗中要赋予这些民选军事领袖以神话的色彩，在历史上"并没有证明任何东西"。

考古发掘彻底更新了远古希腊史的面貌

但是，19世纪末开始的考古发掘，及其后长时期历史家和考古学家的辛勤研究，使得远古时代的希腊史的面貌彻底更新了。

考古学有它自己的历史，这里不想来叙述这番历史。总之，考古发掘者们把英雄传说中特洛伊古城发掘出来了，把亚该亚人的"万民之王"亚加米农的都城迈锡尼发掘出来了，把传说中的克里特的克诺索斯王的宏伟的宫殿发掘出来了。这些考古发掘的经过，发掘出来的东西的图版，对于发掘结果所做的研究，以及目前史学界一致公认的结论，可以在一般希腊史的书籍中找到，塞尔格耶夫的《古希腊史》对此介绍较详，可以参看。这里只作一些十分简略的介绍。

在克里特岛，发掘了克诺索斯古城，找到了宏大的宫殿，有十分"现代化"的壁画，精美的陶器瓶和人像，刻有线形文字的黏土板。

在迈锡尼（《伊利亚特》中亚加米农的王都），找到了用长三公尺以上宽一公尺的巨石垒成的城墙和"狮子门"；找到了规模宏大的陵墓，有坑冢，还有圆冢。圆冢作蜂巢形，高十八公尺，直径也是十八公尺，还有宽阔的长达三十五公尺的墓中廊道；找到了精工装饰的武器、金质面具、金质的巨型精美酒杯；等等。

在奥科美那斯（Orchomenus）、提佛等地，也找到了故宫的废墟。

这些出版文物的图版给我们提供了三四千年以前爱琴文明的栩栩如生的直观印象，使我们对于这些统治者们生前怎样生活和统治，死后又有怎样豪华的"陵寝"，获得一些概念。在这些地下证据面前，我们无论怎样也不能相信，这些巴西琉斯是氏族民主制度下的民选军事领袖，我们不能不肯定，他们和"东方专制主义"下诸王一样，是"受命于天"，统治剥削大批劳动人民的"王"。

历史研究当然不会停留在直观印象阶段上。通过这些发掘和研究，史学界发现，希腊文明开始于克里特，从克里特传布到大陆希腊，其中心是迈锡尼。克里特文明一直可以推溯到公元前 3000 年，其极盛时期在公元前 1600 年，还在特洛伊战役前四百年。特洛伊战役是实有其事的，战争的一方亚加米农，迈锡尼的王，和亚该亚人的"万民之王"，大概也是实有其人的。史诗固然不是信史，然而有确凿的史实为其核心。

面貌彻底更新了的远古希腊史，内容也在逐渐丰富中。下面我们摘录一些文字，以便粗略了解它的内容。

克里特文明

克里特文明开始很早，公元前 3000 年，那里已进入铜器时代。

> 大约在公元前 2250—前 1200 年之间，克里特岛是一个海上帝国的中心，它在政治上和文化上扩大它的影响及于爱琴海上诸岛，和大陆的海岸……它的自然主义的美术值得最高的赞美，它享受着在许多方面就其舒适而言比古代世界的其他任何地方更"现代化"的文明。
>
> 克诺索斯的统治者领有当时最大的海军，迫使昔加拉第群岛（希腊半岛东南）称臣，并且建立了克诺索斯城在爱琴海上的霸权……从公元前 17 世纪起，（克里特岛）已经和希腊大陆有着频繁的往还。克里特航海者已经出现在迈锡尼、梯伦斯、科林斯地峡、彼奥提亚、阿提卡、特萨利亚等地……
>
> 在公元前 2000 年克里特已经有如下的手工业者：武器匠、木匠、铁匠、皮革匠、制壶匠、青铜器匠、镂刻匠、象牙技

师、画家、雕塑家等。①

关于克里特的政制，史学界根据各方面的证据，推定在公元前1600年的第二克诺索斯时代。

> 社会政治制度在许多方面类似古代东方王国。……否则，便难以解释那些大建筑物，多种手工业，奢侈品以及雅致的玩艺从何而来。……照东方的例子可以类推，奴隶劳动可能跟土人劳动一起使用来建宫殿，筑道路，开石矿，做各种工艺，以至充当海员。

> 正如埃及法老王那样，克诺索斯官的统治者一身兼任祭司和军事首领之职。有一幅米诺斯后期彩色浮雕，清楚地证明了这点。这浮雕绘着一个人，高约三公尺，头戴王冠，冠上饰以一束彩色长羽毛，冠下露出长发卷，散垂于肩际，颈上有几排金项链，腕上有粗重的手镯。②

克诺索斯王的装饰类似埃及法老王，有的学者还推测克里特文明干脆是从埃及迁移过去的。

> 所谓的米诺斯文明，是在青铜时代同时开始的，它就在这个时代繁荣于克里特岛的东部和中部……埃及的影响开始于第一王朝时代（公元前3500年）……以后，在前米诺斯第二期（公元前2800—前2400年），埃及成分变得如此强烈，甚至在克里特可能建立了埃及的殖民地，就我们所能知道的而言，那是在第六王朝以下的事情。也许，发生于第一王朝之初和第五王朝倾覆时期的（埃及的）动乱，赶走了相当数量的人民集

---

① ［苏联］塞尔格叶夫：《古希腊史》，第三章。
② 同上。

团，使他们到克里特去找和平和碰运气。而克里特原是住着有血缘关系的种族的。或者我们可以想象，冒险的克里特水手向南航行——也可能被一阵风暴刮得离开他们的航程——发现了尼罗河谷的奇迹。就这样，或者出于偶然，或者由于冒险，走上克里特。到此为止从未享受过的文明道路的冲击力量来到了。①

克里特岛上的最初居民来自亚非草原，是有人种学上的证据的：分析克里特岛上最早居民体型遗迹的结果证明，这个岛上最初居民的全部，或绝大部分，是"长头颅"人（亚非草原最早居民），而"宽头颅"人（安那托利亚和希腊的最早居民）虽然最后占了优势，可是在原来克里特的人口当中，他们却毫无代表性或仅仅占一个少数。这个人种学上的证据，肯定了这样一个结论，就是最早在爱琴群岛上任何一个岛屿上居住的人民，乃是由于亚非草原的"干燥"而迁来的移民。

人种与埃及相同，文化受到埃及的强烈的影响，克里特这个海上帝国类似东方王国，看来是合乎情理的结论。

迈锡尼和亚该亚人

迈锡尼在希腊大陆的伯罗奔尼撒半岛东北部，离科林斯不远的地方。它虽然并不滨海，但是它和科林斯湾、萨洛尼克湾、阿各斯湾三个海湾的距离几乎相等，是一个交通中心。考古发掘证明，那里的文明比希腊北部如特萨利亚等地兴起得早得多，也证明文明是从克里特岛传播过去的。文明究竟通过什么方式传布过去的，眼前只能加以猜测：

最终使得希腊后期（考古学分期，公元前16世纪）迈锡

---

① 瓦斯：《早期爱琴文明》，第1卷第17章，*Early Aegean Civilization*, by J. B. Wace, Ch. 17, Vol. 1, c. a. h.

尼的大陆文明兴起的，是特别以米里雅（Miriyan）器物及其制造者为代表的，强烈的克里特因素对希腊或大陆成分的冲击。正当"希腊中期Ⅱ"结束之前，亦即公元前1600年前不久，一个强有力的王朝开始于迈锡尼，它的第一代君主，也许就埋在坑冢中，更像是在第四坑冢的第一批死者之中。

……大约正好在公元前1600年，伯罗奔尼撒，希腊中部和其紧邻地区，出现了文明的第一次伟大进步……可能在迈锡尼（Mycenae）、梯伦斯、科林斯、奥科美那斯、提佛等地建立起来了克里特的殖民地；或者，我们可以相信，影响力量并不是通过殖民或征服，而是通过和平的进入，通过商业、移居、旅行之类而发生作用的。……不管怎样，公元前1600年左右，可以称为米诺斯——希腊的一种文明，在希腊大陆上，从奥塞里斯（Othrys）山到萨洛尼克（Saronic）湾，在伯罗奔尼撒以及科林斯湾北岸一带，分明占有统治地位。也可能有不止一个王国，事实上更像包括几个王国；不过它们必定是由于共同的文明，由于要在外国环境下站住脚跟——如果上面所说的道理是正确的话——的必要性而团结在一起的。①

公元前16世纪和前15世纪时期，正是克里特文明的黄金时代，克诺索斯城雄霸全岛，其他诸城全部被毁。就在这个时候，大陆希腊的伯罗奔尼撒半岛上建立了强大的迈锡尼王朝国家。这是迈锡尼文明的第一时期，它来自克里特，似乎也处于克里特统治之下。

公元前14世纪，上述情况发生了根本变化。克里特衰落了，迈锡尼兴盛起来了。公元前14世纪初期，迈锡尼的王宫和卫城改建得规模宏大，城市不仅是王宫所在地，而且成了政治经济中心，聚居着王廷的文武人员、工匠和奴隶。王宫建筑宽广，有好几层

---

① 瓦斯：《早期爱琴文明》，第Ⅰ卷第17章。

楼。上文所提到的巨石城垣、狮子门和豪华圆冢，都是这个时代的建筑物。有的史学家还推测，迈锡尼诸王像埃及法老一样有生前营陵的传统。迈锡尼统治着整个伯罗奔尼撒半岛、阿提卡（雅典）、彼奥提亚、优卑亚岛、爱琴那岛，它扩大及于特萨利亚、爱奥尼亚诸岛屿、埃托利亚（中部希腊科林斯北侧）。克里特这时也许倒转来向迈锡尼纳贡了。

这里是"非克里特"的王朝。是不是就是希腊人的王朝呢？是的。

> 希腊土地上的发现……表明在公元前 14 世纪和前 13 世纪，在南部和中部希腊存在着富有的强大的国家，拥有高度的文明。没有理由怀疑，这些国家的统治者属于希腊血统，起码也是说希腊语的。……我们可以大胆地说，第一，传统把皮拉斯基人（Pelasgians）指为这个时期希腊许多地方的十分重要和强有力的人民，这是一般的证据；第二，很可能，就在这个时候，除少数边远地方而外，前希腊居民已经普遍地被希腊人降服了或赶走了。在这些早期居民中，也许我们可以较有信心地提到里利吉斯（Leleges），他们有许多向东移居到爱琴海上诸岛屿，移到小亚细亚去了，以后又出现于历史中。①

迈锡尼王朝的崛起和克里特的衰落，反映了希腊人对非希腊人的胜利。不过，公元前 13 世纪中期以前的迈锡尼王朝的统治者，是不是就是皮拉斯基人，因为证据缺乏，并无定论。稍后，到公元前 13 世纪中期，另一批人即亚该亚人走上了前台，自此以后，传统开始向我们提供看来多少可信的消息，它提到了代表实在人物的姓名，记述了确凿的历史事件。

---

① 伯里：《亚该亚人和特洛伊战争》，第 II 卷第 17 章, The Achaeans and the Trojan War, by J. B. Bury, Ch. 17, Vol. II. c. a. h.

公元前 1200 年，我们发现亚该亚人成了克里特的统治者，同时，在希腊那么多重要地方都有亚该亚统治者，以致"亚该亚人"成了说希腊语的人的恰当的普通名词了。①

亚该亚人的扩张

亚该亚人从哪里来，又是怎样来的，其说不一，下面是一种说法：

> 亚该亚人总被看做希腊本地诸族人民的一支——犹如皮拉斯基人、希伦人、彼奥提亚人、德赖俄普人（Dryopiaus）和其他诸族人一样——原先住在北方兹帕尔克俄斯（Spercheus，彼奥提亚之北）河谷及其邻近诸地……
>
> 关于 13 世纪的希腊史，传统向我们提示出一幅无分南北的、恒常而活跃的民族移动的图画；统治家族的成员，有时因为犯了杀人大罪害怕被杀者血族的报复，或者出于自愿，或者被迫出走，然后通过婚姻或其他途径在他乡赢得了王侯之位。如果我们接受这样的传统观点，认为亚该亚人是希腊人，原来住在兹帕尔克俄斯和普纽斯（Peneus）河谷和马利亚湾（Malian Gulf）一带，他们在南部希腊或克里特或在其他地方上升到掌权的杰出地位，那可能干脆就是这类民族移动的结果。北方希腊人比南方希腊人穷，他们生活在粗野得多的状况之下。伊塔（Oeta）山和马利亚湾以北地方的考察，没有显示出那里存在过什么可以和迈锡尼、太林斯（Tiryns）或奥科美那斯哪怕略相比拟的城市和宫殿。我们容易理解，这个地区的冒险家们会出来想要夺到一个王国，出来碰碰运气，应该是到处皆是的。我们发现，大约在公元前 1223 年，亚该亚人攻打了埃及。

---

① 伯里：《亚该亚人和特洛伊战争》，第 Ⅱ 卷第 17 章，*The Achaeans and the Trojan War*, by J. B. Bury, Ch. 17, Vol. Ⅱ. c. a. h.

在一个（埃及）的铭文中，记载着法老门利普达（Meneptah）打退了一次利比亚人的进犯，他们得到一帮海上人民的支援，这里出现了他们的名称（Ekwash，或 Akaiwasha）!

和南向的冒险一样还有东向的冒险，见于伊阿宋的"亚尔古"号的航行，从特萨利亚的受奥尔西阿斯（Iolcius）港口出发到赫勒斯滂（Hellespont）和普罗彭提斯（Propontis，今达达尼尔海峡和马尔马拉海），这次航行确实在雷姆诺斯（Lemnos）岛上建立了一个希腊殖民地。①

上引文中的所谓的亚该亚人入侵埃及，据史家考证，其侵入范围也及于当时埃及统治下的巴勒斯坦。亚该亚的入侵被埃及打败了，但是侵入巴勒斯坦的那部分入侵者，一支亚该亚人、加里亚（Caria）人等民族混合的队伍就地投降了。不久，埃及衰微，退出巴勒斯坦，这部分人又兴旺起来，组织自己的国家，这就是《旧约》中的"非利士人"（非利斯丁，Philistine），"巴勒斯坦"是由他们得名的。非利斯丁诸国后来大概被以色列人和腓尼基消灭掉，人民被同化了。从此以后，叙利亚、巴勒斯坦沿海一带也是希腊殖民所进不去的禁区了。

亚该亚人海外扩张的势头十分猛烈。他们南进埃及、巴勒斯坦，北攻小亚细亚西北部的特洛伊，此次战役就是荷马史诗的主题。其实，向南侵犯还不止埃及巴勒斯坦一地。史料表明，塞浦路斯岛有非常古老的希腊殖民地，荷马《伊利亚特》的船舶目录，从军攻打特洛伊的有罗德岛、寇斯（Cos）岛（小亚细亚西南角上几个海岛）的船舶和战士，可见那里早已是希腊殖民占领的地方，不仅如此，还有史家根据同时期其他古代国家遗文的阐释，猜测亚该亚人还在小亚细亚大陆的西南部上建立过一个"独立的亚该亚王国"，这样，塞浦路斯、罗德诸岛的殖民，和入侵埃及、巴勒斯

---

① Bury, op. cit.

坦就都是和这个中心有关的了：

> 根据不久以前阐释的赫梯族的一部分遗文，某些学者（Forrer，Glotz）提出了如下的猜测：迈锡尼的阿特鲁斯氏族，在其全盛时代，不但使希腊其余的巴西琉斯（王）称臣，而且在埃及，小亚细亚，昔加拉第群岛和地中海的西部都巩固了自己的势力。大约于公元前 14 世纪，在小亚细亚，在旁非利亚及其附近的岛屿，形成一个独立的亚该亚王国（古称阿客雅瓦，Achiyawa）。亚该亚王国和赫梯王国的关系复杂，有时和平共处，有时彼此敌视。到了公元前 13 世纪，自从在卡狄殊（Kadesh）败溃之后（公元前 1290 年），赫梯王国虽有个时期衰落了，它在地中海东南部的霸权，显然落入亚该亚人之手。公元前 13 世纪至 12 世纪期间，亚该亚人联合其他部落（加里亚人，西利西亚人（Cilicians），条克理人（Teucres）等），摆脱了赫梯的桎梏，侵入埃及。关于这点，埃及的碑文亦有记载，虽提及侵入埃及的海洋民族中有达那俄斯人（Danaos）——亚该亚人的别称。但是，自从上述几个民族被埃及法老拉美斯四世（Ramses Ⅳ）打败以后，"亚该亚同盟"就瓦解了，所有这些民族便分散在地中海诸岛和沿岸之间。①

亚该亚人的迈锡尼王朝

无论亚该亚人的"来到"是采取了渗透的方法还是采取了武力征服的方法，还是兼用了两种方法，亚该亚人扩张的规模是巨大的，同时，在迈锡尼有一个亚该亚人的中心王朝也是无可怀疑的。还是根据荷马《伊利亚特》中的船舶目录，亚该亚人的"万民之王"亚加米农直接统率的军队来自"迈锡尼大城堡"富饶的科林斯和西息温等地，而斯巴达的黑劳士（Helos，注意这个地名和后

---

① [苏联] 塞尔格叶夫：《古希腊史》，第 104—105 页。

来斯巴达所征服的 Helots 名称的某种一致性）等地则是他的兄弟麦尼劳斯（Menelaus）的王国的领域。除此而外，还有二十几个国家来的船舶和军队，每个国家各有自己的王，和《伊利亚特》亚加米农这个迈锡尼的王一样。

在希腊世界具有首要地位并行使着某种领导权，要说这是"迈锡尼帝国"也许是过甚其词。谁也不纳贡，谁都不对它负担什么军事服役的义务，除掉它自己的王国而外，没有任何证据足以证明它是一个正式的政治同盟的盟主。但是彼罗普斯（Pelopids，亚加米农所属的世系）具有一种其他君王所承认的优越地位，看起来这并不仅仅因为他家的财富和军事威力较大，也因为具有某种优越性——他拥有"王权"。然而理由何在，并不清楚。王权的象征是彼罗普斯传下来的王杖［据说是赫斐斯塔斯（Hephaestus）神制作的］。彼罗普斯把它给了阿特里阿斯（Atreus）一裔，然后传给了亚加米农。可能"万民之王"（Kreion）一词是用来指彼罗普斯家对寻常的王（巴西琉斯）的优越地位的。①

根据我们中国人所知中国古代王朝的状况，亚该亚人的这个迈锡尼王国，有点像周王朝的"王畿千里"，即一个对诸侯具有最高王权的中心王朝直接统辖的地区，其他王侯（根据郭沫若的金文考证，春秋时代及春秋以前周的诸侯，在其国内也可称为"王"）对它有某种程度的臣属义务。我在上面用"有点像"这几个字，因为我所知的史料十分贫乏，这只是推测。掌握了迄今为止已经发现的各种史料的西方史家对此也只能作某种推测，因为这个时期的希腊史，完全缺乏信史的记载，所能资为根据的，是考古发掘所得的文物，和同时代其他古代国家史料的间接证据，所以很不容易下

---

① Bury, op. cit.

什么肯定的判断。

不说迈锡尼王国和希腊其他诸邦的关系，迈锡尼王国这个"王畿"又是一种什么政制呢？

根据地下发掘出来的宫殿、城垣、陵墓等，不征集巨额的人力物力决搞不起来这一点来说，迈锡尼王国的人民会有苛重的贡赋和徭役负担。人力物力也许来自海上贸易和海上掠夺，不过从这里得来的财富集中于王家，这个王家也决不可能是氏族民主制下的民选军事领袖。贡赋是否有一部分来自属国？我们不知道。中国的周天王确实也向诸侯征收贡赋，按我们所知的史料，例如齐桓公责备楚国不向周天王交纳应交的一份贡赋，这份贡赋是"苞茅"，是楚国的土产，供周王朝祭祀之用的，那是一种礼仪上的贡赋。如果允许做类推的话，这种贡赋即使有，大概也是微薄的，伊伦伯格（Ehrenberg）主要根据资料，对于迈锡尼王国的政制作如下的判断：迈锡尼王国可能结合了东方的祭司——君王和印欧酋长遗风两者。国王之下似乎发展起来了一个上层阶级和一种贵族政治，比起克里特来，这个阶级也许更不像廷臣，而是独立的小统治者和独立的武士。人民又怎样呢？书版（按即考古发现的文字资料）指出了一批专职人员、各类工匠和商人，其中许多是王室的仆人，另外一些是神或王的奴隶。田制是一个未解决的问题。也许我们可以称之为是以封建社会的结构为基础的。

迈锡尼的社会制度颇有些与克里特社会制度相同的地方。但是，在迈锡尼，贵族的氏族显然有更重要的地位。考古学上的材料，多少证实了荷马史诗中的某些资料。①

总之，迈锡尼王国的东方特征，比克里特稀薄了一层。伊伦伯格所说的封建社会结构，是以欧洲中世纪王权及各级封建领主间的松弛的隶属关系作比喻的。如果我们考虑到，克里特的"集中化"，不过是在一个岛上的集中，迈锡尼王国统治的地区比克里特

---

① ［苏联］塞尔格叶夫：《古希腊史》，第102页。

一个岛要广阔得不可比拟,还要加上海上文明的特征,它之向"多中心化"迈进一大步是不足为怪的。

议事会和公民大会

还是根据荷马的《伊利亚特》,好多后来成为希腊城邦制度特征的要素,我们在那里并没有发现,或者只有一些影子。在那里,战争的胜负取决于披甲的王侯之间的战斗,打死了一个敌人赶紧要剥下他的甲胄,可见甲胄是珍贵的东西。普通战士在战斗中算不了什么,兵制当然不是公民军。事实上,公民军制是公元前8世纪前后重装步兵战术发明以后才形成的,而重装步兵战术的形成,显然又与城邦制度的初步形成有关。"法治"可以找到一点影子,荷马描写的阿奇里斯(Archilles)的盾上有一幅打官司的图像,审判者是"长老",这距离陪审法庭还遥远得很。值得特别注意的是,军中重要决定要召开全军大会来宣布,这个大会只听取传达,不作讨论,也无权表决。又,这位"万民之王"的亚加米农为了要解决继续围城还是解围撤兵的问题,要召集首领们的会议来讨论并作出决策。从英文译本来看,这两种会议的名称就是后来用来称呼公民大会和议事会的 Assembly 和 Council,也许希腊文也就是 Agora 和 Bouli。据此也许可以作判断,城邦政制中的主权在民和直接民主制度,早在亚该亚的迈锡尼时代已经萌芽了。假如不是诗人把后代他所熟悉的政制撰入他所叙述的时代(这是可能的,因为史家公认,荷马史诗写成于公元前9世纪,而且写成并长期传诵于小亚细亚诸殖民城邦,后来才传到希腊本土的),应该承认这是氏族民主的传统,也就是伊伦伯格所说的"印欧酋长遗风"的一项内容。这种萌芽,就现存典籍来看,确实是我国古代所找不到的。但是,纵然有这种因素存在,按荷马史诗的整个气氛来说,亚该亚诸王还是"神授的王",这符合于地下发掘出来的证据,说是民选军事领袖是未必妥当的。

多里安人的入侵

亚该亚人的迈锡尼王朝为时不长,从北方来的多里安人和其他民族不久就摧毁了这个全希腊的最高王权，从此希腊本土就形成了各邦分立、不相统属的局面。

多里安人是北方的希腊人，他们在色雷西亚（今希腊东北和保加利亚南部）、伊利里亚（今阿尔巴尼亚及其周围地区）人的压迫之下向南迁移，进入巴尔干希腊内陆。某些史家根据考古文物（所谓几何图形的陶瓶）的证据，认为他们最初进入希腊本土可以上溯到公元前 15 世纪，那是小股移居。公元前 12 世纪特洛伊战争之后，迈锡尼王朝急剧衰落了，希腊大陆上相对统一的局面从此开始逐渐破坏，多里安人的来到，最终破坏了各地的交通联系，他们直接南下占领迈锡尼王国的中心，伯罗奔尼撒本岛东北部阿尔哥斯地区，焚毁了迈锡尼、梯伦斯、科林斯的港口科腊古（Koraku），把迈锡尼旧壤一块一块割裂开来建立多里安人诸邦，其时在公元前 1050 年左右。

在多里安人入侵前后，或者和它同时，特萨利亚人（大概也是西北希腊人）占领了历史时代的特萨利亚（奥林比斯山以南，吕都斯山以东，以拉里萨为中心的一片广阔草原），也许还有其他西北希腊人的入侵，结果，北部和中部希腊旧迈锡尼时代诸国的政治地理彻底改变了，成立了爱奥里斯诸国：特萨利亚、彼奥提亚、福西斯、洛克里斯以及当时还相对落后的埃托利亚、阿开那尼亚诸地，它们彼此也不相统属。阿提卡（雅典）一直未被侵入，密迩阿提卡的优卑亚大岛大概也未被侵入，这两个地区以后称为伊奥利亚。连同南面伯罗奔尼撒岛上的多里安人诸邦，形成历史时期希腊本土的三大集团，爱奥里斯（Aeolis）、伊奥利亚（Ionia）和多里斯（Doris）。但这是人种语言集团而不是政治集团。每一个集团各自独立，集团的界限有时也影响各国间政治上的结合，然而基本上是两回事。

伯罗奔尼撒是迈锡尼时代的王畿，是统治全希腊的迈锡尼王朝的中心地区，占领伯罗奔尼撒的多里安人，至少曾经企图在占领那里的多里安人诸邦中形成一个领袖诸国的中心王权。按照传统，征服者是英雄赫拉克利斯（Heraeles）后裔赫鲁斯（Hgllus）的三个孙子，长兄占领了阿尔哥斯（Argolis），另两个兄弟占领了拉哥尼亚（Laconia，斯巴达）和美塞尼亚（Messenia）。阿尔哥斯王国所辖地区包括迈锡尼、梯伦斯等迈锡尼王朝的大城（多里安人把那些城市都毁掉了，王国中心在阿尔哥斯城），它理当成为多里安人诸邦的盟主。然而多里安的斯巴达似乎从头到尾没有理睬这个要求，而原属迈锡尼王国的科林斯、西息温以及阿尔哥斯的埃彼道鲁斯（Epidurus）、赫迈俄尼（Hermione）等地方又各自建成了多里安人的小邦。自此以后，虽然阿尔哥斯王国长期内一直念念不忘它的被否认的宗主权，公元前7世纪时还出现过一位著名的国王斐登（Pheidon）想要重建霸业，却没有获得什么成就。多里安人诸邦中最强大的斯巴达实行过兼并政策，它征服了邻邦美塞尼亚，然而当它想继续征服北面的阿卡狄亚（Arcadia）的时候，它的征服政策失败了，以后它建立了拉凯戴孟同盟，长期来一直是伯罗奔尼撒的，也是全希腊最强大的军事力量，然而这终究截然不同于统治全希腊的最高王权，并且具有城邦希腊的许多特征，后面我们还要另加介绍。

多里安人入侵所造成的希腊本土的状况就是这样。在亚该亚迈锡尼旧壤上建立起来的诸独立小国都是王国，然而凌驾诸小国之上的最高王权从此消失，再也恢复不起来。从多里安人征服到公元前8世纪的三四百年中，考古发掘证明，那个时代没有豪华的建筑，没有精美的手工艺品，陶器的装饰也从富丽的瓶绘退化到朴素的几何图形，所以西方史家以欧洲中世纪为比喻称这个时代为"黑暗时代"。

希腊文明中心的东移

以上粗略介绍了远古希腊的灿烂的克里特迈锡尼文明，在19世纪80年代以前，历史家对它基本上是一无所知的，这是考古学的伟大成就。唯有考古的发现，才使一向被看作不可凭信的英雄传说，提升到头等重要的史料的地位，而公元前8世纪以前的三四百年也就成了继灿烂的远古文明之后的"黑暗时代",不再是渺不可考的"史前时代"了。

然而这个"黑暗时代"其实并不黑暗。希腊本土也许可以说是衰落了,因为没有留下什么宏伟的建筑物和精美的工艺品;也许这不过是王朝的衰落,普通人民没有了豪华奢侈的王朝,也许过得比从前好了一些,并且还在休养生息积聚力量。更重要的是,多里安人的入侵,大大推进了迈锡尼时代早已开始的海外殖民。迈锡尼旧民,一部分屈从于被征服者的地位,一部分避难到例如伯罗奔尼撒的阿卡狄亚山区,更有一部分移居海外,到海岛上去,到小亚细亚沿岸一带去,到迈锡尼时代已经建立起来的殖民地去,或者另去开辟新的殖民地。远古的灿烂的希腊文明中心东移了。而那里正好是希腊城邦制度的发源之地。

三 海外殖民城市是城邦制度的发源之地

爱琴文明是海上文明

史学界通常把克里特—迈锡尼文明称为爱琴文明,这不仅因为这两个地方同处爱琴海上,而且,这个文明确实具有海上文明的特征。克里特是一个海岛,迈锡尼虽在大陆上,"文明"是从克里特漂海过去的。希腊本土原是一个半岛,这个半岛被海湾地峡和高山分隔为彼此几乎隔绝的小区域,可是它的海岸线极长,港口多,又有爱琴海上和爱奥尼亚海上希腊两边诸岛屿,把希腊半岛和小亚细亚、意大利连接起来。在海船上航行的人,前后都有肉眼可以望得见的岛屿用来指示航程,这种条件几乎是世界上任何其他地区都不具备的。正因为如此,公元前两千多年的时候,克里特已经建立了第一个海上霸权,远古时候,希腊的冒险家们以海盗为生,他们劫掠海行中的船只,也劫掠岛屿上和大陆海滨的村镇,并以此为荣。在克里特—迈锡尼文明尚未发现以前,历史家曾经认为,腓尼基(今黎巴嫩西顿、推罗一带)是第一个海上霸权,腓尼基人建立了迦太基，希腊人航海是从腓尼基人那里学来的。克里特—迈锡尼文明发现以后，根据各种证据，史学界现在公认，是腓尼基人向希腊人学会了航海而不是相反。闪族文明渊源于大陆，西顿、推罗（古腓尼基两个主要的城市王国）是被大陆上亚述、巴比伦等帝国逼迫得向海上去谋生存和发展的，其时已在公元前十二三世纪，当时的爱琴文明已经十分辉煌了。

海上劫掠和海外殖民距离并不太远。克里特文明伸向希腊本土和爱琴海上诸岛屿，也许就是海外移民的结果。亚该亚人来到希腊本土，曾经迫使原住希腊本土的克里特人、加里亚人、里利格（Lelege）人、皮拉斯基人等移居海外。他们之中有一部分留下来和亚该亚人混合了，所以他们与希腊人有血缘关系。他们的移居海外，历史上为希腊的海外移民起了打先锋的作用。亚该亚迈锡尼王国本身的海外扩张势头又很猛烈，远征特洛伊之役显然是为了开辟移民小亚细亚西北部以及进入黑海的道路，在这次战役中希腊人占领了雷姆诺斯（Lemnos）、伊姆罗兹（Imbros）、累斯博斯（Lesbos）等岛屿。战后，希腊人立即殖民于特内多斯（Tenedos）、安坦德拉斯（Antandras）、西拉（Cilla）、库梅（Cyme）、彼坦尼（Pitarie）等地，这个地区以后逐渐扩大，它实际上是一个"新亚该亚"。同样，小亚细亚西南角海外的罗陀斯（Rhodes）、寇斯（Cos）、塞米（Syme）诸岛，也许还有塞浦路斯（Cyprus），特洛伊战役前后已经有希腊人移居。前面已经指出过，有的史学家甚至猜测小亚细亚南岸中部大陆上曾经建立过一个独立的亚该亚王国。这些都属于早期海外殖民，是爱琴文明的海上文明特征的必然结果。

多里安人来到以后的海外移民

多里安人的来到，大大促进了原来已有相当规模的海外移民。

移民的第一个方向是小亚细亚西北角上，亦即特洛伊战后建立起来的"新亚该亚"地方。亚该亚诸王国先后倾覆的时候，迈锡尼、阿尔哥斯、斯巴达、派娄斯（Pylos）各地亚该亚王侯贵族纷纷移居此地，特洛伊战役中许多事迹是在这个地区保存下来，以后通过史诗传诵于世的。移民的第二个方向是小亚细亚西部中部，后来称为伊奥利亚诸城的地方。那里的移民的相当部分是从阿提卡（Attica，雅典）出发的。多里安人入侵的时候，阿提卡地区未受侵犯，修昔底德说：

> 希腊其他地方的人，因为战争或骚动而被驱逐的时候，其中最有势力的人逃入雅典，因为雅典是一个稳定的社会，他们变为公民，所以雅典的人口很快就比以前更多了。结果，阿提卡面积太小，不能容纳这么多的公民，所以派遣移民到伊奥利亚去了。①

伊奥利亚最初移民从雅典出发是可信的，因为米利都（Miletus）四个族盟有三个和雅典的名称相同。在那个地区，希腊人建立的殖民城市有米利都、佛西亚（Phocaea）、埃弗塞斯（Ephesus）、科罗封（Colophon）、厄立特利亚（Erythrae）以及基俄斯（Chios）、塞莫斯（Samos）等岛屿。

移民海外的有利国际条件

多里安人入侵以后的移民，显然是分散的无计划的。这里我们要问，为什么他们竟然没有遭遇当地人民的抵抗呢？殖民于海岛比较容易，因为海岛的"土著"人数少，文明程度又低于希腊人。可是，小亚细亚大陆上居住着文明极发达、组成极强大国家的人民，例如，亚该亚人费了那么大的力量打下来的特洛伊，考古发掘证明它有整整十二层的乡村和城市彼此相叠，亚该亚人打下来的特洛伊，在它的第七层，那已是文明极先进的城市了。特洛伊既然要"万民之王"亚加米农统率全希腊的军队去攻打它，其他地方的殖民又怎么能够分散进行呢？

---

① 修昔底德：《伯罗奔尼撒战争史》，第3页。

也许可以称为历史条件的偶合。小亚细亚内陆,远古时期有强大的赫梯王国,它的中心在今土耳其首都安卡拉附近克泽尔河〔古称哈利斯(Halys)河〕的东面。赫梯王国曾经南下与埃及争霸于腓尼基和巴勒斯坦地方,特洛伊王国大概就是和这个王国结盟的。特洛伊以外,还有伊奥利亚地区的当地势力存在,阻碍希腊人的殖民。希腊人攻打特洛伊城的时候,赫梯衰落了,希腊人得以攻陷特洛伊城,也许还是以此为背景的。以后,赫梯王国被亚述帝国灭亡了,而和亚述争霸的对手有埃及和巴比伦,所以亚述注意中心在南面,并没有牢牢抓住小亚细亚。多里安人来到,希腊人广泛殖民于小亚细亚的时候,福里基亚(Phrygia)王国代赫梯王国兴起于小亚细亚,但势力不大,而且它的中心离海岸较远。海岸上散处着的是一些零星部落,其中有许多是克里特的遗民,以及前面提到过的和希腊人种语言接近的加里亚、里利格等族人。希腊人只要和这些小民族打交道,没有碰到一个强大王国统一领导下的有组织的抵抗。虽然如此,希腊人殖民于伊奥利亚地区,还是碰到了困难。伊奥利亚是一片富饶远胜于南北两端的地方,然而希腊人移民于此较晚,多里安人入侵以前,那里还无希腊人的踪迹。根据考古发掘所得证据,史家推测这是因为公元前14、前13世纪那里存在着一个深受赫梯文明的影响,也许是依附于赫梯王国,以士麦拿(Smyrna)为中心的一个国家。赫梯衰亡了,它还撑持了一个时期,足以抵抗希腊人的殖民。不知道这个国家怎么消失掉了,希腊人也就移民到那里去了,不过时期略晚而已。

这种有利的国际条件不可能一直持续下去,公元前7世纪小亚细亚西侧兴起了强大的吕底亚王国,王都萨第斯(Sardis)距海岸不过八十公里,从此希腊城市就碰到了麻烦,并逐渐演变成为规模壮阔的希波战争。不过从公元前11世纪到公元前7世纪有四五百年之久,这么长的时间足够孕育出一种新文明新政制的了。

多里安人的海外移民

移民并不限于迈锡尼遗民,入侵的多里安人也大批向外移居。

这大概是一些不满意他们所分得的掠夺品的人，或者因更富于冒险性而继续前进的人。这些多里安人直下克里特岛，这还可算是入侵的继续，但并不以此为止。他们还进入小亚细亚西南角、希腊人早已移居其间的罗陀斯（Rhodes）等岛屿，还在大陆上建立了奈达斯（Cnidus）、哈利加纳苏（Halicarnassus）等殖民城市。这样，希腊本土的爱奥里斯、伊奥利亚、多里斯三个集团就各自有了海外殖民地的对应部分。公元前8世纪，希腊所谓有史时期开始的时候，所谓的希腊，就已经不光是希腊本土，而是包括爱琴海上诸岛屿与小亚细亚两岸的海外殖民地在内的了。

筑城聚居的必要性

史家考证认为，最初希腊的海外殖民，多数是夺取当地人民原有的居民点住居其中，原有的居民成为移民团体的"依附民，常常是农奴"。然而移民团体人数不多，为了防卫当地人民的报复，或者为了防卫不时发生的海盗的劫掠，他们必须筑城聚居。移民团体也可能选择某个位置有利的空地，白手起家建设他们的家园，因为同样的理由，也必须聚居在一起，周围筑城以利防卫。这些初期移民，目的在于觅取新土地。他们到达新地方，总要夺取一片土地或是开辟一片土地分给各个成员，他们基本上是务农的人民。但是这片土地只能是城堡附近不大的一片，因为移民团体的所有成员，至少在最初时候只能不分贵贱聚居在城堡之内，即在城外，也只能在城垣附近。

这是殖民地和本土间的一个巨大差别。本土居民世世代代居住在分散的乡村中，筑有城垣的城堡也是有的，那是巴西琉斯（王）宫室所在，也是人民遇警避难的地方。希腊人最初称之为"波里斯"（Polis，这就是后来转义为城市国家，即城邦那个词）的就是这些城堡。城堡外面，城垣脚下，后来也聚居了一些普通人民，希腊人最初把这样的聚居之地称为"阿斯托"（Asty），即市邑，那和称为"波里斯"的城堡是有区别的———种贵贱之间的区别。然而移民团体只好一开始就筑城聚居，从一种意义上来说，本土的

"波里斯"和"阿斯托"之间的贵贱区分不再存在了；从另一种意义上来说，城堡与普通人民原来也并非没有关系，那是躲避外敌或海盗的侵犯的避难之所。现在，他们身处异邦，只好一直住居在这个避难所内了。

城堡（Polis）和市邑（Asty）之间的区分，就是在这些殖民社会内也长期保留在记忆之中，产生于这些殖民社会中的荷马史诗，许多辉煌的词句用来赞美城堡，市邑是算不了什么的。然而殖民城市的现实终究取代了古老的回忆，高贵的"Polis"一词终于用来指这些城市。又因为这些筑城聚居的殖民城市，各自是一个独立社会，各自发展成为独立国家，"Polis"也就用来指城邦，即城市国家，甚至并非城邦的一般国家了。

自立门户与"分裂繁殖"

一个筑城聚居的殖民地是一个独立的社会，这是容易理解的。这些独立的社会各自发展成为一个独立的国家，则有许多复杂的因素，简单的语源学的解释是不足以说明问题的。

我们还记得，就在多里安人入侵以前，小亚细亚西北角就已经有一个事实上的"新亚该亚"。有利于希腊人殖民扩张的国际环境是，小亚细亚腹地没有一个强有力的国家足以阻止这种分散的无计划的殖民。使我们不得不反过来设想，假使希腊人能够把原来的"新亚该亚"和新到的移民的力量组织起来，集合起来，在强有力的领导之下，同样的条件岂不是也有利于希腊人作深入腹地的征服，也不难建立一个希腊人征服者高踞于本地人民之上的大王国吗？但是历史并没有按照这条路线发展。历史的实际是，这些殖民城市遵循一条"分裂繁殖"的路线，亦即殖民城市建立安顿下来二三代之后，自己又成为殖民母邦，派遣移民到邻近的甚至辽远的海岛和小亚细亚沿岸去建立新的殖民城市去了。

不结集起来作深入腹地的征服，各自独立并遵循"分裂繁殖"的路线，原因必定很复杂，其中大部分也许我们永远无法知道了。下面，我们想从殖民动机所决定的各个殖民地的自立门户、不相统属的强烈愿望，及经济方面这些殖民城市向工商业发展这两个方面，对它作一些极不充分的解释。

在古代技术条件下移居海外的人，总有些冒险家的气质。即使多里安人入侵时期出走的，显然也因为他们不愿屈居于被征服者的地位，去古未久的罗马人幸尼加对希腊人移居海外的动机作了下述评述，他列举了移民的各种原因，我们都可以在这些原因上附加一条冒险家气质的理由。有的是遭敌人侵略，城池被毁坏，物品被抢光，被迫流落出走的；有的是由于内战而被驱逐出境的；有的是由于人口过多，为了减轻负担出走的；有的是由于瘟疫、地震或不幸土地遭到难以克服的天灾而离乡的；另有一些人则是由于受到外方土地肥沃景物美妙等夸大传说的诱惑而出走的。

古典时期的希腊史家希罗多德（Herodotus）还给我们说了这样一个故事，那更加是"宁为鸡口，无为牛后"的自立门户的强烈愿望促成了移民海外的典型例子：拉凯戴孟（Lacedaemon）的铁拉司（Theras）是卡德谟斯（Cadmus）一族的人，他是攸利斯提阿斯（Eurystheus）和普罗克利（Procles）的舅父。当这些男孩子还是年幼的时候，他在斯巴达以摄政的身份执掌王权。但是当他的外甥长大并成了国王的时候，铁拉司既然尝过执掌最高政权的味道，他便受不住再当一名臣民，于是他说他不愿再留居拉凯戴孟，而是渡海到他的亲族那里去。铁拉司便带领着三艘三十桨船到（原来称为卡利斯诺）的岛上去。这个岛由于它的殖民者铁拉司的名字而被称为铁拉司岛。

伯里的下述评论虽然是针对亚该亚人在特洛伊战争前后的移民而说的，对于多里安人入侵以后的移民，以及海外殖民城市建立起来以后，由那里出发移民新地方的所谓"二次移民"，大体上也是适合的：

> 当我们要找出和英雄时代的性格相称，并且确实以我们所知的那个时代的情景为基础的（移民的）动机的时候，我们

一方面注意到，这次战争（特洛伊之战）的实际结果是对希腊人来说开辟了小亚细亚海岸永久居住的新土地，另一方面我们也注意到，在亚该亚贵族之中，早就感到有这样一个扩张范围的需要了。我们已经知道，富有冒险精神而又感到在故乡没有他的地位的希腊王侯们已经在靠近加里亚和吕底亚的罗陀斯和其他岛屿上定居了下来，另一些又怎样在北面的雷姆诺斯（Lemnos）已经取得了立足之地。事实上殖民早已开始，殖民不是由于在希腊发生了一般意义的人口过剩，而是由于贵族和王侯家族中发生了人口过剩。①

希腊人这种自立门户的强烈愿望，其实不仅决定了殖民城邦遵循"分裂繁殖"的扩张路线，也决定了这些殖民城邦老是相互竞争，相互敌对，不能团结起来对付全民族的共同敌人。古代希腊留下来的史料表明，这些城市之间经常发生武装冲突，重装步兵战术多半是在希腊城邦之间的战争中发展起来的，因为公元前7世纪吕底亚（Lydia）王国兴起以前，希腊人没有碰到过什么严重的外来敌人的进犯。而当国际形势变化到地中海和黑海上再也没有新的海岛和海滨可供他们殖民的时候，这些冒险家们宁愿去当"蛮邦"如埃及和波斯的雇佣兵。公元前7—前6世纪，埃及的赛斯王朝的军队中有许多希腊人。公元前5世纪末，争夺波斯王位的波斯王子居鲁士（Cyrus）向巴比伦进军的军队以一支万人左右的希腊雇佣军为主力，当小居鲁士战败被杀的时候，这支雇佣军从巴比伦附近长征到达黑海的特拉布松。这个长征故事流传古代，历久不衰。马其顿的亚历山大征服波斯的时候，波斯大王的军队中，有二三万人的希腊雇佣军。公元前4世纪以后，武力、文化、经济、技术各方

---

① 伯里：《亚该亚人和特洛伊战争》，第Ⅱ卷第17章。

面都冠绝当时地中海世界的希腊人，一方面长期进行自相残杀的内战①，一方面出去当"蛮邦"的雇佣兵，结果要由"蛮邦"的马其顿来结集希腊人的力量征服波斯。甚至这次征服还没有造成希腊人的民族统一，以致要由"蛮族"拉丁人的一个城邦罗马来统一地中海世界，统一地中海的"希腊社会"。不过这已经扯得太远了……

经济发展和发展的方向

初期移民，目的是到海外去寻找可以安家落户的新土地，目的不在商业。但是聚居于一个城市中的独立社会势必要谋求经济上的"自给"，因而除农业以外必定要发展必要的手工业，要做对外的商品交换。一旦商业和手工业发展起来，交换范围的扩大简直是没有限制的。而古时小亚细亚这个地方的状况，又十分有利于希腊人城市的工商业的发展。小亚细亚东部是赫梯的旧壤，两河流域（美索不达米亚）文明传播到那里为时很早，冶铁技术大概首先发源于高加索（公元前1000年时，地中海世界已进入铁器时代），包括冶金技术在内的工业技术十分发达。希腊移民，通过民族混合和其他途径，在小亚细亚广泛吸收了先进的古代巴比伦文明，有助于他们的手工业的发展。另外，海滨的殖民城市背后有广阔的腹地，可以取得手工业原料，可以用工业品交换粮食，而且还据有发展海上贸易最有利的地位。地中海的海上贸易，早在克里特时代已经开始，迈锡尼衰落之后，腓尼基人继起贩运其间。当希腊人在海外城市定居下来的时候，星罗棋布的希腊人海外殖民地事实上组成了一个希腊人的海上贸易商站网，这些条件，使多数希腊殖民城市走上农工商业兼营的道路。农业是他们最初得以取得生活资料的行业，工商业发展以后，他们当然不会放弃，因为无论哪个城市，某

---

① 这里用"内战"一词，其实是不适当的"现代化"。每一个希腊城邦是一个独立的国家，所以，一个城邦内部民主党和寡头党之间的武装冲突才是严格意义的内战，两个城邦或两个城邦集团之间的战争，是国际战争而不是内战。现代国际法中的战争和平法，是从希腊城邦之间的战争的国际惯例中演化出来的。

种程度的粮食自给总是十分必要的。不过，有些城邦，尤其是某些海岛，后来大种葡萄，酿酒出口了。工业，有钢铁制造业、陶器、纺织、制革，其中尤以米利都最为著名。商业的扩展尤为积极，因为开通新商路，寻求新的市场和新的原料来源，是市场经济获得新发展的首要条件。

这是推动希腊殖民城市遵循"分裂繁殖"路线的第二个因素。开辟新商业，需要在新地方建立商站，这些商站是财富集中之地，必须筑垒据守，以防劫掠。这些新商站是商业殖民城市有计划派人建立的，在当地人民软弱可欺的情况下，或在当地人民文化落后，希腊人的海上贸易帮助他们输出土产交换精巧工业品，交换葡萄酒、橄榄油等"珍贵物品"，得到他们欢迎的状况下，很快又形成一个新的希腊殖民城市。派遣新移民出去的殖民母邦，并不缺乏强烈愿望出去碰碰运气的冒险家，这些人又是母邦统治阶级所不喜欢的"难领导"的顽固不化分子，他们移居到新地方恰好可以消除母邦内的扰乱因素，"分裂繁殖"于是愈来愈成为希腊扩张的基本方式了。

"二次殖民"

这就是由希腊海外殖民城邦出发的"二次殖民"。荷格斯（Hogarth）结合当时地中海地区的国际状况，综述二次殖民的过程如下：

> 最初的希腊殖民地很早就在它们紧邻地区作二次殖民了。米利都建立了爱阿苏斯（Iasos）、库梅（Cyme）和累斯博斯（Lesbos），移民于邻近的一切海岸和小岛。小亚细亚西边的爱琴海沿岸和前海（即今马尔马拉海）沿岸，加上黑海最西端的赫拉克里亚（Heraclea）、潘提卡（Pontica），在英雄时代（公元前9世纪）以前都已经被占领了。
>
> （小亚细亚）南岸……罗陀斯岛以西的地方直到西里西亚—西普里阿特（Cilician-Cypriote）集团诸城市出现以前，

我们没有碰到最初的希腊殖民地，但是，看起来在旁非利亚（Pamphylia）诸城市中有过希腊人商站性质的居留地，诸如法西利斯（Phaselis）……帕加（Perga）阿斯盆都（Aspendus），按其名称来看，那里的居民还是当地人占据支配地位，西里西亚一些城市如塔尔苏斯（Tarsus）亦然。

建立在较远的腹地，距海比通常希腊城市与其港口间的距离为远的［如科罗封（Colophon）之距诺丁姆（Notium）］，我们只听到梅安徒（Meander）河上和赫尔密斯（Hermus）河谷的一些。梅安徒河上的马格尼西亚（Magnesia）和特拉里斯（Tralles）两城自称和任何海滨殖民地同样古老，另一个西彼洛斯（Sipylus）山下的马格尼西亚（Magnesia）亦然。

下一步希腊人继续殖民，目标指向（小亚细亚）南岸。库梅据说是第一个成了"异域"上殖民地的母邦，它移植了一批移民到旁非利亚旁边，但是马上丧失给蛮族人了。罗陀斯在吕西亚（Lycian）海岸中部建立了两个小商站，并和某些不知来源的多里安人联合起来殖民于西里西亚的苏利（Soli），塞莫斯（Samos）占领了西部西里西亚的乃吉达斯（Negidos）和西伦德里斯（Celenderis）。人们对这些地区所抱希望似乎仅限于此……亚述的萨尔贡（公元前8世纪后期）的一个记载，吹嘘他们的舰队在塞浦路斯海上，像鱼一样地驱逐和捕获了贾凡［Javan，按即伊奥利亚（Ionia）］人的船只，把和平给了西里西亚和推罗，也许这里透露出来的阻力是够大的。

叙利亚和埃及海岸对海外来的殖民者事实上是关门的；但是我们发现公元前720年有一个希腊人（Yāwāni）统治的阿西多德（Ashdod），又在诺克拉底（Nancratis）这个各地希腊人共有的殖民地建立（时间在公元前6世纪初）以前，有一个米利都的商站早已设立在康洛庇克尼尔（Canopic Nile）最靠近海边的某个地方了。

除掉持续不断地努力抓住埃及贸易而外，米利都这个亚洲诸殖民地最大的母邦，看来把它的注意力全都转向北面。……在那里，它预料碰不到任何认真的竞争对手……所有的海岸都敞开着大门。……攸西布伊斯（Eusebuis）相信米利都拥有海上霸权达十八年之久，这必定用来标志它的令人惊愕的扩张努力的开始的，米利都在这次扩张中，最后（根据一个很可能是过甚其词的传统说法）在小亚细亚的北岸建立了七十个以上的殖民点。这次海上霸权的时间，攸西布伊斯定为公元前8世纪后半叶，看起来没有充分理由把它转到别的时候去。①

总之，到公元前8世纪前半个世纪为止，希腊本土还处在从黑暗时代开始苏醒过来的时候，小亚细亚诸殖民城市，在其邻近地域，以及远涉重洋向南向北的积极的殖民扩张，已经有好几百年了。到公元前6世纪为止，小亚细亚西岸，包括原来北端的爱奥里斯，中部的伊奥利亚，南部的多里安三个区域，殖民城市"繁殖"得愈来愈多；小亚细亚南岸，迤南叙利亚海滨，希腊人多次的殖民努力被亚述帝国和其他势力阻挡住了，从此以后，那里一直是希腊人进不去的禁区。而且，从推罗、西顿出发的腓尼基人的海上殖民，成为希腊人在地中海上殖民势力的激烈的竞争对手。在埃及，以米利都人为主建立了一个希腊人的商站城市诺克拉底，它的存在也和埃及人的希腊雇佣军有密切关系。这个时期希腊殖民扩张的最大成就是开辟了黑海航路，从此在达达尼尔、博斯福鲁两海峡的两岸，在马尔马拉海（Mar-mora，希腊人称之为Propontis，意为前海），在黑海的南北东三面海岸，逐渐布满了希腊人的殖民地。就中建立在今苏联的克里米亚和诺曼两半岛上，以旁提卡彭（Panticapaeum）为主的一群殖民城市，是把南俄草原上的粮食输出到希腊去的重要商业中心，对此后希腊的经济生活起着十分重要的作

---

① 荷格斯：《小亚细亚的希腊殖民地》，第 II 卷第 20 章，*Hellenic Settlement in Asia Minor*, by D. G. Hogarth, Ch. XX, Vol. II, c. a. h.

用。这个时期以后，希腊人也大规模向西、向南殖民，因为殖民母邦也包括希腊本土诸国，推动殖民的因素更为复杂。

殖民城市和其母邦的关系

殖民城市的"分裂繁殖"规模和速度是令人惊讶的。如果米利都确实如传统史料所称的建立了七十多个殖民地，即使设想这是延续二三百年殖民活动的结果，包括它自己直接建立的"子邦"和"子邦"所建立的"孙邦"在内，这个数目也是十分可观的。米利都建立的殖民地上的移民当然不会全部来自米利都，其中必定包括四面八方来的希腊人，不过这种规模可惊的移民必定也抽干了米利都的人力。大规模的移民活动必定会使各城邦的人力感觉不足，它会促使各城邦加紧同化它们统治的非希腊血统的居民，使得殖民征服造成的依附民或农奴的社会地位逐渐上升，并使其间的界限逐渐泯灭，这对新国家内酝酿出来的新政制必定会产生重大影响。同时，我们虽然没有听到此期间希腊本土诸邦有什么殖民活动，但是小亚细亚的殖民扩张必定也为希腊本土"过剩人口"开辟了出路。这一点，正如海外殖民地的迅猛经济发展一样，不断对希腊本土诸邦的经济和政治发生深刻的影响；下一部分我们还要略加分析。

"分裂繁殖"式的扩张的重大后果之一，是无法在为数日趋众多的殖民城邦中形成一个政治军事经济的中心国家。新殖民地最初是多方面依赖母邦的，一旦它具有足够多的居民，建成一个自给的独立的社会，它就组成为一个独立于母邦之外的国家了。荷格斯说，古代希腊作家所称的米利都"握有海上霸权达十八年之久"是它的殖民活动最迅猛的时期的标志，看起来是恰当的解释。因为新殖民城市很快就成为无助于母邦的政治军事威力的独立国家，所谓米利都的海上霸权实际上是并不存在的东西。公元前7世纪开始米利都经常受到吕底亚王国的军事侵略，直到公元前5世纪初期米利都被波斯攻陷为止，没有听到它所建立的诸殖民城邦对它的抵抗外敌侵略有过什么帮助。

事情还不止于此。殖民地还会和它的母邦打起仗来。修昔底德记的伯罗奔尼撒战争的起因之一,是雅典干涉科林斯和它的殖民地科西拉(Korcyra)之间的战争。此事发生在公元前 5 世纪后期,时间已经很晚了,不过当时的"国际惯例"无疑是公元前 10 世纪以后小亚细亚诸邦之间的关系流传下来的。摘录修昔底德书中的片断材料,可以有助于我们了解殖民地及其母邦之间的关系。

科西拉的使节在雅典的公民大会上说:

> 如果一个殖民地受到良好待遇的话,它是尊重它的母邦的,只有它遭到虐待的时候,它才对母邦疏远。派到国外去的移民不是留在母国的人的奴隶,而是他们的平辈……①

科林斯的使节在同一个会上说:

> (科西拉人)说,他们被派遣出去的目的不是来受虐待的。我们说,我们建立殖民地的目的也不是来受侮辱的,而是要保持我们的领导权,并且要他们表示适当的礼貌。②
>
> 科林斯人……怨恨科西拉人……在公共节日赛会时(指在科林斯地峡举行的赛会)没有给予科林斯人以特权和荣誉(指殖民地向母国呈献的牺牲,派遣代表参加科林斯人的节日典礼等);在祭神的时候,也没有给予科林斯人应有的便利。他们轻视他们的母邦,自称他们的金融势力可以和希腊最富裕的国家匹敌,而他们的军力大于科林斯……③

可见,所谓殖民地对于母邦的尊敬,不过是一些宗教礼仪上的细节,所谓母邦的领导权,也决不是政治军事上对殖民地的支配权。殖民地在一切方面是母邦的平辈,母邦和殖民地之间,从来没

---

① 修昔底德:《伯罗奔尼撒战争史》,第 28 页。
② 同上书,第 31 页。
③ 同上书,第 22 页。

有也不可能结成什么政治集团。政治集团的分合，完全取决于各邦之间的实际利害关系，与母邦子邦关系是不相干的。

母邦派遣殖民地当然不会没有实际利益可得，最大的好处是新殖民地会扩大母邦的商业，有助于母邦经济的发展。有些西方史家认为，公元前6世纪的埃弗塞斯（Ephesus）富裕到可以借钱给吕底亚王国的广植党羽谋求继位的一个王子。无论如何，小亚细亚诸城邦在几百年的经济发展中必定已经形成一批富豪世家，平民是贫穷的，有在豪富庄园中当短工的流浪汉，但是他们的生活水平大概还大大高于希腊本土的例如公元前6世纪雅典的"六一农"。经济上繁荣富裕的一群工商业城市，好像密缝于"蛮邦"原野这大片织锦上的花边（罗马时代的作家西塞禄的描绘），然而没有结合成为军事上足以自卫的集团，也没有任何城邦足以成为团结的中心，这就是"分裂繁殖"的希腊城邦群的状况。

以契约为基础的政体

在以上的叙述中，盛行于希腊城邦的自治自给这两个要素，已经跃然可见了。这些自治与自给的城市国家的政体会摆脱血族基础，转而以契约为基础，似乎是顺理成章的。脱因比（Toynbee）认为：海上迁移有一个共同的简单的情况：在海上迁移中，移民的社会工具一定要打包上船然后才能离开家乡，到了航程终了的时候再打开行囊。所有各种工具——人与财产、技术、制度与观念——都不能违背这个规律。凡是不能经受这段航程的事物都必须留在家里，而许多东西——不仅是物质的——只要携带出走，就说不定必须拆散，而以后也许再也不能复原了。在航程终了打开包裹的时候，有许多东西会变成饱经沧桑的另一种丰富的新奇的玩意了。跨海迁移的第一个显著特点是不同种族体系的大混合，因为必须抛弃的第一个社会组织是原始社会里的血族关系。一艘船只能装一船人，而为了安全的缘故，如果有许多船同时出发到异乡去建立新的家乡，很可能包括许多不同地方的人——这一点和陆地上的迁移不同，在陆地上可能是整个血族的男女老幼家居杂物全装在牛车上一块儿出发,在大地上以蜗牛的速度缓缓前进。跨海迁移的另一个显著的特点是原始社会制度的萎缩,这种制度大概是一种没有分化的社会生活的最高表现,它这时还没有由于明晰的社会意识而在经济、政治、宗教和艺术的不同方面受到反射,这是"不朽的神"和他的"那一群"的组织形式。

脱因比在这里用"萎缩"一词是恰当的。因为我们知道,殖民城邦并不是没有"氏族"(Clan)和"族盟"(Phratries)这一类组织,而且大家知道它们的政制基本上是贵族政治。氏族、族盟、贵族,这一切好像都是部族国家原有的东西,但是稍稍考究它的内容,就知道相同的不过是名称,内容已经完全变了。

下引格尔顿乃尔(Gardener)阐释是说明雅典的氏族和族盟的。雅典位居希腊本土,格尔顿乃尔文中所说"大移民"是指古老的亚该亚人进入希腊而言,那次移民究竟是否已经把血族关系的族盟改变成为"战友关系"的族盟,不妨存疑,但是用来解释希腊人海外城邦中的族盟,似乎是十分恰当的。

> 在历史时代,阿提卡按照一般希腊国家共同采用的方式,把它的公民居民分配于十二个族盟或"兄弟集团"(Brotherhoods)之间。这些族盟看来起源于自愿的结合,首先由于战争中的伙伴关系组成……在大移民以后比较安定的时代,它……长期保存了下来,它的成员,在保卫生命和财产中要互相合作……
>
> ……可以肯定,氏族并不是族盟的组成部分。通例,每个氏族的成员并不全部属于同一个族盟,而是十分无规则地分布于多个族盟之中的……
>
> 所以,氏族是私人性质的宗派组合……
>
> 氏族的真正性质是不难找到的。在早期社会中,要把自己和平民分离开来去追逐宗派利益的上等人,是一些大地主。最初的贵族就是由此形成的。……大地产的所有主最终结合成为

贵族阶级，于是氏族在根本上成了贵族的组织。……氏族的重要性在于他们维护名门和豪富的世裔……"①

"原始社会萎缩"必定会使新的殖民城邦采取不同于在血族基础上长成的部族王的制度。按脱因比的说法，新制度的原则要"以契约为基础"。跨海迁移的苦难所产生的一个成果是在政治方面。这种新的政治不是以血族为基础，而是以契约为基础的。在希腊的这些海外殖民地上，迁移者在海洋上形成了"同舟共济"的合作关系，在他们登陆以后好不容易占据了一块地方要对付大陆上的敌人的时候，他们一定还和在船上的时候一样把那种关系保存下来，这时，同伙的感情会超过血族的感情，而选择一个可靠领袖的办法也会代替习惯传统。

说到"以契约为基础"，我们不免想到卢梭的"社会契约论"，而脱因比之采用"以契约为基础"这种说法，显然也是有卢梭存在心中的。然而我们决不可以把古史现代化。希腊殖民城邦政体虽势必不能不以契约为基础，初期，他们还不能不采用他们所熟悉的王政形式，从王政向前演变，第一步只走到贵族的"权门政治"，达到主权在民的直接民主制度，还有一段遥远的路程。

初期殖民城邦的王政及其贵族阶级

小亚细亚诸殖民城邦，开始时似乎都有国王。这是因为他们在新地方建立新国家所能效法的楷模，还只能是他们所熟习的旧制度。另外，也因为有些城邦开始时希腊人还居少数，要等到本土移民逐渐增加上来，和当地人民逐步同化的时候，这些城邦才彻底"希腊化"了。所以，伊奥利亚诸殖民城邦，国王或是雅典王科德洛斯后裔，或是吕西亚（Lycia）的格兰西部（Glancidae）世系，后者也许是在希腊人成分最弱的地方取得了政治权力的。有许多城

---

① 格尔顿乃尔：《早期雅典》，第Ⅲ卷第23章，Early Athens, by Gardener, Ch. 23, Vol. Ⅲ c. a. h.

邦，因为没有旧王室的世裔，城邦的创立者的世裔成了世袭的王室，埃弗塞斯（Ephesus）和厄立特利亚（Erythrae）即其实例。但是一旦这些城邦希腊化了，王政就有名无实，实际上成了贵族阶级的阶级统治了。这一点，反映于荷马史诗《奥德赛》中。此书卷六，奥德赛飘流到斯客里亚（Scheria）岛，此岛由瑙西都斯带领一批被圆目巨人（Cecrops）侵扰的人民跨海移入，筑城聚居，建立了腓阿刻斯（Phaeakes）国家。瑙西都斯是该国的第一个国王，奥德赛到达时，已由他的儿子阿尔刻瑙斯继位了。但是"那里有一个由十二个贵人组成的议事会，做瑙西都斯的儿子阿尔刻瑙斯王的顾问。那里有一个大会集会的公共场所，腓阿刻斯的人民集合于此，但不是来投票，而是来看远方来客奥德赛的"。

新国家的贵族是些什么人呢？

> 在王政下面，区别于人数更多的非希腊本地人的全体希腊人，构成贵族阶级。根据公元前6世纪米利都的历史，可以推测他们之间的区别。在王政倾覆之后很久还继续存在，本地人的彻底希腊化并没有能够消除这种痕迹。
>
> 不过当自然增殖和西面希腊人的连续移入，使得希腊贵族很快变成城邦居民中的多数的时候，他们内部又出现了新的差别。有一些小小的集群获得了权力和特殊地位，并把它掌握在手来对抗其余的希腊人。伊奥利亚诸城邦的最初历史，记载着那里的希腊人阶级早已分化为拥有土地的一批寡头，和无特权而又心怀不平的潜在的民主主义者了。[①]

显然，在这样的新国家中，王权是毫无基础的，国王原来就没有任何神授的权威，他不过是贵族阶级中显要的一员，用不到什么

---

① 荷格斯：《小亚细亚的希腊殖民地》，第Ⅱ卷第20章，*Hellenic Settlement in Asia Minor*, by D. G. Hogarth, Ch. 20, Vol. Ⅱ, c. a. h.

革命和政变，王权会自然而然地消失掉。我们中国人熟悉我们几千年的皇朝政治，我们从西方近代史中也知道，盛行于中世纪欧洲的王权要经过怎样的暴力革命和社会震荡才最后消灭掉。当我们初读希腊史的时候，对于他们远古的王权怎么会"和平"消失感到很不容易理解。这种和平消失的过程，放在海外城邦的历史背景下来观察就不是什么怪事——希腊本土诸邦王权的和平消失，原来是起源于小亚细亚殖民城邦的一种时代风尚。小亚细亚是当时希腊世界最先进最文明的地方，处在逐渐"现代化"过程中的希腊本土诸邦要追随这种风尚当然是可以理解的。

贵族世裔的门阀政治

在这样的新国家中，政权掌握在组成为政治上的阶级的贵族手中。这种贵族政治不是亚里士多德《政治学》中所说的"公民的多数决议……总是最后的裁断，具有最高的权威"，只不过因为选任执政人员的种种限制，使当权者是贵族阶级的那种贵族政治，这是希腊人称为权门政治（Dynasteia）的那种寡头政体。一批贵族门阀世世代代处在当权地位，最高政权机构是元老院或议事会，元老院或议事会成员是终身制，补缺选任并不通过什么公民大会或自由民大会选举，而是根据元老院或议事会自己的决议，从贵族门阀中挑选任命的。自由民大会或者只召集来听传达，无权议事，或者名存实亡，久不召开。一切政务都由这个元老院或议事会决定，这是一种真正贵族阶级的贵族专政。阿德科克认为：城邦据以建立起来的宪法结构是贵族政治。当生活安定下来的时候，个人领导权让位给一个阶级的稳定的影响力量，在海外，这个阶级有时候是亲手掌握了最高政治权力的最初移民。当王权日益缩小最后消灭的时候，古老的自由人会也消失不见或不起什么作用了。国家是能够自由自在为之服务的人的财产。政府的主要机构是议事会，它或者是贵族的一个核心集团，或者是整个特权公民。取代了君主政体这个集团的团结一致予人以强烈的印象。凡是抱负非常，因而不愿屈从这种城邦生活体制的秩序的人，可以离开本城去建立新城邦。

贵族们并不是闲住在狭小的生活圈子中的，他们要在议事厅内学会成为议事会内的同僚。执政官们通常是他们的下属，因为议事会成员一般是终身职务，而议事会的稳定的影响力量则控制着国家，同时，在一个依靠世代相传以智慧为生的时代中，经验是聚集在其中的各个侪辈身上的。在早期希腊史上杰出的人物并不多见，并不是因为历史记载的缺乏，而是因为，只要没有新的力量来扰乱它，城邦不要那些适合于它的有秩序生活体制的大人物也是过得去的，国家高于它的统治者……

希腊国家的本质在于国家是一个阶级的国家，"宪法就是统治阶级"，国家是围在一个小圈子里面的。这就是贵族政治的遗产"。梅因在论及王权之递嬗为贵族政治时说：

1. 英雄时代的王权，部分地依靠神所赋予的特权，部分地依靠拥有出类拔萃的体力勇敢和智慧。逐渐地君主神圣不可侵犯的印象开始淡薄，当一系列的世袭国王中产生了柔弱无能的人，王家的权力就开始削弱，并且终于让位于贵族统治。如果我们可以正确地应用革命的术语，则我们可以说，王位是被荷马一再提到的和加以描写的领袖议会所篡夺了。无论如何，在欧洲各地，这时已从国王统治时代转变到一个寡头政治时代，即使在名义上君主职能还没有绝对消失，然而王权已经缩小到只剩下一个暗影。他成为只是一个世袭将军，像在拉凯戴孟，只是一个官吏，as King Archon at Athens；或仅仅是一个形式上的祭司，as Rex Sacrificulus at Rome。

2. 在希腊、意大利和小亚细亚，统治阶级似乎一般都是包括由一种假定的血缘关系结合在一起的许多家族，他们虽然在开始时似乎都主张有一种神圣的性质，但他们的力量在实际上并不在于他们所标榜的神圣性。除非他们过早地被平民所推翻，他们都会走向我们现在所理解的一种贵族政治。

在更远一些的亚洲国家，社会所遭遇的变革，在时间上，当然要比意大利和希腊所发生的这些革命早得多；这些革命在文化上的相对地位，则似乎是完全一样的，并且在一般性质上，它们也似乎是极端相似的。有些证据证明，后来结合在波斯王朝统治下的各个民族以及散居在印度半岛上的各个民族，都有其英雄时代和贵族政治地位；但是在他们那里，分别产生了军事的寡头政治和宗教的寡头政治，而国王的地位则一般没有被取而代之。同西方的事物发展过程相反，在东方，宗教因素有胜过军事因素和政治因素的倾向。在国王和僧侣阶级之间，军事的和民事的贵族政治消失了，灭绝了，或者微不足道；我们所看到的最后结果，是一个君主享有大权，但是受到了祭司阶级的特权的拘束。在东方，贵族政治成为宗教的；而在西方，贵族政治成为民事的，或政治的，虽然有着这些区别，在一个英雄国王历史时代的后面跟着来了一个贵族政治的历史时代，这样一个命题是可以被认为是正确的，纵然并不对于全人类都是如此，但无论如何，对于印度—欧罗巴（Indo-European）系各国是一概可以适用的。①

梅因所看到的是，希腊、罗马、吠陀时代的印度、埃及、巴比伦，以及日耳曼征服以后的欧洲。真的，中世纪欧洲的历史，对于西方史家来说，是最现成的根据，甚至日本也部分适用。就是对于中国完全不适用——不，对于春秋战国时代还是适用的。春秋战国时代真是中国史定型的关键时代。

必须注意，所谓希腊城邦的贵族政治，并不是杰出的一两个贵族的"人治"，它是合议制的，它会发展出一套贵族这个阶级内部的民主惯例，从而必须逐步建立起一套规章制度，这就是法律和法典的渊源，总之，这是"法治"。而且，既然"国家高于它的统治者"，必然就会体现为作为阶级意志的法律高于个人的意志，法律

---

① ［英］梅因：《古代法》，商务印书馆1959年版，第6—7页。

不可能像"前王所定者为法,后王所定者为令"一样,只是体现个别统治者的意志的东西了。

那么,王又怎样呢?

当形式上的王政还继续存在的时候,王不过是贵族阶级中比较显要的一员,他没有实权,更没有特权,他的唯一代替不了的职务是主持祭祀大典。就是这种"政由宁氏,祭则寡人"的地位也没有维持多久。在海外城邦,库梅的王政至少继续到公元前8世纪末。其他地方,王政都消失于此时之前。王政消失以后,王(巴西琉斯)的名义往往还保存着,它属于一个王室后裔,然而一切特殊地位全部取消,成了普通贵族中的一员。在米利都发现的,属于公元前6世纪的一个铭文,记载某次祭典,说到"王参加了这次奉献牺牲的祭典,但是他没有比歌队中的其他人员分到更多的'胙肉'"。这种情形,以后也见于希腊本土的雅典。公元前8世纪后,希腊的执政官九人团中,次于首席执政官的是巴西琉斯(王),他的职务是祭仪执政官,他担任祭司和处理宗教事务。

拿这种贵族政治和我国春秋诸国的"世卿政治"比较一下,也是饶有兴趣的。春秋时代的"世卿政治"当然是贵族政治,但不是组成为一个阶级的贵族用"法治"来行使的政治统治,它是几个贵族世裔,或贵族中杰出人物的"人治",同时,"世卿政治"下,国君仍然保持着至尊的地位,至少理论上他可以随时亲掌政权。这种"世卿政治",在中国史上是以"三家分晋""田氏代齐",然后通过激烈的兼并和法家的政治改革成立中央集权的专制主义皇朝而最终结束了的。希腊的贵族政治性质与此不同,历史上说,它是王政和民主政治之间的过渡阶段。历史条件不同,发展的道路自然就不一样了。

官制与兵制

贵族专政下的"官制"如何,从古代文献碑铭中应能找到若干具体材料,可惜我的涉猎范围十分狭隘,无法举出什么直接史料。虽然如此,阿德科克文中"议事会成员一般是终身职务",

"执政官们通常是他们的下属"两语,还可以给我们某些启发。

这种"官制",也见于共和罗马。共和罗马元老院成员都是终身制,执政官和其他高级行政官员由"百人团民会"选出,任期很短,通常是一年。他们虽是民选的,实际上,每一位前任的高级官员最终还是参加了元老院,而新的官员事实上又同样是从那些元老中选出来的。共和罗马的官制也许可以帮助我们推测希腊殖民城邦的官制,而且说不定罗马这种官制还是从希腊人那里学来的。可以设想有一个贵族寡头组成的议事会,它掌握全部政权,其中成员全是终身职务。行政官员任职期限有定,无论他们的选任是否通过人民大会,事实上,这种职务由议事会中的成员轮流担任,并对议事会负责。这些贵族们的执掌政权是为了保卫本阶级的利益,这个阶级是富有的,所以他们的职务全是义务职,不向国家领取报酬。

关于兵制,亚里士多德告诉我们:

> 在古希腊,继君主政权之后发生的政体的早期形式中,公民团体实际上完全由战士组成。其始,都是骑士。军事实力和战阵的重心全部寄托在骑队身上……①
>
> 在古代,擅长以骑兵制胜的城邦常常为寡头政体,就因为战马畜于富饶的著名家族。这些寡头城邦惯常用骑兵和邻邦作战,我们可举爱勒特里亚(Eretria)、(优卑亚岛上的)卡尔西斯(Chalcis)、梅安徒河上的马格尼西亚(Magnesia ad Meander)以及小亚细亚其他许多城邦为例。②

城邦的自治和自给决定它的兵制一开始就必须是"公民军制"。贵族寡头政制时代,不论城邦居民多少,组成城邦的 Polite (原意"城邦的人",转意为"人民")是贵族,所以它的军队主

---

① 亚里士多德:《政治学》,第213页。
② 同上书,第181页。

要由骑兵组成。

社会阶级关系的变化

殖民城邦从主要务农逐步变化为农工商业兼营，其中有一些还变成以工商业为主，并且还发生了规模壮阔的"二次殖民"，社会阶级关系自然也会发生剧烈的变化，前引阿德科克文中也简略提到了。大体说来，城邦建立之初所征服的本地居民，原来是依附民或农奴身份，在漫长的世代中，他们在语言风尚上希腊化了，商品货币关系的发展，以及人力的缺乏，必定使他们上升到了自由民的地位。这些自由民，连同希腊本土来的新移民，构成城邦的非贵族的平民大众，照阿德科克的说法，他们是"心怀不满的潜在民主主义者"。在希腊本土，非贵族的平民大众，是僭主推翻贵族寡头政体所依靠的力量，他们以后也推倒僭主，建立了民主政体（参见本书第五部分）。在小亚细亚，外敌的侵犯打断了事变的进程，僭主上台固然依靠他们，建立民主政体却在希波战争胜利之后，僭主的倾覆，外来的因素起了决定性的作用。

商品货币经济的发展，豪富世家的形成，必定会发生购买奴隶的需要；贩卖贸易会成为海上贸易的组成部分，又是自然而然的事。"蛮族"诸部落间经常发生自相残杀的战争，"蛮族"的酋长很快就会懂得拿战争中的俘虏交换精巧的工艺品和葡萄酒、橄榄油之类的东西，希腊城邦中的豪富世家借此可以买到"家奴"，这是希腊奴隶制的开始。公元前8世纪以前小亚细亚诸城邦也许已经用买来的奴隶从事手工业生产，《奥德赛》中腓阿刻斯的巴西琉斯的家庭作坊有磨面的、打线的、织布的奴隶，但是，在农庄中"搬石头，起围墙，种大树"的苦工，是外来的流浪汉（也许是从希腊本土新来的贫苦移民）的雇工而不是买来的奴隶。从多种证据来说，我们可以有信心地判断，在那时候小亚细亚诸希腊城邦中奴隶制度还刚开始萌芽，还没有形成为一种占支配地位的"制度"。奴隶制盛行于希腊，已经是希波战争以后的事情了。

希腊文明的中心再次移回本土

到此为止,城邦制度基本上已经确立起来了。一个稳定的保守的贵族议事会统治下的城邦,距离"主权在民"还有一段距离,不过,促成"主权在民"的条件也已经近在手边了。

从贵族寡头政制转向民主政治这个伟大政治变革的舞台却不在小亚细亚诸殖民城邦,因为公元前7世纪吕底亚王国的兴起,以及它对小亚细亚诸城邦的军事侵略打断了那里的事变进程。这个政治变革的舞台是在希腊本土,其间有一个中间环节,即经济发展的浪潮从小亚细亚影响本土,使本土几个主要国家先是城邦化了并且集团化了,然后,同样的经济发展又引起了那里"主权在民"的政治变革。下面两部分,我们将扼要介绍这个过程。

这就是说,从公元前7世纪起,希腊文明的中心又从小亚细亚移回希腊本土了,古典时期希腊史上几次著名的历史事变,如希波战争、伯罗奔尼撒战争等中心都在希腊本土——公元前7世纪,希腊本土的黑暗时代结束了,发源于小亚细亚的新文化新政制,开花结果都在希腊本土,小亚细亚诸城邦以后愈来愈退居次要地位了。

但是公元前7世纪以前小亚细亚这个中心,不仅发展出来了新政制——城邦制度,发展出来了兴盛的海上贸易和城市手工业,也发展出来了新的文化。① 据传说,荷马是基俄斯人,荷马的史诗写作于小亚细亚,最初也传诵于小亚细亚。早期的著名的希腊诗人阿基洛古(Archilochus)是佩洛斯(Paros)岛人,萨福(Sappho)和阿尔喀俄(Alcaeus)是累斯博斯岛上的米提利尼(Mytilene)人。摆脱氏族意识的传统,抒发个人自由和个人独立自主情绪的抒情诗,和史诗一样都发源于小亚细亚。这些诗作,和公元前8世纪希腊本土彼奥提亚诗人希西阿的《劳动与时令》一样,代表"希腊文艺创作的已经很高的发展阶段"②。最早的希腊哲学是伊奥利

---

① 现在的希腊字母表创造于公元前8世纪。拉丁字母表是当时尚未统一的一种希腊字母表略加变化而成。俄文字母表也是以希腊字母表为基础的。

② [苏联]塞尔格叶夫:《古希腊史》,第201页。

亚自然哲学，有泰勒斯（Thales）为首的米利都学派，此外毕达哥拉斯（Pythagoras）生于萨摩斯，赫拉克利图（Heracleitus）是埃弗塞斯人，阿拉克萨哥拉斯（Anaxagoras）是克拉左美奈（Clazomenae）人，德谟克利特（Democritus）是阿布提拉（Abdera）人，西方医学鼻祖希波克拉底（Hippocrates）是可斯（Kos）人。他们虽然都生于公元前6世纪及其以后小亚细亚殖民城邦衰落的时代，然而学术上的创造发明总要有长期的积累，公元前6世纪以后小亚细亚诸城邦思想家和学者辈出，正证明了前一个时期小亚细亚这个文明中心在历史上所起的伟大作用。雅典成为希腊文明的中心，已经是公元前5世纪以后的事情了。

希腊的学术文化，包括它的宗教，都具有不同于东方的色彩，这显然和它的城邦制度一样，是它的独特历史环境的产物。而意识形态和政治制度两者，又是互相影响的。不过这是一个专门的问题，对此，下面还要略加探讨。

四　希腊本土的城邦化与集团化

希腊本土政治演变的多种类型

前文已经指出，多里安人入侵以后，直到公元前8世纪为止，希腊本土是处在"黑暗时代"之中。这个时期本土各邦的历史演变，有不少史料留传下来，其中例如雅典，因为是后来希腊文明的中心，古代希腊的作家对它远古的历史就做过不少研究，晚近还发现了亚里士多德的《雅典政制》残篇。但是，所有留传下来的史料，都分属各邦，综合的史料是没有的。尤其是要探讨希腊本土诸邦历史演变受到了小亚细亚诸殖民城邦怎样的影响，影响的具体过程又如何，材料特别缺乏，多年来只能根据相关的史实做一些推测而已。

无论如何，影响是有的，而且有理由推定影响是深刻的。在通观公元前8世纪以后到古典时代希腊各邦历史演变的过程之后，我们可以相信，这种影响：①首先见于本土的海上交通特别便利的，科林斯地峡上的科林斯、麦加拉（Megara）、西息温（Sicyon）；优卑亚岛上的卡尔西斯（Chalcis）、爱勒特里亚（Eretria）和萨洛尼克湾中小岛埃吉纳。它们是本土的典型的工商业城邦，它们的领土很小，其中最大的科林斯的领土不见得比小亚细亚那些"分裂繁殖"的殖民城邦大多少，其他都不过是一个城市及其附郭的规模。②除这些最早受到影响也变得最快的城邦以外，还有第二类国家，原是一片农业地区，有不相统属的小巴西琉斯各据城堡，分立割据，在黑暗时代中统一起来了，王政消失了，成立了单个城市为中心的大城邦，或者成为若干自治城市所组成的联盟。这种类型的演变方式在希腊本土发生得最多，早期的雅典、彼奥提亚、洛克里斯（Locris）、福西斯（Phocis）、伊利斯（Elis），后期（这里所谓后期，时间下限一直可以推到公元前3世纪，甚至还要晚些，那已在马其顿的亚历山大征服以后了）的阿尔卡迪亚（Arcadia）、亚该亚（Achoea）、埃托利亚（Aetolia）都属于这一类。③斯巴达和特萨利亚属于另一个类型，那里一直存在着农奴阶级、"边区居民"和贵族阶级或特权公民之间的严峻界限和深刻矛盾，而且这两个国家又都是领土广阔，严格说来，它们都是领土国家。然而它们的政制在某些方面还是城邦化了的，不过它们的经济条件和历史传统使它们不可能彻底"城邦化"，而各自保持了自己的特殊面貌。④还有介于②③两种类型之间的国家，至少可以举出一个阿尔哥斯。它的演变过程后面也要约略提到。

希腊本土无论如何狭小，总是具有内陆纵深的地区，它的天然条件决不可以和"缀在蛮邦原野这片织锦"上的"花边"——海外殖民城邦相比。本土诸国的城邦化多半同时又是某种程度的集团化，这是不可避免的。通观希腊史，我们就会感觉到，多中心的希腊幸亏有这种集团化，才得以打退波斯人的侵犯，否则的话，成串的富裕的滨海工商业城市，等不到罗马的征服，就会听令东方大帝国的波斯任意宰割而毫无抵抗力量了。

希腊本土政制演变的一个环节，即王政的消失，公元前8世纪前后几乎都已完成。亚里士多德解释此种变革的原因是：

> 古代各邦一般都通行王制，王制（君主政体）所以适于古代，由于那时贤哲稀少，而且各邦都地小人稀。另一理由是古代诸王都曾对人民积有功德，同时少数具有才德的人也未必对世人全无恩泽，但功德特大的一人首先受到拥戴。随后，有同样才德的人增多了，他们不甘心受制于一人，要求共同参加治理，这样就产生了立宪政体。①

亚里士多德上面这段话是政治学，也是史论，它确实美化了王制，也美化了希腊人的自由精神，虽然据说他搜集过一百多个希腊城邦政制史做过研究，我还宁愿从脱因比之说：立宪政体，"以契约为基础的政体"渊源于小亚细亚传布到希腊本土。唯有在这种先例影响之下，贵族阶级起来消灭王政成为时代风尚，这种和平过渡才得以实现。一个著名的传统的故事似乎可以证明脱因比的看法。历史时代希腊诸邦保存王制的仅有的例子是斯巴达，但是斯巴达的王的权力，在所谓来库古（Lycurgus）立法和监察委员会取得巨大权力以后，削弱到仅仅保持出征时统率军队的程度，其时在公元前7世纪。普鲁塔克（Plutarch）说，当时斯巴达两王之一色奥庞波（Theopompus）的王后，谴责他所能留给后代的王权少于他从前王留传下来的权力，色奥庞波王回答说："不对，我留下来的比从前更多，因为从此王权可以保持得更为久远。"色奥庞波这样回答，显然因为他看到时代潮流不允许古代的王制继续存在下去。不过小亚细亚殖民城邦风尚影响本土的具体过程，在亚里士多德的时代也许已经漫不可考了。

---

① 亚里士多德：《政治学》，第165页。

科林斯等国的海外殖民

王制消失的过程虽已漫不可考,本土诸国城邦化的第一个冲击因素,是东边经济发展和大规模殖民运动的影响,似乎确有证据。最先受到这种影响的第一种类型诸国,今以科林斯为例,略加介绍。

科林斯是多里安人在入侵中建立起来的小国家,被征服的迈锡尼遗民沦为农奴,它两面临海,领土面积不到八百平方公里(纵横不到六十华里)。它的第一代多里安国王名阿乃提斯(Aletes),历代国王的名字被保存在古代的编年史中。公元前8世纪时,王政结束,贵族政制代之兴起。当时贵族世裔,都自称是第五代国王的后裔,这些贵族世裔互相通婚,并严禁族外通婚。公元前7世纪,开始出现一种美丽的自然主义风格的科林斯陶瓶,它以精美闻名于整个希腊世界,多里安人入侵以后长期盛行的几何图纹陶瓶从此逐渐消失。此种陶瓶,据考证是在西息温(科林斯邻邦,比科林斯领土还要小得多)制造,由科林斯出口的。科林斯两面临海,从萨洛尼克湾出爱琴海;从科林斯湾西去,沿希腊本土西海岸北航到克基拉以北(现代又称为科孚岛),越过奥特朗托海峡到达意大利半岛南端的靴跟,公海的航程不过七八十公里。这样优越的海上交通条件,加以迈锡尼时代海权的遗风,它进入海外贸易为时必定很早。历史记载它的最早的著名的海外活动,是贵族领头的西向移民,公元前734年,贵族世裔的阿基阿斯(Archias)成为西西里岛上叙拉古(Syracuse)城的建城者;同一贵族世裔的刻西克拉提斯(Chersicrates)率领移民开辟克基拉岛殖民地,传统说他们移居的动机是寻找更多的土地。即使我们相信传统的说法,同意商业动机并不是最初移居的目的,无论如何它是受到了东边的影响的。

……(科林斯的)诗人厄米伦斯(Enmelens,属于王裔贵族)……的时代被定为8世纪中期,如果这是可以接受的话,他的诗作残篇令人注意地指明了伊奥利亚文化的流入,这不仅因为他的诗模仿伊奥利亚史诗的方法和形式,也因为诗内表明了他对米利都发现黑海一事的兴趣。①

我们似乎可以据此推测,这个在多里安人入侵中建立的小王国,在海外城邦的影响之下,逐渐发展海上贸易和手工业,这使得它工商业比重逐步增大,由此推动了贵族阶级的"现代化"。他们取代了王政,建立了贵族专政的城邦,并领头殖民于海外。不过到此为止,他们内部土地贵族和被征服人民后裔的农奴之间的矛盾还未解决,"城邦化"还未完成,这一任务是由后来的"僭主"来完成的。

科林斯以外,上面列举的其他第一批工商业城邦的情况各有不同,演变过程大体类似。卡尔西斯居民都是伊奥利亚人,内部矛盾不显著,它的冶金工业发展较早,后来有铜矿城之称,它的海外殖民在历史上极为著名,它首先殖民于西西里岛上,建立了纳克索斯(Naxos)城,它还在今希腊北部萨洛尼克城南面的卡尔西狄克(Chalcidic)半岛建立了三十二个殖民城市,半岛即以此城得名。麦加拉、西息温两城后来也经历了一段僭主政治统治时期。麦加拉是西西里岛上麦加拉亥布拉(Megara Hyblaea)、博斯福鲁海峡西岸拜占庭(后来东罗马帝国首都,今属土耳其,名伊斯坦布尔)及该城海峡对面的卡尔西顿(Chalcedon)的殖民母邦。埃吉纳(Aegina)这个海岛城邦以海上贸易著名,雅典兴起以前,它在爱琴海上拥有强大势力。

这里顺便要提到一个极有趣味的事情。优卑亚岛上一个小公社名为库迈的,在公元前8世纪上半期在意大利今那不勒斯附近建立了一个希腊殖民地,也称为库迈。此地距离罗马不足两百公里,它是希腊文明输入拉丁地区的前哨。史料证明,公元前6世纪伊达拉

---

① 瓦德—吉里:《多里安城邦的兴起》,第Ⅲ卷第22章,*The Growth of Dorian States*, by H. J. Wade - gery, Ch. 22, Vol. Ⅲ, c. a. h.

里亚（Etruria）统治拉丁地区以前，梯伯河以南完全处于希腊文明影响之下，而现在通用的拉丁字母表，基本上就是卡尔西斯的希腊字母表（当时希腊各地文字极不统一），有一点变化，但变化很小。紧邻库迈的凯彭尼昂（Campanion）地区，有些公社的希腊化十分彻底，以致后来的古物收藏家把罗拉（Nola）、阿贝拉（Abella）和法利逊（Falisan）等城市，看作在某种意义上是卡尔西斯的城市。这是罗马文明渊源于希腊文明的强有力的具体证据，城邦罗马的政制是从希腊城邦学来的，从这里也可以得到间接的证明。

西息温、麦加拉、科林斯三邦的僭主政治

第一类型诸国，卡尔西斯、爱勒特里亚未受多里安人征服，埃吉纳是多里安人移居的小岛，都没有被征服人民苗裔的农奴。西息温、麦加拉、科林斯三邦是多里安人征服迈锡尼的旧壤，被征服人民世世代代是多里安人的农奴。这几个小邦猛烈发展工商业，还大规模移民海外，完全可以想象，那里非贵族的自由民中会出现因工商业致富的暴发户，然而政权掌握在贵族手里，他们是排挤在政治之外的；另外，守旧的土地贵族会因为商品货币经济的发展，刺激起对财富的贪欲，加紧对农奴的剥削，引起农奴的反抗，而人力的不足又会加强农奴反对运动的势头。政治权力的分配方式愈来愈和各阶级力量的对比相脱节，群众普遍骚动造成了某些野心家乘时崛起的机会。他们提出能够满足渴望政治变革的平民要求的政治纲领，结集一批平民武力推翻贵族，把政权夺取到自己手里，然后像君主一样（虽然往往不称"王"，而用终身执政官、独裁将军之类的称号）一人独揽政权。然而，他们当政期间，却能够实行有利于平民和农奴的政策，和某些合乎时势需要的政治经济的变革。

古代希腊的僭主政治之风最初也是从小亚细亚传过来的，而且，早期的僭主和晚期的即伯罗奔尼撒战后的僭主，在性质上和所起的历史作用上又有很大的区别，下一部分，我们对此还拟作一些比较系统的说明。这里只想介绍一下西息温、麦加拉、科林斯三邦僭主政治的约略经过。这三个城邦，僭主夺取政权最早的是西息温。西息温和麦加拉原有称为"泥腿子""穿羊皮的""拿棍子的"农奴阶级，大概是被征服的多里安人，古代作家把他们比之于斯巴达的黑劳士。西息温僭主奥萨哥拉（Orthagoras）出身贫贱，他上台后解放了这些农奴，对多里安人则加以侮辱，对他们的三个部族给予牧猪奴（Hyatae）、牧驴奴（Oneatae）、牧豚奴（Choireatae）等侮辱性的名称，并把非多里安人的部族名称改为"万民之主"（Archeloi），这些名称居然沿用了二百年。科林斯僭主居柏塞卢（Cypselus）兴起以前，贵族巴枯氏（Baechiads）氏族执政，他们首创西向殖民，公元前8世纪末，科林斯执掌希腊的海上霸权。公元前7世纪初，阿尔哥斯的斐登王兴起，科林斯发生内讧。公元前664年，科林斯和它的殖民地科西拉发生海战，统治集团威望大降，居柏塞卢取代了贵族政权。居柏塞卢本身也属于统治的巴枯氏氏族，他和继位的儿子伯利安德（Periander，希腊七贤之一）进行了一系列改革，解放农奴，提高工商业的地位，改革货币制度，大力造船，开凿运河，修筑道路，奖励科学艺术，等等，使居勃来底斯（Cypleids）朝的科林斯成为当时希腊世界的第一流国家，和米利都的僭主司拉绪布卢（Thrasybulus），甚至和埃及的法老王都维持着友好的亲戚的关系。这些僭主政权最多不过持续三代，旋即被民主政治或贵族政治所取代。然而即使代替它的政治制度，按亚里士多德的说法还应称作"贵族政制"，古代的秩序是再也恢复不过来的了，一切改革基本上都保持了下来，其中属于社会政治制度的，有农奴平民上升成为公民，有成文法典的公布，等等，从此以后，执政者即使是贵族，也得对公民大会和公民选出的议事会负责了。

工商业城邦卡尔西斯，虽然没有被征服人民后代的农奴，在此期间，也出现过僭主。

斯巴达和拉凯戴孟同盟

也是多里安人的斯巴达所走的是截然不同的另一条道路。

斯巴达在多里安人征服时期占领了拉哥尼亚地区，在伯罗奔尼撒岛南部欧罗达（Eurotus）河谷平原，土地肥美，然而，没有良好的海港，所以，它从来是一个农业国家。入侵之初，征服者和当地居民关系如何，史料缺乏，难有定论，也许拉哥尼亚周围的"边区居民"就是最后被征服者的苗裔。他们是自由民，然而不是斯巴达的公民，他们有自己的市邑，在这些市邑中他们拥有某种程度的自治权，但他们无权参与斯巴达军政大计。他们要向斯巴达国家交纳贡赋，他们的市邑有时驻有斯巴达的军队，有斯巴达派来的监督，修昔底德所介绍的锡西拉岛的状况①，也许可以代表一般边区居民和斯巴达的关系。拿我们所熟悉的中国历史来比拟，边区居民是斯巴达的"藩属"。这种关系是不是征服初期就这样确定下来的？中间有什么变化？在美塞尼亚（Messenia）征服之前，斯巴达人是不是自己耕种他那一份土地的自由农民？我们都不知道。

公元前8世纪，正好科林斯陶瓶盛销希腊世界，西去的航路开通，意大利和西西里岛上多里安人的殖民运动如火如荼地进行，海上贸易和商品货币经济猛烈发展的时候，斯巴达征服了它的邻邦，希腊人的国家（多半是公元前11世纪多里安人征服时代剩下来未被征服的迈锡尼故国）美塞尼亚，当地居民全部沦为农奴，这就是人所共知的黑劳士（Helots）。这个名词也许起源于美塞尼亚的一个城市黑劳士（Helos，见于荷马《伊利亚特》的船舶目录）。这次征服之后，斯巴达夺得了拉哥尼亚以外另一片广大富饶的农业地区，这片地方面积几乎和拉哥尼亚一样大。二三个世纪之内，斯巴达曾经沉溺于和平富裕的生活之中，以致特尔裴（Delphia）神庙的一次神谕中，把斯巴达的贵妇风姿和阿尔哥斯的勇武战士（关于阿尔哥斯当时的武功，见下文）同列为希腊世界的第一流事物之中，现存的诗人阿尔克曼（Alcman）抒情诗《少女之歌》残篇，也显示出那个时代斯巴达贵族家庭中少女生活之美。地下发掘所得文物，证明这个时代有出身小亚细亚的诗人居留在斯巴达并创

---

① 参看修昔底德《伯罗奔尼撒战争史》，第297页。

作了优美的诗歌，地下发掘证明这个时代斯巴达还有自己生产的精美的陶器。所有这些，都和当时希腊先进的文明世界的时代潮流相一致。

但是斯巴达的这种"繁荣"，并不是依靠自身的经济发展，而是建立在剥削被压迫被征服人民的基础之上的。残酷的剥削引起反抗，公元前7世纪中期，美塞尼亚发生了规模壮阔的革命运动，斯巴达人用全力来扑灭这次革命。所谓的第二次美塞尼亚战争历时二十多年，传统说，战争期间如此之长，动员规模如此之大，斯巴达的男丁悉数从军，战争结束归来时，后方的妇女和边区居民"私通"生下来的"私生子"都已经成人了。这些私生子被斯巴达人驱逐出去，移居意大利南部的塔林顿（Tarentum）。

长期残酷的"第二次美塞尼亚战争"以斯巴达的胜利而告终。美塞尼亚再度被征服，一部分人移居海外，其余的被征服人民一直处于称为黑劳士的农奴地位。可是这一次战争大大提高了斯巴达人的警惕，为了防止"叛乱"，保持征服所建立的秩序，从此，黑劳士永远处于严厉的监视之下，斯巴达的男人则从小就处于严峻的军营生活之中。斯巴达不是一个城市，而是一个军营。一切艺术文化会松弛这种恒久的警惕与严峻的军营生活，于是，斯巴达人从此就不要艺术文化了。严峻的军营生活要求一种军事共产主义的生活，商品货币经济会瓦解这种秩序，斯巴达人从此禁绝贵金属在国内流通，交换媒介只准用笨重的铁块……

这就是传统所称道的来库古（Lycurgus）的立法。其时在公元前7世纪末，大约和雅典的库隆暴动同时。来库古的口传约章（Rhetra）规定，斯巴达公民家庭新生的婴儿要送给长老，经过检查，若认为不宜让他生存，就抛到泰革托斯山峡的弃婴场（Apothetae）。强健的可能长成为良好战士的婴儿才许养育成人。青年人终年不穿鞋，大部分时间生活在团队（Agelē）里，从事体育锻炼、运动和学习语文。少年人和青年人都奉命去做苦工，并且必须绝无抗议、绝无怨言地去完成。成年公民每人领受一份份地，由黑劳士耕种，他们依照斯巴达人的份地被规定十人至十五人一组，向公民交纳实物贡赋——大麦、猪肉、酒和油。公民不得从事生产劳动，他们必须参加公餐（Syssitia），不论贫富都吃一样的东西，每人交纳定量产物给公共食堂供公餐之用。全部公民都是战士，平时都生活在按军事编制的集体里，军事操练一直不断。斯巴达人在美塞尼亚战争中发展出来的一套恒常防卫农奴"叛乱"的制度，使得斯巴达的重装步队成为整个希腊世界最精锐的军事力量。他们还相应地建立起来一套集体主义的、不怕个人牺牲的、以军事荣誉重于生命的精神进行训练的制度。古希腊历史家希罗多德告诉我们，希波战争中防守温泉关的斯巴达王李奥倪达部下三百战士全部战死，其中有两个人因患病得李奥倪达允许离军，一人闻警返阵战死，一人生还本国，受到全民蔑视，后来在普拉提亚（Plataea）战役中奋勇作战，才洗雪了污名。

斯巴达的两个王统率国军（在征伐时由二王中的一王统率），审判主要有关家族法的案件，执行某些祭礼。斯巴达的最高政治机关是长老议事会，长老是由公民大会从有势力的斯巴达氏族中选举出来的。公民大会另选出五个监察委员，后来监察委员发展成为超乎议事会之上的寡头机关，他们陪同国王出征，监视王的行动；他们负责征募国军，决定一切政策，后来又掌握司法裁判权。不过监察委员还得对公民大会负责，宣战媾和等重大决定，要由公民大会通过。塞尔格叶夫说："斯巴达的宪法，对斯巴达公民来说是民主制的，但是对附庸民族来说就是寡头制的。"[①]

斯巴达的全权公民最多的时候不过一万人，到公元前5世纪时就不到六千人了。军队以公民组成的重装步兵为主力，边区居民从军组成辅助部队，黑劳士也要从军，任军中杂役，伯罗奔尼撒战争中人力不足，有黑劳士参加重装步兵。有一次，在美塞尼亚形势十分不稳的状况下，监察委员佯称要解放参战有功的黑劳士2000人，

---

① ［苏联］塞尔格叶夫：《古希腊史》，第162页。

让他们戴上花冠参加祭典，同时暗中组织青年公民发动一次"特务行动"，这 2000 人从此就不知所终了。

这次"特务行动"终究是非常措施。以黑劳士的身份而论，他们要交纳实物贡税，但他们有自己的家计；他们分属于各个公民；然而他们不能被出卖；不像"买来的奴隶"那样是"会说话的工具"，显然他们是农奴。对此国内史学界有过激烈的争论。后面还准备专门加以讨论。

拉凯戴孟同盟

斯巴达征服美塞尼亚，使得它成为按古希腊标准而言的领土十分广阔的国家，这已经是希腊本土政治上一种"集团化"，然而它还没有从此停止下来。

斯巴达于征服美塞尼亚之后，曾想继续兼并它的邻邦。公元前 6 世纪前半叶，斯巴达进攻在它北面的阿卡狄亚，尤其觊觎特格阿（Tegea）这块富饶的平原，战争持续了三十年（约公元前 590—前 560 年），征服没有成功。当领导战争的两个王死了，新王即位时，变兼并政策为"强迫结盟"政策。又经过一两次战役，特格阿同意与斯巴达结盟。公元前 6 世纪中叶，波斯进犯的危机已经隐约可见，斯巴达有意识地扩大它的结盟政策，开始是阿卡狄亚，其他城市陆续加盟，成立拉凯戴孟同盟（Lacedemon League，正式名称是"拉凯戴孟人和它的同盟者"（Lacedemons and its Allies）。拉凯戴孟是斯巴达的别称。以后，伯罗奔尼撒半岛西北的伊利斯（Elis）和科林斯地峡上诸邦也陆续加入。这是一个军事同盟，伯罗奔尼撒半岛全部，除阿尔哥斯和亚该亚（Achaea，半岛北面濒临科林斯湾的一个狭长地区）而外，诸国全部参加在这个同盟之内。加盟诸国对盟主不负担贡赋，仅在战时结成联军，联军的统帅属于斯巴达人。伯罗奔尼撒半岛历史上一直是希腊本土政治军事力量的中心，这个地区通过同盟的道路结成集团，使得它在波斯进犯面前自然而然成为抵抗运动的最后的也是最坚固的堡垒。

斯巴达兼并政策的失败

同属多里安人国家的科林斯地峡诸邦，采取发展工商业，对外殖民，解放农奴的路线。僭主伯利安德（居柏塞卢之子）在位的时候，科林斯的经济文化冠绝一时，是雅典以前希腊最强大的海军国家，它对西西里的叙拉古等城邦，则几乎从头到尾一直保持一种精神上的领导地位。而斯巴达则在整个希腊世界忙于对外的殖民扩张和建立一种新的高度文明的时候，征服邻近的希腊人国家，并且为了镇压反抗的被征服人民使他们翻不了身起见，建立了当时的希腊世界所没有的，也是后代一切国家所未见的严峻的秩序——所谓"严峻"，对征服者和被征服者两方面而言都是适合的——这是历史上罕见的现象。它的公民的那种不怕个人牺牲的高度集体主义精神，它的蔑视财富，放弃艺术与文化，它的平等主义的公餐制度，等等，博得许多古希腊思想家的赞美，柏拉图的《理想国》所理想的政治和社会制度就以斯巴达为其原型。但是斯巴达的这种秩序并不能一直保持下去，伯罗奔尼撒战争中，以其军事威力建立起的斯巴达帝国，被外面花花世界所诱惑，败坏了这种制度的根本。公元前4世纪，斯巴达累败于忒拜同盟名将埃帕梅农达斯之手，美塞尼亚获得解放，阿卡狄亚诸邦脱离拉凯戴孟同盟。斯巴达国内秩序败坏以后，虽有阿吉斯四世（Agis Ⅳ，公元前245—前241年）和克利奥米尼三世（Cleomenes Ⅲ，公元前235—前212年）等王屡谋改革，还是一事无成。斯巴达和它的严峻秩序与希腊诸城邦一样，消失在历史的洪流之中。

在斯巴达的历史中，有一个对我们来说很有兴趣的问题，那就是为什么它一度实行兼并政策，而且征服了美塞尼亚却又半途而废，改为实行同盟的政策？关于这一点，有人以希腊人爱好自由，为维护国家独立而战不怕牺牲来解释。我们姑且承认这一点，然而仅此一端，还不足以解释此种现象。吕底亚王国进犯小亚细亚诸城邦，许多城邦旋即纳贡称臣；波斯军进犯希腊，希腊本土北部、中部诸国都屈服了，还派兵参加进犯的波斯军。屈服的希腊城邦固然没有沦为郡县，至少是从独立国家贬低到了藩属的地位，可见希腊诸邦在强大的军力面前并不是永不屈服的。问题是：斯巴达之对美塞尼亚和波斯之对希腊诸邦所要求的条件不一样——后者以对方降为藩属为满足，前者则彻底摧毁被征服国家的统治阶级及其政治组织，不加利用，又不去提高这些国家原来被统治的平民的地位，从中吸收力量使之为征服者所用，或者进一步使之成为征服者统治阶层中的组成因素，虽然决不是占重要地位的因素。斯巴达对被征服国家的各阶层人民似乎是一律加以奴役，并且在征服者和被征服者之间建立起来一种森严的等级界限，世世代代不得逾越，从而征服者的统治阶级自身也必须世世代代处在永久的警惕之中，这和帝国主义政策所不可缺少的对所统治各民族"兼收并蓄"的方针是背道而驰的。这种政策，在一次征服中作出了范例以后，自然会使它的第二次征服对象上下一心，誓死抵抗，兼并政策也就再也行不通了。

斯巴达在政治上还有另一种传统，即坚定地维护立宪主义的贵族政体，它对僭主政治和民主政治一样感到厌恶。它的这种传统政策，使它在伯罗奔尼撒战争中摧毁了进入它的"帝国"范围一切城邦的民主政体，到处树立亲斯巴达的贵族政体。这是公元前 5 世纪末至 4 世纪初的事情，在公元前 6 世纪，它促成了科林斯地峡诸邦推翻僭主政体，对雅典的僭主政体的倾覆，也尽了一臂之力。大略经过，后面还要扼要介绍。

特萨利亚

特萨利亚是希腊本土集团化的另一个例子。它的社会结构类似斯巴达，其政体则和斯巴达迥然不同。

特萨利亚拥有希腊本土最广阔的平原，它的领土面积约十倍于雅典，居统治地位的特萨利亚人，是多里安人入侵时期武力侵入的一支西北希腊部族，当地居民是操爱奥里斯方言的迈锡尼旧民，征服者在语言上被当地居民同化了，然而他们是特萨利亚的贵族。当地居民，一部分移居海外，一部分退入平原周围的山区，以后成为特萨利亚的"边区居民",他们享有的自由,比斯巴达的边区居民要多一些。留居平原的被征服者沦为农奴,称为"珀涅斯泰"(Penastae),其地位和斯巴达的黑劳士相同,不过所受监视要轻微一些。

征服者在特萨利亚平原周边山麓或平原中央丘陵上筑成城堡,统治周围被征服的农奴和纳贡的边区居民。每一个城堡有一个巴西琉斯,各自独立成王,不相统属。公元前7世纪以后,王政消失,代之而兴的贵族,虽然还不时发生内讧,居然以政治家风度合作起来组成了特萨利亚"联邦"。联邦制度细节没有资料可凭,大体上是分布于特萨利亚的无数小城市分别联合成为四个瑞士自治州(Canton)那样的地区联合组织,每个州设有一个选举产生的政治权力机构,称为Tetarch,这四个"州"又联合产生一个特萨利亚的"联邦政府",称为Koinon,首席行政官称为Tagus,是不限资格地从诸城市中互选出来的。"州"的Tetarch和联邦的Tagus的职能主要是军事上的,各城市各自独立治理它的内政。自治州的TetarchS是常设机构,Tagus看来唯有在紧急情况下才选举出来统率"联邦"军队。所谓"内政",其实也十分简单。因为特萨利亚除农奴制土地贵族而外没有什么工商业,独立的自由小农人数也少。镇压农奴("珀涅斯泰")和边区居民的反叛显然是建立"州"和"联邦"机构的主要目的,不过在有了这些机构之后,特萨利亚的军威也曾在不同时期震慑过它的邻邦。

特萨利亚的政治权力似乎基本上限于贵族,贵族又并非集合居住于一个城市,而是分散据有各自的小城市和城堡的。它的重要的城市有拉利萨(Larissa)和克拉龙(Cranon)。它的军队是贵族的骑士军,在马镫没有发明以前①,骑士在重装步兵面前不是决胜的兵种。它长期来一直处于领有农奴的贵族的专政之下,内部等级森

---

① 马镫的利用,无论在中国或欧洲,都已经在中世纪了。没有马镫的骑兵,是赵武灵王"胡服骑射"的骑兵,威力在于"骑射",不能作马上白刃战,所以抵不过带甲、持盾、持矛集团作战的"重装步兵"。

严,直到亚里士多德的时代(公元前4世纪后期),某些特萨利亚城市的分居平民(Demos)还不许涉足于政治集合场所。所以,这个希腊本土领土最广的"大国",在希腊史上所起的作用不大,波斯军侵入的时候,它首举降旗,亚历山大征服波斯的时候,特萨利亚的骑兵是亚历山大远征军中的重要组成部分。

看来特萨利亚确实是一个领土国家而不是一个城邦。它的政制的某些方面确实受到了城邦的影响,例如王政的消失,贵族阶级的联合,贵族阶级内部的某种民主惯例,等等。不仅如此,根据亚里士多德《政治学》的资料,特萨利亚的主要城市拉利萨后来也有城市公民和城市公民民选行政官员的制度,这大概已是比较晚期的现象。拉利萨和克拉龙二城实际上从来是广阔的特萨利亚领土国家的政治中心,是特萨利亚各地贵族所组成联邦的都城,而不是以其本身为主体的"城市国家"。一个联邦的都城的城市管理采取某种"城市自治"的形式,而不像我国的历代皇朝把都城的城市管理交给帝国的官吏(如清代的"九门提督"),在后世的西方诸国是常例。历史地说,这是城邦制度的流风余韵,特萨利亚的拉利萨市的制度,也许是这种现象的第一个例子。

雅典的统一运动

后来成为希腊文明中心的雅典,兴起的时间比科林斯、斯巴达都晚,留下来的史料较多,研究得也比较详细,它的演变为城邦的过程比较典型,分别在本部分与次部分加以介绍。

雅典所在的阿提卡地区,面积两千多平方公里,只相当于我国纵横百里的一个大县,然而在古希腊的条件下,这已是有内陆纵深的一个地区了。它分割成为几个小平原〔马拉松平原、埃琉西斯(Eleusis)平原和雅典平原〕和几个山区,最南端的劳里翁(Laurium)山区在古典时期有著名的银矿。后期迈锡尼时代,阿提卡密布着小巴西琉斯的城堡,其中雅典和埃琉西斯长期间彼此敌对,筑着长城互相防卫。这个地区成为希腊最杰出的城邦,第一个步骤是历史上著名的统一运动(Synoe Kismos)。

统一运动的实质是阿提卡境内各独立城市（或城堡）全部撤销其独立性，把分散的政治权力集中到雅典一个城市中来。传统把这一历史任务的完成归功于有勇有谋的提秀斯王，后来史家则对之作了比较切实的解释。他们认为，所谓统一运动实际是雅典以外各城市（或城堡）的贵族集中住到雅典城来，组成阿提卡的贵族议事会，统治整个阿提卡地区，而且这件事情不是一下子完成的，是经过了一个漫长的过程的——开始是少数几个城堡的贵族集中雅典，向雅典集中的城堡逐步增加，最后与雅典长期敌对的埃琉西斯也合并进来，统一运动才告完成。多里安人入侵时代，阿提卡地区始终未被侵入，这已为史家所公认，据此，我们也许可以推测，多里安人入侵也促成了阿提卡的统一运动。古希腊史家斯特累波（Strabo）说，雅典王梅朗淑（Melanthos）之子科德罗斯（Codrus）在抵御多里安人入侵的战争中阵亡[①]可以作为间接的证据。阿提卡陆上邻邦西面是麦加拉，属多里安集团；北面是彼奥提亚，属爱奥里斯集团；历来和雅典都不友好，阿提卡境内诸城合并成为一个统一国家是形势促成的。有的史家还认为这个过程开始于公元前1000年，最后完成之时，在公元前700年前不久，看来是有相当理由的。

初期雅典的政制，塞尔格叶夫介绍如下：

数百年来，统一的阿提卡的最高统治权，是属于雅典的巴西琉斯的，在公元前8世纪左右，雅典的王权绝迹了。据传说，雅典最后一个巴西琉斯是科德罗斯。王权消灭之后，雅典的首脑便是从"贵族后裔"选出来的执政者，即所谓"执政官"（Archons）。初时，执政官的任期是终身的，后来就十年改选一次，及后每年改选一次。初时，只选一个执政官，但大约在公元前6世纪中叶，便有"执政官九人团"的组织——

[①] 参看亚里士多德《政治学》，第229页译注。

(一)首席执政官(即正式的执政官),初时掌握大权,但后来权力也受限制;(二)祭仪执政官(即巴西琉斯),主要是尽祭司的职责,兼处理有关宗教崇拜的审判事宜;(三)军事执政官(即元帅),是雅典国民军的领袖,兼司邦交大事;(四)其余六个司法执政官,乃是法律的维护者,兼各种审判委员会的主席。执政官是尽社会义务而不受报酬的。……任职期满以后,执政官便入"元老院"(Areopagos),即国家最高议事会……①

看来,这和我们在小亚细亚殖民城邦所见到的贵族寡头政制是完全一样的。这时候的公民(Polite,即"城邦的人")看来仅限于集中住在城内的特权贵族,住在"村场"〔Demos,此字为希腊语民主政治(Democracy)的语根,并参见下部分介绍雅典克利斯提尼(Cleisthenes)立法部分〕内的平民恐怕是不算在"城邦的人"(Polite,公民)的范围之内的。

雅典虽号称为最初伊奥利亚诸殖民城邦如米利都、埃弗塞斯等的母邦,然而初期殖民过去之后,它就不再去创建什么殖民城邦,而且,直到公元前6世纪初梭伦改革以前,它的工商业也似乎没有什么重大的发展。阿提卡本来是比较广阔的一个地区,此时的雅典基本上是务农的,比之同时代的科林斯、卡尔西斯(Chalcis)诸邦的迅猛的对外殖民而言,它的人口外流似乎也是微不足道的。贵族的阶级统治,人口的日益增加,必然导致贵族对平民剥削的日益加重,这就是库隆暴动和梭伦改制的背景。另外,人口外流不多、人力保持于国内,也是后来雅典得以成为抗击波斯进犯的骨干力量的原因。

雅典走上统一运动和贵族统治的道路是不是受到海外殖民城邦的影响,古典时代的希腊史家如希罗多德、修昔底德等丝毫未提

---

① 〔苏联〕塞尔格叶夫:《古希腊史》,第174—175页。

到,近代有些史家论述它的原因的时候,往往归之于内部生产力的发展。多里安人入侵以后漫长的数百年间,雅典经济毫无疑问会有某种程度的发展,但直到统一运动完成,贵族统治确立之时,雅典还是一个产粮的农业国家,而不是园圃的农业国家,它虽有优良的海港,但它的海外贸易还不及一个小岛埃吉纳,它的陶器工业远未发展,当时优美的科林斯陶瓶还在称霸希腊世界,所以它的政治改革的推动力得自经济发展的,当远较科林斯、卡尔西斯等城为微弱。另外,雅典号称伊奥利亚诸海外城邦的母邦,它跟那些城邦的交往应该是比较密切的,所以,有理由推测,雅典的贵族从海外殖民城邦当政的贵族那里学到了关于各种新型国家的知识。阿提卡境内诸小城邦的贵族共同抵御外族入侵的要求,加上经济的发展以及其他许多我们不知道的原因的相互作用,使得雅典还在变成工业和商业的城市以前就组成了一个单一城市领导周围比较广阔农村地区的国家。我们有理由推测,这个城邦的务农的平民,初期还算不上是城邦的公民。史料表明,梭伦(Solon)改革以前,这些平民的处境是贫困而悲惨的。激烈的阶级冲突,引起了骚乱暴动,出现了立法者和僭主,当人民群众的力量强大到足以推翻僭主统治的时候,就形成了希腊史上著名的雅典民主。因为这个过程在希腊各邦中具有典型的意义,当在下部分内作比较详细的介绍。在这个过程中,雅典发展了商业和手工业,它的经济力量逐渐超过了科林斯和卡尔西斯,而在民主政体下,它又拥有为数较多的务农的公民,得以招募一支较大的公民军,这又是雅典军事威力的来源。希腊本土诸城邦中,唯有雅典兼具这几个因素,它之成为希腊文明的中心,并不是偶然的。

阿尔哥斯和克里特

阿尔哥斯(Argos)占有迈锡尼时代的王畿(阿加米农本人的王国),它最初在多里安人诸邦中占有领袖地位。多里安人征服之初,它还得以在某种程度上支配科林斯地峡上诸邦,传统还说,那个时候存在过一个阿尔哥斯"帝国"。公元前8世纪中期,阿尔哥斯的霸权衰落了，公元前7世纪阿尔哥斯在斐登王统治下武功很盛，打败过斯巴达和雅典，实行过币制改革。亚里士多德说斐登"起初为王而终于做了僭主"，大概他在国内实行过个人的专制统治。这个传统的部族王国以后也成了"主权在民"的城邦，它国内除阿尔哥斯这个城市而外，还有阿欣（Asine）、太林斯（Tiryns）等重要城市。各城市间的关系如何，已经难以稽考了。

阿尔哥斯东南有特洛真（Trozen）、赫尔米温（Henmione）、埃彼道鲁斯等小国，濒临阿尔哥斯湾或萨洛尼克湾，面积不大，都是科林斯类型的单一城市的城邦，在历史上没有起过什么作用。

克里特岛为多里安人占领后很快分别建成四十个城邦，据说后来还达到过一百个。

彼奥提亚、福西斯、洛克里斯

公元前4世纪一度掌握希腊霸权的彼奥提亚（Boeotia），位居希腊中部，南邻阿提卡，以土壤肥沃著名。迈锡尼时代彼奥提亚已是比较发达的地区，建有某些迈锡尼统治下的小王国的城堡，后来的提佛、奥科美那斯等城市大概就是在它们的旧址上发展起来的。历史时代的彼奥提亚传统说是入侵者的旧裔，但是假如确实有过外族征服的话，征服也没有留下什么严格的阶级界限，按照著名的希西阿的《劳动与时令》诗作来看，自耕的自由农民在公元前8世纪就居于主要地位了。彼奥提亚的王政消灭得很早，希西阿诗中的巴西琉斯，有的史家认为也许指的是贵族。彼奥提亚原先有许多独立的小公社，它们之间很早就有同族性质的联合，还有泛彼奥提亚的宗教庆典，又因为那是希腊本土的四战之地，古典时代多次战争都会战于它境内，这种容易遭到外敌入侵的环境，促使它趋向于合并成为一个联盟。组织联盟的盟主是提佛城，为了组成彼奥提亚联盟，提佛城还对某些城市进行过战争，公元前550年，除奥科美那斯和布拉的（Plataea）两城外部加入了联盟，几十年以后这两个城市也加盟了。联盟的政治机构称彼奥塔斯（Boeotarth），加盟城邦各自保持独立。

位居彼奥提亚之东,南临科林斯湾的福西斯(Phocis),地域不大,居民分散于二十个左右的小市邑中,希腊世界的宗教中心特尔斐神庙就在它境内。公元前590年,福西斯的两个市邑为了神庙周围一块土地发生了争吵,特萨利亚以这次事件为借口,干预、占领了福西斯,许多希腊城邦联合起来驱逐特萨利亚人,福西斯在其中起了主要作用。在此以前,福西斯各市邑之间本来就有部族性质的联合,战争中发展成为比较巩固的统一国家,按其性质而言,也可以称之为福西斯联盟,不过加盟的小市邑独立性不强,未必具有独立城邦的性质,所以福西斯国家,其实是自治的市邑联合组成的领土国家。

洛克里斯(Locris)邻近福西斯和彼奥提亚,它以奥布斯(Opus)城为中心,经过雅典那样的统一运动建成为城邦。

农村地区的建城运动

以上列举诸城邦,多数由旧时城堡发展成为人民聚居的城市和城邦。本土城邦的最后一种类型,是原来的农村地区建立城市,发展成为城邦,这可以称为建城运动,阿德科克称之为"狭义的统一运动"。他说:

> 这里那里的诸村落的共同体,通过深思熟虑的行动,放弃村庄合居一处。这个过程是狭义的"统一运动",我们知道这种统一运动在东部阿卡狄亚(Arcadia)怎样在起作用的。东部阿卡狄亚分为两个村居共同体的集群,每一个集群原来都拥有一个筑城的避难所,北集群称为城(Polis),南集群称为堡(The Fort)。也许因为害怕斯巴达人的侵略,南集群联合起来组成了特格阿(Tegea)城邦,不久,北集群就组成了曼底涅亚(Mantinea)城邦。曼底涅亚统一运动的理由在于害怕南邻的军事力量,这个理由因渴望控制平原北部的水源又加强了一层。由于伊利斯人(Elis,伯罗奔尼撒西北的多里安人城邦)愈来愈厉害的侵略倾向被迫建立了赫赖亚城邦(亦在阿卡狄

亚境内）。只要密迩别的城邦，无疑就能触动村居的共同体起而模仿，希腊西北部（指阿开那尼亚（Acarnania）、埃托利亚（Aetolia））诸城邦，看来是从那里出现一系列科林斯的殖民地以后，才陆续形成的。①

古代希腊晚期，亚历山大征服以后的希腊主义时代，兴起了亚该亚同盟（以伯罗奔尼撒半岛北部濒临科林斯湾的亚该亚为中心），埃托利亚（在中部希腊的西侧）同盟。这两个地区都是山区，古典时期，它们都是落后地区。当滨海的先进的工商业城邦已经经过了奴隶制经济的极盛时代，因内部激烈的阶级矛盾而陷于分崩离析的境地的时候，自由农民居主导地位的这些山区，于是建立城市，组成同盟，起而占有希腊本土的支配地位。不过那时已是罗马征服的前夜，希腊人在政治军事上不久就退出历史舞台了。

近邻同盟

希腊本土的"统一运动"或"同盟运动"，从来都是局部的，全希腊的组织全是宗教性质的。其中最重要的是"近邻同盟"。

近邻同盟（Amphictyonic League，The League of Neighbours）以特尔斐（Delphi）神庙为中心。特尔斐神庙祀奉阿波罗（Apollo），神庙的渊源很古，可以追溯到亚该亚人来到希腊的时候，后来成为希腊三个人种集团爱奥里斯、伊奥利亚、多里斯共同的宗教中心，特尔斐的阿波罗神谕甚至为"蛮邦君主"（如吕底亚、埃及）所信任。近邻同盟原是围绕温泉关附近地母（Demeter）神庙而设立的邻近诸邦的同盟，不清楚同盟的起源和其目标如何，反正它要求加盟诸邦在发生战争时不得切断对方的水源，不得毁灭对方的市邑。鉴于其称为"近邻"，究竟最初的加盟诸邦，在兹帕尔克俄斯（Sperchus）河上和塞费苏斯（Cephisus）河上游诸共同体之外，是否还有别的，是可疑的。不过到公元前600年的时候，同盟包括了

---

① 阿德科克：《希腊城邦的兴起》，*The Growth of the Greek City – States*.

北部和中部希腊的全部人民,其中有特萨利亚的四个"州",有福西斯人、彼奥提亚人、洛克里斯人、多里斯的多里安人(残留在中部希腊的多里安人小邦),优卑亚的伊奥利亚人和历史上仅见名称没有史料参考的三个小邦多利普(Dolepes)、马里(Malians)、伊纳斯(Aenians)人。不久发生了所谓第一次神圣战争,特尔斐神庙原由克利塞(Crisa,属福西斯的一个小共同体)管理,战争的结果,神庙归近邻同盟保护。近邻同盟的年会也移到特尔斐来召开。此时特萨利亚在近邻同盟中占绝对优势,福西斯也处于特萨利亚的军事占领之下。后来各邦协力驱逐特萨利亚占领军,近邻同盟的成员随之扩大,雅典、斯巴达、西息温等都成为加盟国家。扩大的近邻同盟此后还在特尔斐主办"皮提翁庆节"(Pythium Festival),有音乐竞赛,后来又增设体育竞赛,这大大提高了特尔斐神庙的地位,使它成为团结希腊人的中心地点。近邻同盟则逐渐从宗教性的联合,转为政治性的国际性的联合。这决不是一个超国家的组织,只是希腊世界各主权国家通过这个同盟发生了集体性的相互接触,有助于发展出一些国际惯例而已。

奥林匹克庆节

另一个纯粹宗教性的"奥林匹克庆节"更负盛名,现代的国际奥运会自称是继承了它的传统的。庆节每四年一次,第一届奥林匹克赛会早在公元前776年举行,它由伊利斯主办,最初参加的不过是近旁少数几个国家,以后逐渐扩大,到历史时代,即使很少参与希腊世界政治事务的远方诸邦,如黑海和"远西",也都热心参加那里的竞走、角斗、战车竞赛等运动。竞赛的胜利者获得桂冠或橄榄冠,且有立像的权利,所属城邦亦引以为荣。诗人与雄辩家也参加奥林匹克赛会,公元前4世纪,煊赫一时的西西里叙拉古(Syracuse)僭主自炫诗才,派人在奥林匹克赛会上朗诵他的诗作,竟备受讥嘲。为了保证赛会的举行,希腊诸国协定,赛会期间交战中诸国一律要停战若干天。这种盛大的庆节,显然大大促进了希腊的统一的文化的形成,加强了希腊民族的团结。事实上它是希腊世界中主权国家的城邦制度之外另一个重要的政治因素，它对后来的历史事变是产生了极深刻的影响的。

五　公元前 8—前 6 世纪的希腊世界
　　——城邦制度的最后完成

（一）总述

以本土为中心的希腊世界的形成

　　公元前 8—前 6 世纪，希腊世界发生了剧烈的变化。变化的第一个方面是，这二百年间，希腊人从小亚细亚及本土出发，殖民于东西南北。古典时代以本土为中心的地中海上的希腊世界，就是在这个时期形成的。希腊人的这个大移民运动，一方面是在移民区域碰到了激烈的竞争者和对手，另一方面是东方的内陆帝国对小亚细亚希腊人军事进犯的结果，所以，大移民固然是希腊人的海外扩张，其中一部分人民属于"避难移民"的性质。变化的第二个方面是，希腊本土结束了多里安人入侵的漫长数百年间的"黑暗时代"。本土诸邦，在此期间城邦化了，也集团化了，加以从东面来的外敌侵犯，"黑暗时代"曾经是希腊文明中心的小亚细亚，现在丧失了它的中心地位。希腊文明和希腊历史事变的中心，在此期间移回到了本土，虽然雅典中心地位的确立，还在希波战争之后。以上两个方面，前两部分已经多方面涉及，然而未作系统的介绍。本部分（二），将介绍国际环境、大移民、海外城邦；本部分（三），将对以雅典为中心的希腊本土的状况，作比较系统的介绍。由于希腊史的多中心的特点，以上介绍与前两部分虽有不少重复之处，看起来还是节省不了的。

希腊世界的经济变革

　　大移民与本土的城邦化及集团化所形成的以本土为中心的希腊世界，是由无数自治自给的蕞尔小邦组成的。各个区域的外部条件各不相同，每一个区域的各城邦的内部状况和历史演变过程也各不相同,但这个时期的有些变革,特别在经济方面,是共通于整个希腊世界的。

希腊人殖民于东西南北,每一个海外殖民地和本土的所有国家,固然各按当地的资源交通条件和它们自己的历史传统,经营多种多样的经济生活,但是,大移民更突出了希腊的海上文明的特色。

> 在希腊人的国民生活中,海洋所起的作用,有了确定的形式,并且升到了最重要的地位。殖民地靠近海洋,而且只有靠着海洋才能和它们的母邦往来。它们在政治上经济上的独立,以及它们本身的存在,都需要有强大的船队。远在雅典掌握希腊诸海的霸权以前,科林斯、优卑亚的卡尔西斯、米利都、佛西亚、罗陀斯、叙拉古、塔林顿(Tarentum,意大利南端)和马赛,便都已有强大的商业舰队和武装舰队。①

海上贸易和海上交通的发达,反过来对希腊各殖民地城邦和本土诸国的经济,又产生巨大影响。它使本土诸国古老的自然经济,迅速转为商品货币经济;使海外和本土原先的工商业城邦,由于粮食和原料供给方便,而得以不受限制地扩大它们的工商业。同时,也使某些"单一经济"的殖民城邦,扩大多种经营,力谋自给自足。雅典本以粮作农业为主,大移民中及其后逐渐发展起来更加适合于其土壤条件(丘陵、沙地)的葡萄、橄榄、果园与其他园圃农业,粮食逐渐取决于进口。由于输出油和酒需要容器,因此它又迅速发展起陶器业,不久它的陶器就超过了科林斯。米利都、科林斯、卡尔西斯等老早就是工商业城邦,粮食原料供给充分了,使它们工商业的发展更加迅速。与此相反,有些殖民地建立之初,虽不过是一个商站,但因周围农业资源丰富,当它的人口因新移民的到

---

① [法]杜丹:《古代世界经济生活》,第29页。

来而日益增多时，就兼营农业。后来，它们逐渐发展成为自给自足的共同体，于是对母邦的依赖日益减少，并成了独立的城邦，这在前面已经说过了。

经济的迅猛发展，促成了贵金属铸币的应用。贵金属铸币的应用，反过来又影响了经济发展的速度。希腊人用贵金属条块为交换媒介，为时已久，但当时的交换媒介，除贵金属条块而外，还兼用牲畜、铜斧、铁块、铜制三脚架之类的实物，商品货币经济的发达究竟还受到一定限制。公元前8世纪，小亚细亚的吕底亚王国开始用天然的琥珀金（金银合金）制成铸币，伊奥利亚诸城邦米利都、佛西亚、埃弗塞斯继起仿制，不久，斐登王统治下的阿尔哥斯，萨洛尼克湾上的埃吉纳、优卑亚（Euboea）和雅典也自铸货币。铸币材料，改用成色较高的金或银。① 这种打制了某种固定图像、成色重量一致的小圆片，既便利了商品交换，本身又是代表一般意义的财富。连同弥漫于希腊世界的迅猛的经济发展，产生了重要的社会与政治后果。

贵族阶级寡头专政面临的新形势

我们由前一部分知道，公元前8世纪初期前后，无论海外或本土诸邦，政权大体上掌握在贵族阶级手里，政制是寡头专政。以小亚细亚诸邦而言，各邦执政的贵族阶级奠定了自治自给城邦的基础，发展了对外移民，然而这些成就是在相对的和平状态下获得的，现在他们面临了强大的外敌侵犯的威胁，历史记录似乎显示他们对付这种威胁是无能的。"西方希腊"也有同样的迹象。就整个希腊世界而言，一切城邦在迅猛的经济发展面前，一般都出现了下述的社会与政治新形势，保守的贵族阶级，出于他们的阶级利害的

---

① 迄今为止，我国发现的金币，只有战国时代的楚国，才有加上官方印记的小金块，称为郢爰。这是成色一致，但重量未必一致的金块，未必就是贵金属铸币。我国的古钱币都是铜（有时是铁）铸的刀、斧或"孔方兄"。用银元宝已经很晚了，银圆是近代从西班牙输入的。战国时代有贵金属铸币的萌芽，秦汉以后从未发展起来，这显然是商鞅重农抑商政策的结果。

考虑，更显得无法应付。

（1）新的致富的机会和贵金属铸币的使用所促成的金钱贪欲，刺激了许多人作各种各样的冒险，或从事创造性的经济活动。一部分当政的土地贵族，利用权势取得了财富；同时也出现了贵族以外的工商业的富裕阶层，而他们是被摒除于政权之外的。这样，政治权力的分配和各阶级实际力量的对比之间，出现了矛盾，这种矛盾日益加剧。

（2）经济发展和海外移民都造成了人力的不足，使得土地贵族难以掌握他们支配之下的人手。另外，商品货币经济的发展，刺激了土地贵族的金钱贪欲，从而使他们加深了对平民群众的剥削。梭伦改革以前雅典的状况，可以引为典型。

> （雅典的）贫民本身以及他们的妻子儿女事实上都成为富人的奴隶；他们被称为"被护民"和"六一汉"（按：史家均释为须交农产品收获六分之五的分成佃农），因为他们为富人耕田，按此比率纳租，而全国土地都集中在少数人手里，如果他们交不起租，那末他们自身和他们的子女便要被捕；所有借款都用债务人的人身为担保，这样的习惯一直流行到梭伦时代为止。[①]

（3）古代希腊以奴隶制著名，然而希腊的奴隶制起源于买来的奴隶（战俘，从蛮族那里贩买来的奴隶），并非起源于希腊社会内部的债务奴役。此时希腊诸城邦的平民群众，是大移民和经济扩张所不可缺的极其宝贵的人力资源。因此，上引雅典的严重情况，必定会引起社会骚动，引起暴动，剧烈的社会变革和政治变革就不可避免了。

希腊诸邦历史演变过程的多样性与一致性

以上所说的是一般情况。希腊诸邦的内外环境，极不相同，各

[①] 亚里士多德：《雅典政制》，生活·读书·新知三联书店1957年版，第4—5页。

邦统治阶级对付新形势所采取政策也不同，有的成功，有的失败，各邦历史演变也就多种多样。在希腊本土，同属多里安人的国家，科林斯、麦加拉、西息温在新形势下大举移民海外，发展工商业，使得它们内部发生剧烈的社会政治变革，于是兴起僭主，推翻贵族，解放农奴；斯巴达则征服美塞尼亚，扩大了农奴的数量，加强对农奴的镇压，为此建立了公民中严格的军营生活。从此以后，长期内经济和艺术文化的发展，是和斯巴达无缘的。再进一步，科林斯等邦的僭主政治，在斯巴达干涉下被推翻，建成了主权在民的政体，然而斯巴达的"战士—公民"的特权公民的"民主"制度，则数百年间保持不变。又如本土特萨利亚四周高山，贵族役使农奴耕牧于广漠平原之中，希腊世界的沸腾的经济生活与剧烈的政治变革对它影响微弱。它的政制虽然也因外部变化而有所变化，实质上一仍旧贯。

与此相反，多数海外城邦处在猛烈的经济变革的旋涡中心，又有外敌的侵犯，不能不发生剧烈的政治震荡。然而东方希腊和西方希腊所碰到的外敌力量强弱悬殊，从而小亚细亚诸城邦出现了波斯儿皇帝性质的僭主，西西里则出现了战胜迦太基人的西西里帝国。

以上是希腊诸邦历史演变过程的多样性。但除少数例外（斯巴达、特萨利亚在希腊史上确属例外），希腊诸邦历史演变过程也有其一致性。公元前8—前6世纪这一段时间，各邦都处在大移民造成的经济环境之中，各邦都处在强大的外敌威胁之下。海外城邦在此期间，有的直接受到侵犯，有的与敌方发生了战争。本土诸邦，显然也已经感到波斯入侵的威胁。用历史眼光来看，本土诸邦此时期内历史演变过程，具有不少应付迫在眉睫的事变的因素。而且，此时期内许多城邦出现僭主政体，继以推翻僭主，实行民主，又显出历史过程的某种一致性，虽然这个过程并非完成于公元前6世纪，要推迟到下一个世纪。有许多城邦没有出现僭主，而出现了立法者，有一些没有发生这类政治震荡，"和平"地进入民主政体。从整个希腊世界的历史来看，其间是可以找到某种规律的线索的。

贵族阶级的寡头专政，经过僭主政体，或经过立法者和民选调解官过渡到民主政体，也就是本文所探讨的希腊城邦制度的最后完成，本部分（三）（四）将对此略加介绍与探讨。

（二）国际环境、大移民和海外城邦

吕底亚王国的兴起与波斯帝国的征服小亚细亚

小亚细亚初期移民的二次移民开始于公元前8世纪，或更早一些时候（均参见第三部分），当时小亚细亚腹地没有什么强大的国家，那里的希腊诸城邦得以自由自在地扩展，达一个多世纪之久。大约从公元前8世纪起，紧邻伊奥利亚的内地兴起了吕底亚王国，王都在萨第斯（Sardis），距海滨不过八十公里。在基格斯（Gyges）篡夺吕底亚王位以前，这个王国似乎力量不大，还不足以威胁希腊诸城邦。公元前8世纪，正是米利都开辟黑海航路，小亚细亚诸邦对外移民和海上贸易猛烈发展的时代。公元前8世纪末或7世纪初，基格斯篡位，篡位后他立即进犯米利都和士麦拿，并攻陷了科罗封，显然并未久占就退出了。下一个吕底亚王阿底斯（Ardys）又进攻米利都，攻陷普赖伊尼（Priene），也未久占。公元前652年蛮族西墨里安（Cimmerians）进犯吕底亚，攻陷王都萨第斯，吕底亚一时衰落，若干年间无力进犯伊奥利亚希腊城邦。公元前7世纪末，亚述帝国被巴比伦、米地两王国灭亡，并瓜分了它的领地。吕底亚再度强盛，它的国王阿耶特斯（Alyattes）曾东犯米地王国。不久两国联姻和好。阿耶特斯全力西犯，攻陷了士麦拿（Smyrna），把它夷为平地（这是小亚细亚希腊人殖民城市被毁灭的仅有的例子，这个城市大概到亚历山大征服后才恢复起来），进犯克拉左美奈（Clazomenae）和米利都（Miletus），并和米利都进行了长达十一年的战争，此时正值米利都著名僭主司拉绪布卢（Thrasybulus）在位的时候。米利都以坚壁清野的方法抵抗进犯，并依靠海上运输维持城市的供给。阿耶特斯久战无功，罢兵议和，希罗多德说此后"两个国家成了密友和联盟"。约公元前560年，

吕底亚王克劳苏斯（Croesus）继位，更加积极进攻小亚细亚诸希腊殖民城邦，在他统治期间把北中南大陆海滨的全部希腊城邦都降服了，降服的条件大概相当宽大，只要纳贡称臣就行，不干涉城邦的自治。这些城邦降服后，因能更加不受阻碍地和内陆贸易，似乎也安于这种环境。

然而吕底亚的极盛时代，不过是昙花一现。东边的波斯在居鲁士统治下不过几年就征服了米地王国，并继续西进灭亡了吕底亚，俘虏了克劳苏斯，小亚细亚的希腊人城邦又从吕底亚的藩属转为波斯帝国的藩属，以下的事变就紧接着希波战争史了。

小亚细亚希腊人的避难移民

吕底亚王国长期来与希腊城邦时战时和，在和平时期似乎有密切的经济文化交往，埃弗塞斯的一个僭主还是吕底亚王的女婿。降服了小亚细亚全部希腊城邦的吕底亚末代国王克劳苏斯王廷，是希腊人常去访问之地。传说，雅典梭伦离职后曾到过萨第斯（Sardis）。波斯征服吕底亚后，对转而藩属它的希腊城邦虽有宽容，也怀疑忌。当时的波斯王廷有希腊人的宠臣，希腊名医德摩斯底斯（Democedes）曾为波斯大王的御医，波斯用兵时要依靠希腊人提供海上力量。但波斯属下的海滨城市，除希腊而外，还有腓尼基（西顿、推罗）。希腊、腓尼基之间的海上竞争，竟然也表现为两方在波斯王廷中的争宠。

小亚细亚诸城邦对吕底亚和波斯的先后降服，对它们的经济文化发展，似乎还没有极其严重的影响，这是希腊人甘心纳贡称臣的主要原因。然而也有一些希腊城邦，或某些城邦中的一部分希腊人，宁愿移居他处，不愿屈居藩属地位。克拉左美奈人有些避难雅典，把那里的陶画新风格带到了雅典，帮助雅典发展了陶业。佛西亚于吕底亚侵入时（公元前600年）大群人扬帆西去，建立了"远西"的马萨利亚（Massilia，即今马赛）殖民地，不久，马萨利亚移民于科西嘉（Corsica）岛上，当波斯王居鲁士征服时，又有一群佛西亚人避居科西嘉殖民地。罗陀斯岛希腊人建杰拉（Gela）城于西西里岛上，奈达斯（Cnidus）人跑到埃及去当雇佣兵。提奥斯（Teos）则全城人都上了船，船到色雷斯海岸建立了阿布提拉（Abdera）城［哲学家德谟克利特（Democritus）的故乡］，另有一部分人移居黑海北岸。诸如此类的避难移民，是公元前6世纪以前希腊大移民的一个组成部分，黑海、色雷斯及西方新殖民地的建立，甚至希腊本土有些城邦工艺技术和文化的提高，都从中汲取了力量。

僭主政体之盛行于小亚细亚

公元前7世纪起，小亚细亚希腊城邦开始出现僭主政治。历史上最著名的有米利都的司拉绪布卢（约公元前625年）和塞莫斯的波利克拉底（Polycrates，公元前6世纪后期），但是累斯博斯（Lasbos）岛上米提利尼（Mitylene）城邦的僭主和埃弗塞斯的僭主，则比司拉绪布卢还要早得多。这种个人专制的政体，是一些野心家利用贵族寡头政体面临新形势下的无能，纠集心怀不满的平民群众，组织个人卫队，毁弃当时的宪法或惯例，夺取政权而形成的。他们在夺取政权后，实行一些有利平民的政策，然而政权则不向平民群众开放。就城邦政制的一般演变规律来说，僭主以暴力推翻根深蒂固的贵族寡头政体，是走向"主权在民"的政制的一种过渡形态，也算是必要的过渡形态。以小亚细亚的特殊环境来说，吕底亚王基格斯弑君篡位，显然为希腊人僭主政体做出了范例。公元前7世纪末，司拉绪布卢在米利都的僭政时期，长期抗击吕底亚王国的进犯，这表明了司拉绪布卢具有突出的军事才能，抗击外敌进犯的成功，显然是他得以僭窃国政的原因；公元前6世纪塞莫斯的波利克拉底的抗击波斯进犯，也属于同一原因。但是公元前6世纪中期以后，小亚细亚诸城邦臣服于波斯的时期，各城邦又大体上都有亲波斯人的僭主。这些僭主，类似于中国历史上金人侵宋后在中原建立的儿皇帝，很难说他们起过什么历史进步作用了。

除了个人专政的僭主而外，米提利尼（Mitylene）还有著名的彼塔卡斯（Pittacus，希腊七贤之一，梭伦的同时代人），推翻僭政，担任民选调解官（Aesymnetes，艾修尼德）几十年，终使米提利尼从僭主政体顺利地过渡到民主政治。僭主、民选调解官和立法者这类现象，都不见于我国历史，又在雅典史上前后出现，使雅典成为希腊诸邦政治变革中的完整典型。

黑海两岸的希腊殖民地城邦

黑海西端，今达达尼尔、博斯福鲁海峡两侧，马尔马拉海上诸希腊人殖民城邦，波斯进犯时都纳贡称臣，和小亚细亚其他城邦无异，东面，黑海南岸的锡诺普（Sinope，土耳其境内，现仍保持旧名），特拉布松（Trapezus，土耳其境内，现仍保持旧名），更东，有高加索境内的法西斯（Phasis）、底阿斯可里何斯（Dioscorias），因为地点偏僻，似乎没有臣服于波斯，它们一向和米利都维持繁盛的海上贸易，输出麻、木材、铁等原料。黑海北岸南俄海滨，以刻赤海峡上旁提卡彭（Panticapaeum）为首的星罗棋布于大河入海口上的一批希腊人城邦，不仅未受波斯征服的影响，甚至后来的罗马也没有直接征服其地。它们向米利都等小亚细亚工商业城邦，后来更向雅典输出南俄草原上斯切汀斯（Schytians）的粮食，也是希腊的诸种工业品和橄榄油、葡萄酒的重要市场。这些贸易大大促进了小亚细亚和希腊本土工商业的发展。这些地方的希腊人，也许有相当多的部分是避难移来的。考古发掘，证明他们一直保持了伊奥利亚甚至迈锡尼的古风。饶有兴趣的是，雅典盛期市内警察是国家奴隶，称为斯基泰人或称弓手。也许南俄草原上诸城邦，后来和希腊各地之间维持着相当规模的奴隶贸易。

南俄希腊人殖民地在希腊世界中处在最边远的地方，它们的文化因袭"英雄时代"的古风，对希腊文明无所贡献。19世纪末期起，俄国学者在那里作了精细的考古发掘，现在史学界所知该地状况，很大部分是考古研究的成果。①

黑海南岸的希腊城邦，亚历山大征服以后，先后成为希腊主义诸王国和罗马的重要支撑点。其中如锡诺普，后来是从中国出发的"丝绸之路"的陆上终点，特拉布松曾经是东罗马帝国被土耳其毁灭以后，一个力图挣扎的短命的希腊帝国的中心。两地（都在土耳其境内）迄今还保持古来的地名。

黑海南北两岸的希腊城邦的政制，大体随希腊世界的霸权所属，时而民主，时而寡头。其中显得十分特别的，是克里米亚半岛上的旁提卡彭，它集合附近希腊城邦建立了"博斯福鲁王国"，王国所属臣民有大批希腊化的斯基泰人，王权有时也属于希腊化的斯基泰贵族。这种情形，在后来亚历山大征服所建立的东方诸王国中是常例。

色雷斯

爱琴海北边色雷斯海滨，今属希腊，但古代希腊的北界在奥林匹亚山，色雷斯及其西边内陆的马其顿还是蛮族地区，马其顿居民人种语言和希腊人接近。这个地方的移民，始于公元前8世纪，优卑亚岛上卡尔西斯移殖卡尔息狄斯（Chalcidice）半岛，百年之后，科林斯在该地建立了波提底亚（Potidea）。卡尔息狄斯半岛迤西地区，于吕底亚、波斯先后侵犯小亚细亚希腊人城邦的时候，小亚细亚希腊人移殖于此，提奥斯人建立阿布提拉即其一例（见前）。公元前6世纪末，这一带也已密布了希腊殖民地。

希腊人在该地移民，没有碰到本地居民的严重抵抗，希腊殖民地对马其顿、色雷斯的开化，起过相当的作用。这些殖民城邦并不处在海上交通要道，商业不十分发达，务农人口占相当比例。卡尔

---

① 克里米亚（Cremia）诸城市从前是古代希腊人的殖民地，他们称之为刻索尼苏斯（Chersonese），后来是密司里达提帝国（Mithridate Empire）的首都所在地；再后落入罗马手里，划归拜占庭，到了拜占庭查士丁尼（Justinian）时代，它们成了重要的贸易地点。9世纪基辅和诺夫果罗德（Novgorod）为瑞典人占领，1204年那里的贸易又丢给威尼斯（Venice）。1261年，热那亚人从威尼斯手中夺得了那里的贸易。

息狄斯半岛多森林，附近有著名的旁加优斯（Pangaeus）银矿，这是殖民地的重大富源。它们的政治生活似乎比较正常，文化发达，阿布提拉是德谟克利特的故乡，斯塔基拉斯（Stagirus）是亚里士多德的故乡。但整个色雷斯地区处在波斯军进犯希腊本土的行军路上，希波战争期间它们受到严重损失，也不得不屈服于波斯轭下。公元前马其顿王国勃兴，它们首先被吞并，并且成为马其顿威力的一个重大因素。

埃及和希腊人在塞勒尼的殖民

希腊本土南方的国际环境，又不同于它的东方。

亚该亚人在公元前14、前13世纪，曾扩张于小亚细亚南岸中部和叙利亚、巴勒斯坦海滨，后来面临埃及、腓尼基、以色列和亚述帝国的遏阻，终致失败，从此这里是希腊人进不去的地方（见第二、第三、第四部分）。公元前8世纪起，南面的形势发生了根本的变化。曾经是克里特文明渊源之地的埃及王国，此时已经极度衰落。公元前10世纪起，它先后被西面的利比亚人和南面的努比亚人所征服，建立了征服者的王朝。公元前7世纪，亚述帝国一度征服埃及，公元前665年萨米提卡斯（Psammetichus）依靠铜装人（穿铜甲的伊奥利亚和加里亚雇佣兵）的援助，建立了赛斯王朝（埃及的第二十六王朝）。事实上米利都早在公元前8世纪的时候，就在埃及设有设防的商站，以后还建立了巨大繁荣的希腊人殖民地诺克拉斯。公元前7—前6世纪希腊雇佣兵一直是埃及王朝的重要军事因素，希腊人的雇佣兵和商业利益两者是互相支持的。约公元前630年，塞拉［Thera，西克拉底斯（Cyclades）的一个岛］人和克里特人之殖民于塞勒尼（今利比亚之绿山区）显然是希腊人在埃及的扩张的继续。

赛斯王朝于公元前525年被波斯所征服，直到亚历山大征服为止，希腊人在埃及的活动发生了障碍，繁荣的诺克拉斯逐渐湮灭了。塞勒尼殖民地继续存在了下去，但是它的经济与政治，都具有不同于其他希腊城邦的面貌。

塞勒尼最初的希腊殖民者中没有妇女，他们的殖民受到利比亚人的欢迎，他们普遍娶利比亚妇女为妻。五十年后，塞勒尼人邀请各地希腊人移居到他们那里去，应邀前去的是克里特人和伯罗奔尼撒半岛各邦的人，不久新来者和原居民发生龃龉，于是建立了新城邦贝尔卡（Barca）。那里袭用了当地人惯用的王政制度，是一种适合于希腊人习惯的"立宪王政"。后来当朝国王实行政变，废弃宪治，实行专制政治。波斯军征服埃及时，当地的专制国王利用波斯力量进行自相残杀的内战，并成了波斯的藩属。

伊达拉里亚人和"大希腊"

希腊人在西方的殖民，也有严重的竞争对手。在意大利半岛上，对手是伊达拉里亚（Etruria）人，在西西里岛上和"远西"，对手是腓尼基人的迦太基帝国。地中海欧非两侧的当地居民，在公元前7—前6世纪相对说来还很落后，不足以阻挡希腊人的殖民。

希腊人称意大利南部为"大希腊"（Magna Graecia），这是因为那里山川壮丽，平原宽阔，比希腊本部、中部及南端被海湾山岭分割成为彼此隔离的狭小地区，以及爱琴海上诸岛屿，气派远为宏大之故。这些地方的殖民城邦有克洛吞（Croton）、西巴里斯（Sybaris）、洛克里（Locri）、利吉姆（Rhegium）、厄利亚（Elea），以及最北面的丘米（Cumae）、那不勒斯（Naples，古名 Neopolis）等。然而，丘米以北，希腊人又为伊达拉里亚人所阻，一直要到阿尔卑斯山（Alps）外，才有希腊人的"远西"殖民地马萨利亚移去的尼斯（Nice）、摩纳哥（Monoco，今法意边境）等城邦。

伊达拉里亚人是公元前10世纪移居到意大利梯伯河以北地区的，公元前7世纪至前5世纪之间，伊达拉里亚人的势力扩张到了意大利的北部和中部，北起阿尔卑斯山麓，南迄今那不勒斯都在它们统治或影响之下，直到公元前5世纪，它才衰落，到公元前4世纪，它完全崩溃了。罗马文化受到伊达拉里亚的强烈影响，史学界还有一种说法，认为罗马城是伊达拉里亚人建立的。伊达拉里亚人是从哪里移到意大利的，从古希腊时代起直到现在一直是史学界争论的问题，大体可以断定他们来自小亚细亚沿岸，古希腊的希罗多德相信他们是从基格斯（Gyges）以前的吕底亚去的。他们殖民意大利早于希腊人，传统还认为希腊人面向殖民之所以较晚，是因为伊达拉里亚人的阻挡，直到希腊人的航海技术和海上作战能力足以克服这种阻力，他们在西西里和意大利南部的殖民才得以开始。

公元前6世纪后期，希腊城邦丘米和伊达拉里亚人发生过战争，领导丘米人作战的亚里斯托德摩斯（Aristodems）战后成为丘米的僭主。早期罗马的国王塔魁尼阿斯（Tarquinius）被废黜后曾避居他的宫廷。西巴里斯也出现过僭主，洛里克则有过最古的立法者宙留古斯（Zalencus）的活动。

腓尼基和迦太基

腓尼基人很早建立他们的城市王国拜布罗斯（Byblus）、息敦（Sidon）、泰尔（Tyre，今黎巴嫩）。早在公元前16世纪，他们就殖民于塞浦路斯和爱琴海上诸岛屿，当时是克里特—迈锡尼文明盛期，他们在东地中海的活动似偏重于海上商业，或作短期的黄金开采，没有作什么永久性的殖民。克里特—迈锡尼文明衰落之后，腓尼基人积极向西地中海扩张。公元前12世纪，腓尼基人的船舶最初在西地中海出现。杜丹说：

> 他们在往西班牙矿区的途中，需要沿着非洲海岸的停靠港口；他们在这些港口无疑开始了与土人最初的交易，而且这些港口后来变成了经常的"商站"，即真正的殖民地。根据传说，最早的腓尼基人殖民地，从东往西，为大雷普提斯（Leptis Magna，今名雷布达）、哈德卢密塔姆（Hadrumetum，今名苏撒）、乌提卡（Utica）、希波·提阿尔希托斯（Hippo Diarhytos，今名比塞大）和希波·利基乌斯（Hippo Regius，今名波那），并且当时在赫拉克里斯双柱（直布罗陀海峡）之外，在丹吉尔之南拉拉士（Larash）附近已建立了利克莎斯（Lixus）。同时，泰尔人和西顿人又在马尔太岛，西西里岛南端，

撒丁岛和西班牙的加的斯，获得了立足之地。①

腓尼基人在西方建立的最大的殖民城市是迦太基（今突尼斯首都旧址），建城时间在公元前9世纪末。当泰尔、西顿先后藩属于亚述帝国、迦勒底巴比伦王国和波斯帝国而衰落的时候，迦太基起来在整个西方保护腓尼基人，所有西地中海的腓尼基殖民地或者自愿，或者通过征服和强迫，先后归属于迦太基，结集成为强大的迦太基帝国。其时在公元前6世纪，并且也通过一个漫长的过程。迦太基的霸权，大概首先建立于非洲沿海，次及于西班牙及科西嘉、撒丁尼亚（Sardinia）两岛，最后才到西西里岛上和希腊人争霸。

塞勒尼、马萨利亚和阿拉利亚

克里特岛和塞拉岛上的希腊人殖民于利比亚的塞勒尼（Cyrene）时间为公元前630年。塞勒尼殖民地建立后不久，即向西作二次殖民，正值迦太基兴起初期，沿非洲海岸向东推进，结果两方面都停止于原地，没有发生什么冲突。

小亚细亚的希腊城邦佛西亚，于公元前600年之前，殖民于西班牙地中海滨南端的门拉卡［Maeanaca，今马拉加（Malaga）两侧］和西班牙一个盛产银子的古王国塔提苏斯（Tartessus）通商。这个地方深入腓尼基人的势力范围，大约在阿拉利亚战后（见后）被毁灭了。佛西亚人殖民于马萨利亚（Massilia，今法国马赛）是公元前600年的事情，这里离腓尼基、迦太基在西班牙南部的传统势力范围很远，加以当时迦太基人势力微弱，无力干涉。公元前560年，佛西亚人又殖民于科西嘉岛上的阿拉利亚（Alalia），此时小亚细亚希腊人避波斯侵犯纷纷西移，传说普赖伊尼（Priene）城邦的比阿斯（Bias，希腊七贤之一）曾建议希腊人集体移居撒丁尼亚。科西嘉岛离意大利北中部伊达拉里亚人地区很近，希腊人在两

---

① ［法］杜丹：《古代世界经济生活》，第150—151页。

岛上势力扩大,对腓尼基人的商路是很大的威胁,加以公元前6世纪中期,正是迦太基强国兴起之时,公元前535年,佛西亚舰队与迦太基伊达拉里亚联合舰队战于科西嘉的阿拉利亚,佛西亚人自诩胜利,但放弃阿拉利亚,而且从此以后,希腊人再也不涉足于科西嘉和撒丁尼亚两岛了。

阿拉利亚战后不久,佛西亚的殖民地马萨利亚和迦太基海战获胜,战后订立了一个确切的条约,条约也许以西班牙地中海上的纳奥角划分双方"势力范围",此后长期间双方相安无事。马萨利亚二次殖民所建立的城邦,最东有今法意边境的尼斯和摩纳哥,最西南有西班牙境内的伊波利亚(Emporiae)和罗德(Rhode),移民大概不少来自小亚细亚。

西西里岛上的希腊殖民城邦和希腊人迦太基人在西西里岛上的长期冲突

希腊人移民西西里岛,始于公元前8世纪,最早的有科林斯移民的叙拉古,麦加拉的麦加拉亥布拉(Megara Hybleae,见前部分)和纳克索斯岛移殖的同名城邦,公元前8世纪至前7世纪,希腊人在该岛上移民盛行,建立了赠克利(Zancle)、利吉姆、林地尼(Leontini)、卡塔拉(Catana)、迈利(Mglae)、机拉(Gela)、希米拉(Himera)、卡斯门尼(Casmenae)等殖民城市。也许当时腓尼基人已经涉足于西西里岛,但当时泰尔衰落,迦太基尚未兴起,希腊人没有碰到什么抵抗,当时的腓尼基人被赶到该岛的西北角。到公元前6世纪,腓尼基在那里有三个殖民城市:摩提亚(Motya)、帕诺马斯(Panormus)、索罗斯(Solus)。公元前580年,希腊人殖民于阿克累加斯(Acragas)的时候,发生了希腊人与腓尼基人的第一次冲突,腓尼基人帮助当地土著厄力密亚人(Elymians)抵抗希腊殖民者,希腊移民(来自小亚细亚南端的奈达斯和罗陀斯岛)领袖彭达斯拉斯(Pentathlus)被杀。这还是迦太基人并未干预其事的小规模冲突。公元前6世纪后期,迦太基已是强盛的帝国,它出兵到西西里岛,征服该岛西北端的腓尼基人殖民地使之归属于它。从此以后，西西里岛成为希腊与迦太基长期争夺之地。公元前 5 世纪初，正当希腊本土抗击波斯进犯军的时候，以叙拉古为首的西西里希腊诸城邦和迦太基进行了第一次大规模的决战，希腊人获得了胜利。但斗争并未结束，公元前 5—前 4 世纪，西方希腊人与迦太基人间有两次大规模的战争，这一斗争还延续到罗马时代，公元前 3—前 2 世纪发生于罗马与迦太基之间历时一百多年的三次布匿（迦太基另一名称）战争［战争中出现了历史上著名的迦太基名将汉尼拔（Hannibal）和罗马名将西庇阿（Scipio）兄弟］，其实是西方希腊和迦太基斗争的继续。

西方希腊的形成

希腊人殖民于科西嘉、撒丁尼亚两岛的失败，使西方的希腊殖民地集中于两个区域：①意大利南部，即所谓"大希腊"及西西里岛，虽然前者面对北面的伊达拉里亚人和后来的罗马人，后者面对西南的迦太基人，但是因为它们不过相隔一个极其狭窄的墨西拿海峡，逐渐形成以西西里岛上叙拉古为首的一个集团；②马萨利亚及其东面两侧地中海沿岸的希腊殖民地。它们和大希腊西西里集团之间陆上有伊达拉里亚人的阻隔，海上有科西嘉、撒丁尼亚两岛的阻隔，一直独立生存独立发展。以上两个集团，前者与希腊本土联系比较密切，公元前 5 世纪以后的西西里帝国，是希腊世界三大霸权（雅典、斯巴达、西西里）之一。它的历史命运和东方希腊不同，因为亚历山大征服是向东的征服，大希腊西西里不受其影响。它们是罗马人所征服的希腊世界的第一批城邦，罗马人接受希腊文明，首先是通过它们的媒介与影响。马萨利亚集团孤悬"远西"，和希腊本部其他部分的历史事变的关系更为疏远，它列入罗马版图是在罗马征服高卢的时候，晚于东方希腊，也晚于"大希腊"和西西里。但是它存在于高卢（今法国）的地中海滨为期颇长，希腊文明通过它传播于高卢。罗马人征服高卢时，高卢南部归化罗马比高卢其他部分远为顺利，马萨利亚的传布希腊文明大概是起了一些作用的。

西方希腊诸邦是"立法者"最早的活动舞台（见下一部分），这显然因为它们建立的初期（公元前8世纪中期及7世纪初期）恰当新潮流兴起的时候，传统的负担在那里又比古老城邦远为轻微。然而在公元前6世纪末期，当西西里诸希腊城邦开始和迦太基进行剧烈斗争的时候，西西里开始出现僭主政体。公元前5世纪初期，西西里一切城邦几乎都在僭主政体统治之下。僭主政体出现，除对外战争这个因素之外，内部阶级斗争也是重要原因。所以当时也有个别城邦选出立法者兼民选调解官，一时避免了僭主政体出现。但是大希腊与西西里诸希腊城邦的僭主倾向和"帝国倾向"远胜于东方。在5世纪他们与迦太基人的战争之前，已经通过征服，结成一个以叙拉古为首的"帝国"。战胜迦太基人，就是在这个"帝国"的首脑叙拉古僭主机伦（Gelon）领导之下取得的。希波战争以后，在当时希腊世界民主浪潮的影响下，大希腊与西西里诸城邦转为民主制度，以后西西里的叙拉古两度出现历史上著名的僭主岱奥尼素（Dionysius）和阿加托克利斯（Agatocles），在它被罗马灭亡的前夜，僭主亥厄兰（Hieron）已正式称王了。

（三）雅典民主的确立与城邦制度的最后完成

库隆暴动以前雅典的状况及其周围的环境

公元前7世纪中期雅典的状况及其周围的环境，前一部分已有过简略的介绍，阿德科克以形象化的语言对此作了下述描绘：

> 在公元前7世纪的前半期，雅典是希腊的一个朦胧的角落。它已经完成了一件事情——统一，埃琉西斯、马拉松（Marathon）或修尼阿姆（Sunium）的农民，已经认为自己是雅典人了。存在着一个中央政府，当这个中央政府传话出去，要征召人们入伍作战，或者征集黄牛作祭神的牺牲，人们是服从的。政府是贵族的政府，阿提卡的农民把国家大事任凭他们的长上们去处理，他们自己埋头于种田，或者忙于学种橄榄树。到这时候为止，还没有什么海上贸易。雅典人是下船出海

的，因为海道比陆上道路好走，许多学者认为造船区（Naucracies，雅典的古老地方基层组织）是存在着小规模海军的证据，而雅典的狄斐隆（Diphlon）风格的陶瓶，常常显现出某种也许是雅典船舰警戒海盗的东西。雅典本身属于卡勒利亚（Calauria）近邻同盟，即萨洛尼克湾周围诸城的一个宗教同盟，但在它外航海路上，远处有埃吉纳岛这个妒忌的商人海岛，近处有本城望得到的萨拉米，现在在麦加拉人手里，他们和这个帕拉斯（Pallas，是雅典娜女神的别称。雅典娜是雅典城的保护神）的城有邻邦的宿怨。确实，到这时候为止，还没有什么足以出口的东西，也没有什么威力足以赢得外面的市场。别的城邦已经从事于殖民的冒险，他们也获得了报酬。值得注意的雅典工业是陶器，但是它支配市场的日子还在后面，科林斯、西息温和卡尔西斯的陶器现在还掌握着豪华陶器的阵地。阿提卡较大部分的土地是瘠地，农民从那里难获一饱。好地多半分布在城市后面的平原上，绝大部分属于贵族，贵族的氏族名称成了这个区域许多地方的地名。贵族因拥有肥沃的土地，所以是富裕的，他们学习过某种辉煌的生活，直到现在，还可以看到当时阿提卡陶瓶上对此的描绘。他们和绅士一样，把钱财消耗在希腊诸体育竞赛的庆节中的竞胜上，所以在奥林匹亚有时候听到雅典人的名字，在近邻诸邦的科林斯、麦加拉、西息温存在着辉煌的僭主政体。雅典的土地贵族在僭主宫廷中学会了对株守家园的阿提卡农民说来是陌生的各种各样的抱负的欲望。

总之，这时候雅典已经受到近在咫尺的科林斯等的影响，然而它的经济还不发达，阶级划分还不剧烈。所以公元前630年左右发生的库隆暴动，是一次在外部影响之下的尚不成熟的僭主政变。

库隆暴动和德拉孔立法

库隆出身贵族，曾在奥林匹亚赛会上得过锦标（公元前640

年），是麦加拉僭主特阿真尼（Theagenes）的女婿。库隆利用宙斯节日民众群集的时机，企图发动政变，夺取最高政权。暴动者有麦加拉的重装步兵，却没有雅典的平民，显然是特阿真尼想通过暴动把邻邦雅典置于他自己（麦加拉僭主）女婿统治之下。库隆一党夺得了卫城，民众并不热烈拥护，当政贵族却从四方征集人民来围攻卫城。围攻历时很久，四方人民不等围攻结束，便回去了。围攻中库隆和少数随从逃跑了，暴动者因缺粮议降，执政官阿克密尼德（Alcmaeonidae）氏族的麦加克利斯（Megacles）允许降者可以免死，结果却把托庇神坛的降者杀死了①。暴动以失败告终，为此雅典还和麦加拉之间发生了一次胜负未决的战争。

库隆暴动虽有邻邦插手，它总反映了雅典社会的动荡不安。当政的贵族阶级所能想到的是制订成文法典加以公布，借以限制不法分子，所以有德拉孔法典的颁布（公元前621年）。德拉孔是当时的执政官之一，他的法典以对犯罪者严峻著称，唯一具有进步意义的地方，是反对血族复仇制度，以及把当时已经存在的关于故杀、非故杀和自卫杀人三者加以区别的惯例，作了成文的规定。多少世代以来，唯有贵族才懂得法律，唯有他们才能接近诸神，才能伸张神的正义，现在把贵族垄断的法律和审判职能公开出来，这也可以算是一次重大的让步。但是他的法律中关于整顿财产关系的部分，看起来着重于保障债权人（贵族高利贷者）的权利，于是加深了社会的阶级矛盾，使得库隆暴动以来的社会骚动更加激烈了。

梭伦改革的背景

雅典内部的动荡，基本原因在于土地兼并和债务奴役。前面引述亚里士多德《雅典政制》的一段话，说明雅典的土地贵族在周围富裕的工商业城市城邦及其豪华的僭主宫廷影响之下，加深了对

---

① 按古希腊风习，托庇神坛的人不能杀害，否则死者的血既玷污了土地，必定要被除；杀人者为罪责所玷污，这种罪责还延及后代。所以这次渎神罪使阿克密尼德世世代代"背上了黑锅"，这个氏族的后人长期间内是雅典的当政显要人物，伯里克理斯的母系就属于这个氏族，在政争中敌对的党派常据以攻击他们。

农民的剥削，而在贵金属铸币逐渐通行的条件下，最有效的剥削方式之一是高利贷。雅典农民祖辈相传的那一份土地成了债务的抵押品。史家考证当时成为抵押品的土地事实上成为债权人所有，债务人只能保留一种出款赎回的权利。有的债务要以人身为担保，出现了农奴身份的"六一汉"，一种残酷的债务奴役制盛行起来了。库隆暴动到公元前6世纪初期的几十年间，雅典大概处于经济迅猛发展的时期，雅典从麦加拉手里夺回了萨拉米，麦加拉的僭主政体垮台了，雅典商人开始到黑海、埃及和塞浦路斯去经商，这使得平民对于当时的国内秩序更加觉得不可忍受，而德拉孔的法典也许更加强了高利贷者和贵族的地位。现在真的有平民暴动和僭主出现的危险了，救治的办法是要找到一个"民选调解官"（Aesymenites）来调停对立的集团的利益，来解决"如何免除债务人的钱债，来重分土地，并根本改革现行的秩序"的问题。"雅典人和因雅典的伟大而所获甚多的世世代代的人，很幸运地找到了这样一个人，他就是梭伦。"（阿德科克语）

梭伦改革

梭伦是贵族分子，以鼓动和领导对麦加拉的战争，夺回萨拉米闻名。公元前594年梭伦被选为首席执行官，并授权为仲裁者和立法者，并被视为"民选调解官"。梭伦就任以后，第一件重大的改革是"解负令"（Seisacktheia），拔除立在债务人份地上的记债碑，作为债务抵押品的土地无偿归还原主，保障小块农地的水源；禁止人身奴役和买卖奴隶。因债务流落异邦的人，也都回来了。为了使"解负令"得以贯彻，也废除了与土地无关的工商业债务，但不禁止改革以后的工商业信用。其次是禁止输出谷物，准许输出橄榄油到国外，使雅典农业迅速过渡到集约性的果园与园圃经营，这是当时有条件输入粮食后改变阿提卡农业经济结构的根本性的措施。后来又公布遗产自由，禁止奢侈，限制葬礼的浪费和铺张。这和孔丘提倡的厚葬和"三年之丧"恰成对照。梭伦立法的根本原则是承认私有财产，容许土地的转让和分割，这使得人们放手创办企业，推动了经济活动。

梭伦为了发展雅典的手工业（我们记得，此时正是科林斯陶瓶独霸市场的时代），允许外邦人获得雅典的公民权。梭伦立法关于杀人罪的处理，保持了德拉孔法典的规定。他的法典禁止对他人包括奴隶在内的暴力伤害，从而使奴隶得到相对的人身安全。

梭伦立法，废除贵族在政治上的世袭特权，而代之以财产法定资格。他的法律规定雅典公民分为富农（原称"五百斗级"）、骑士（养得起马，应征为骑兵）、中农（原称为"双牛级"，构成重装步兵）、贫民（构成轻装步兵，担负军中杂役）四级，全部有参加公民大会（Ecclesia）的权利。公民大会直接选出执政官，及其他执政人员如司库和执行法庭判决的"十一人"等，这些公职只有最上层阶级的公民才有被选举权。国家重要政务都要由公民大会通过，提给公民大会议案的预审工作则由新设立的"四百人议事会"担任。元老院的任务现在是保证国家法律不受破坏，保证法律的有效实施。它的最初成员由梭伦选任，以后，凡执政官任期终了，经审查政绩后加入元老院，并终身任职。"四百人议事会"的成员由四个部落各选一百人组成，因为，它负责预审提交公民大会的议案，它实际上执掌最高政权。元老院和议事会两者，梭伦比之为船上的两只锚。

梭伦首创了陪审法庭（Heliaea of the Thesmothetae）的新制度。"Heliaea"的原意为集会，陪审法庭的原意当是"作为法庭的公民大会"（Assembly as a Court），其实际状况，不外行政官员于市集日在市场上审理讼案，而由有空暇时间的若干公民参加。但是把这种办法制度化起来，则是司法上民主化的重要措施。史家还认为，后来成为雅典民主制度重要组成部分，人民对执政官在其任期终了时实行的政绩审查，是人民这种"参与审判"的权利的推广。

梭伦改革的经济后果

梭伦的"解负令"规定免除一切债务，并且竟得以和平实行，在古代史上是罕见的例子。梭伦当时的地位是民选调解官，亦即民选的独裁者，具有僭主那样的专政权力。也许因为当时高利贷所引起的社会动荡已经到了岌岌不可终日的程度，这个调停于敌对阶级之间的独裁者才得以使"解负令"贯彻下去。然而"解负令"并不是平分土地，所以贵族阶级祖传的土地，亦即非因高利贷收进的抵押土地仍归贵族所有，贵族阶级的优越经济地位并没有受到摧毁性的打击，所以"解负令"实际上是一种改良主义的措施。虽然如此，废除债务，连同其他的经济措施，如改革币制，改革度量衡制度，吸收外籍技工，等等，确实鼓励富裕阶级以其财富投入工商业，从而使无地人民获得就业于农业以外的职业的机会。他的限制谷物输出，鼓励橄榄油出口的政策，也推动小农发展集约经营的园圃农业。这些都说明雅典迅速地从一个农业区域发展为工商业区域。从此雅典处于"东方希腊"与"西方希腊"海道中心的优越地位，以及它的天然良港庇里犹斯（Pireaus）和法勒隆（Phalerum）日益发挥其作用，不久雅典就成了希腊世界第一个工商业城邦。梭伦所奠定的雅典的经济发展路线，不是传统的"分裂繁殖"路线，不是广泛殖民于海外，而是相反地保持了人力资源于国内，使纵横不过百里的一个小区域发展成为乡郊有小康的农业人口的大工商业城市，从历史观点说来，这无疑是很大的成功。

梭伦改制的性质及其演变

梭伦政制，以财产多寡区分公民为若干等级，最低一级的平民，有选举权而无被选举权，议事会成员、行政官员一律由选举方法产生。按照希腊的政治概念，这是一种金权政治（Timocracy）而不是民主政治。所谓民主政治（Democracy）必须是平民占统治地位的政体，必须不论财产多寡都有资格被选任为议事会成员及行政官员，而其选任又必须用拈阄方法，这样全体公民才有可能全都有轮流任职为议事会成员或陪审法庭成员的机会，议事会成员有可能全都有成为议长委员会成员的机会。至于议长委员会，则每年由议事会改选若干次，每届任职若干天，主持全部政务。这样，在议事会全部任期内，又使所有议事会成员都有机会参加议长委员会主持政务。雅典采用这种制度，始于梭伦以后七十年的克利斯提尼（Cleisthenes）时代。至于梭伦政制给平民的，则不过是在公民大会内发言与表决、选举的权利，这种权利，充其量只能阻止上层阶级对平民的过分剥削，当上层阶级势力很大时，甚至这种阻止作用也难完全达到，于是平民的权利就只剩下在那里发抒一些愤懑不平的感情而已。

但是梭伦的金权政治对于当时的雅典还不失为一次革命。我们不能忘掉改革以前的雅典是贵族阶级的寡头专政，平民不仅无权议政，而且处于债务奴役的状态。改革以后，贵族阶级固然还是当政的阶级，然而非贵族的富裕农民也成了当政阶级，从前实际上并无公民权利（不算作 Polites——"城邦的人"即公民）的平民，现在在公民大会中也听得到他们的声音了，这显然是一种革命性质的变革。

梭伦公民资格中以"资"为根据的财产，原来仅限于土地财富，这是当时雅典社会的农业性质所决定的。稍后，工商业迅猛发展，计算财产资格时把非土地财富也包括在内，贵族权力进一步削弱。又因为计算标准改按货币不按实物，而物价则逐步高涨，结果雅典公民中因财产资格的限制而没有被选举权的逐步减少，终至寥寥可数。政制的这样逐步民主化，并非梭伦初意，而是历史演变的结果。

作为立法者的梭伦

史家考证，梭伦立法并非全部都出于他的创造。梭伦曾经商海外，周游列国。"金权政治"制度，科罗封、伊奥利亚、库梅、卡尔西斯、爱勒特里亚实行于雅典之前，基俄斯则新近实行民主政治，这些成例，大概是梭伦立法的来源。然而梭伦政制并不是拼凑这些成例的结果，而是针对雅典的现实情况所制定的制度，其间有周详审慎的判断，也有冒风险的创造，为希腊的城邦政制开辟了一条"主权在民"的新路。事实上希腊世界进入"主权在民"的时代始自梭伦立法，梭伦立法为建成一个繁荣强大的雅典准备了条件，也唯有这个"最卓越的城邦"的活生生的例子，才能够把希腊世界推进到这个阶段。

梭伦法典，在财产、继承、犯罪的惩罚等方面都有革新，他的法典又以其完善、简洁、富于弹性为后世所称道。它是亚历山大征服以后希腊主义诸王国法典的楷模，在罗马帝国时代它通行于帝国旧希腊地区，是罗马法的"竞争对手"。法典原文保存于雅典议事会堂，并在市场上立柱公布。从此以后，雅典进入"法律"统治，亦即希腊语所称为优鲁米亚（Eunomia）时代。斯巴达实行来库古的"口传约章"（Rhetra）时间略早于梭伦立法，历史上也称为优鲁米亚。希腊城邦制度中的法治传统，遂于此奠定。

梭伦离职

梭伦的改革，虽然调解了各敌对阶级之间的激烈冲突，发展了经济，一时形成了雅典社会的团结，积极参与了当时近邻同盟的纷争，加入近邻同盟，获得了同盟的投票权，但因贵族丧失太多，不甘心于自己的失败，无地平民没有满足他们的土地要求，两者之间还存在着深刻的矛盾。在这种情况下，作为"民选调解官"，拥有大权，享有无上威望的梭伦，有理由无限期保持他的政权，成为雅典的僭主。何况公元前6世纪初期，是希腊世界僭主政权盛行的时期。此时科林斯僭主伯利安德，米利都僭主司拉绪布卢，西息温僭主克利斯提尼在位，小亚细亚、西西里和大希腊各邦到处是僭主盛行，优卑亚岛上著名的铜城拥有大批殖民城市的邦卡尔西斯也在僭主统治下，而且梭伦的朋友们都劝他建立僭政，不要"鱼在网中，却让它跑掉了"。但是，梭伦坚决不为所动。又鉴于贵族对他责难，平民对他不满，要拥立他为僭主的朋友们对他讥嘲，他伫立海滨"好像一群猎狗包围中的狼"。最后，他要求雅典人立誓保持他的法律，他放下了政权，离开雅典到海外漫游去了。

在僭主盛行的时代，像梭伦一样的"民选调解官"，有机会建立僭政而自动放弃政权的，还有累斯博斯岛上米提利尼的彼塔卡斯（Pittacus），他和梭伦都被列为"希腊七贤"之一。

雅典的党争

梭伦离职后，雅典长时期陷入党争之中。当时雅典党派分为："平原派"，由据有平原土地的贵族组成；"海滨派"，以工匠商人为主；"山居派"，主要为无地少地的山居平民（饶有兴味的是，长时期中三派领袖都是著名氏族出身的贵族分子，这种状况一直继续到雅典民主的极盛时期——希波战后到伯罗奔尼撒战前的"伯里克理斯民主"时代）。这三派最初联合起来驱逐了企图僭窃政权的执政官达姆斯阿斯（Damasias，公元前580年），继以麦加拉重新夺取了萨拉米，发生了雅典与麦加拉的一次战争，一个贵族分子庇色斯特拉托（Peisistratus，普鲁塔克说他是梭伦的亲戚）在此次战争中立了战功，成为"山居派"的领袖（公元前570年）。他以诡计得到公民大会的同意，建立了一支五十人的个人卫队，建立了僭政（公元前560年），平原派和海滨派立即联合起来把他赶下了台。大概他下台后还留在阿提卡，同年，他和海滨派结合起来恢复了僭政。三四年后他和海滨派分裂，僭政倾覆，他被逐出雅典（公元前556年），由海滨派领袖麦加克利斯（Megacles）当政。

庇色斯特拉托被逐后住到色雷斯海滨的卡尔息狄斯（Chalcidice）半岛（我们记得那里有许多希腊人的殖民城市）的西北，联合当地乡居人民建立了一个城市（后来发展成为有名的希腊城市安菲玻里（Amphipolis）），开发著名的旁加优斯（Pangaeus）银矿，积聚了一批财富，和马其顿王、提佛人（Thebans）、阿尔哥斯人（Argives）建立了良好关系，和纳克索斯岛的一个富有的冒险家里格达米斯（Lygdamis），一个想在纳克索斯岛建立僭政的野心家结合在一起，成立了一支雇佣军。这个时期，雅典本国，因库隆暴动杀害暴动者被放逐的阿克密尼德家族已经回国，政权掌握在他们手里。

庇色斯特拉托被逐后的第十年（公元前546年）得到优卑亚岛上爱勒特里亚的帮助，在那里集合了他的部队，并在阿尔哥斯一千名军队的帮助下，进军雅典。雅典"山居派"起为内应，雅典当局征集公民军起来抵抗，结果防军溃散，各自回家，敌党逃亡，庇色斯特拉托僭政于是确立，里格达米斯也成了纳克索斯的僭主。塞莫斯著名僭主波利克拉底（Polycrates），是在庇色斯特拉托和里格达米斯帮助下才得以上台的。

庇色斯特拉托僭政的性质

据普鲁塔克的《梭伦传》，庇色斯特拉托建立僭政的时候，梭伦已倦游归来，他全力反对僭政，他号召雅典人起来抵抗僭政，即使在庇色斯特拉托势力已经巩固的时候，他还坚持这种立场，始终不渝。但是庇色斯特拉托的僭政，实际上贯彻了梭伦立法的根本精神。"山居派"的土地要求，现在可以没收逃亡贵族的土地来予以满足了，梭伦法典全部保存下去，梭伦创立的一切国家机构也照旧存在，不同的是，现在在全部机构之上高踞着一个权力无边的僭主，他的意志是不可违背的。庇色斯特拉托和一般的僭主一样，不称王，他的正式职衔是什么，我们不知道。他表面上十分尊重"宪政"，他本人可以应元老院（执行最高法院职权）的传询到庭受审，自行辩护。他征收农产品的十二分之一或十分之一的所得税，借此，他贷款给新获得土地的小农，加以在他统治下雅典有长期的和平，橄榄树普遍长成起来了。他组织"巡回审判"到村中去处理诉讼事宜，免得庄稼人浪费时间和精力上城诉讼。在他统治下，雅典油酒出口增加，陶器业发展起来了——不仅作为容器的粗陶，雅典的精美陶器开始代替科林斯、西息温占领了国外市场。他发展海外贸易，发展造船业，城市居民增加了。他从米提利尼手里夺得了黑海入口处的息基昂（Sigeum），借以保证黑海的粮食进口和油酒及工业品的市场，并委任他的非婚生子为那里的总督。附带说说，平原派的领袖庇色斯特拉托的政敌米太雅德（Miltiades）在息基昂对面欧洲一边的一个大半岛克索尼苏斯（Chersoneses，即构成达达尼尔海峡北侧的欧洲大陆的突出部分）上，建立了一个住有色雷西亚（Thracian）多龙西（Dolonci）人，并在希腊人保护下的小国家，米太雅德成为他们的僭主。这个贵族，后来在希波战争中回国参战，作出重大贡献。

庇色斯特拉托统治下的雅典开始建设城市，从商业和租税得来的财产，用来兴办巨大的公共建筑物。

公元前 527 年，在长期的和平统治之后，庇色斯特拉扎病死，他的儿子继为僭主。后来的雅典人把庇色斯特拉托统治的二十年看作太平盛世，确实雅典发达起来，强盛起来了。他的僭政是梭伦坚决反对的，但是他客观上实现了梭伦立法中许多好东西，虽然僭主政治和梭伦立法的根本原则背道而驰。

僭政倾覆与克利斯提尼改革

庇色斯特拉托的儿子不孚众望。公元前 514 年，发生了哈摩狄阿斯（Harmodius）和阿利斯托斋吞（Aristogiton）刺死庇色斯特拉托次子希帕库斯（Hipparchus）的事件。这次刺死案件出于私仇，但是后来雅典人把打倒僭主政体的人尊为英雄。此事发生后，庇色斯特拉托长子希比亚（Hippias）还继续当政，然而心怀疑惧，戒备森严，大举迫害政敌。除他的雇佣兵外，不许雅典人拥有武装，成了真正的暴君。在国外，庇色斯特拉托在世时一贯实行的睦邻政策，也因国际局势的推移，和他的儿子们的举措失当而未能继续下去。此时波斯帝国已经臣服了小亚细亚诸希腊城邦，那里的僭主都是波斯帝国的儿皇帝，而希比亚却选中了拉姆普萨卡斯（Lampsacus）的僭主、波斯大王的宠臣为女婿，这表示他现在希望依靠波斯的力量来维持他摇摇欲坠的统治。公元前 510 年，留居克索尼苏斯的阿克密尼德族人由麦加克利斯的儿子克利斯提尼率领，从彼奥提亚武装回国，然而未能成功。最后，斯巴达王克利奥密尼斯（Cleomenes）率领大军经麦加拉进入阿提卡，希比亚的雇佣军和他的同盟特萨利亚的骑兵败北，希比亚被逐围守雅典卫城，经过谈判，以不伤害他家被俘的子女为条件，他答应离开雅典到息基昂。于是庇色斯特拉托朝的僭主政体结束，雅典政权归于克利斯提尼手中。

克利斯提尼本身是雅典著名氏族的贵族，他的母亲是西息温著名僭主的女儿，但是当时雅典贵族阶级的"平原派"的领袖是伊萨哥拉斯（Isagoras）。僭主希比亚是由斯巴达的武力倾覆的，斯巴达的政策，一贯是推倒僭主，建立贵族政体，这一次，他们也力拥伊萨哥拉斯上台。公元前508年伊萨哥拉斯果然当选为执政官，克利斯提尼一时失败了。但当伊萨哥拉斯要对僭主时期的公民名单进行审查，并将其中僭政时期获得公民权而显然并非贵族阶级的人洗刷出去的时候，克利斯提尼起来维护他们的权利。这是两个贵族分子争夺政权的斗争中必然要采取的策略，但是就是这种斗争，却反映了雅典社会的阶级斗争，而克利斯提尼是站在工匠商人和平民这一边的。

克利斯提尼再度当政，并实行了他的著名改革。其间，斯巴达曾再度干涉，几经曲折，克利斯提尼在人民支持下击退了斯巴达的干涉军。伊萨哥拉斯随同斯巴达干涉军流亡国外，克利斯提尼的改革顺利实施了，雅典民主进一步巩固了。

克利斯提尼改革的要点

克利斯提尼在政制上的改革主要为以下三点：

（1）根据地区原则划分阿提卡的基层组织。阿提卡被分成三个区域：①雅典城及其近郊；②内陆中央地带；③沿海地区。每个区域分为十个部分，名为三分区（Trittys）。三个区域的一个三分区合在一起成为一个部落，这种部落并不是集合在一片毗连的地带的部落，而是跨三个区域的一种人为的集合，它唯有在公民大会表决期间才得集合起来。这样的组织方法，既依地区原则打乱了氏族传统，又打破了从前的"山居派""海滨派""平原派"等按经济发达程度不同的地区，结集成为党派的旧例。从此，以氏族为基础的贵族势力极大地削弱了，旧日党争据以划分的界限也不再存在。于是僭主复辟的依靠削弱了，雅典今后的政治派别的划分也要按照新的原则了。

三分区之下的基层单位是"自治村社"（Demos），在农村地区是村落，在城市及近郊的当然按街坊划分。每个区域内的一个三分区，有的辖本区的一个村社，有的辖几个，所以全阿提克部落和三分区的数目一直保持不变，村社则逐渐增加，克利斯提尼时代有 100 个村社，三百年后增为 174 个。

村社是一种经济性的、行政性的、宗教性的、军事性的同时也是政治性的单位。招募重装步队，和用抽签法选出陪审员，都在村社内举行。村社男丁，十八岁由民选村长登记入公民和兵役名册，被认为有执干戈以卫社稷的义务，也有出席审判的权利。二十岁起，他就是一个全权公民。

（2）克利斯提尼的议事会人数为五百人，称五百人议事会，以代替以前的四百人议事会。议事会由每个部落选出五十人组成。部落内代表人数则按村社大小分配。选举方法用抽签法，每个公民一生内都有机会成为议事会成员。

议事会选出议长委员会，共五十人。这五十人分为十个组，每组五人，每组轮流主持日常政务 35—36 天，所以，在议事会的一年任期内，每个议事会成员都有一次成为主持政务的五议长之一。

每个部落选出一个将军，统率本部落征集的公民军，并组成一个"十将军委员会"统率全军。以后，雅典最高政权实际上操在"十将军委员会"手中。

有资格选任为议事会成员的，还限于公民中富农和骑士两级。在它以下的中农和贫民两级仍不得选任为议事会成员。

（3）陶片放逐法是克利斯提尼法典中最富特色的一种制度。每年春季，召开一次非常公民大会，用口头表决是否要实行陶片放逐，换句话说，决定公民中是否有人危害了公民自由，必须加以放逐的。假如指出了其人，就召集第二次公民大会，每个人在陶片或贝壳上写下他认为危害公民自由的那个人的名字。凡被大多数投票判决有罪的人，就要离开雅典，为期十年，但是他的财产不被没收，期满回来，他以前的一切权利也随之恢复。

陶片放逐法表明当时雅典公民绝大多数人识字，能写。此法目的原在防止阴谋夺取政权的僭主政变，曾经起过巨大作用。希波战争后，僭主政变的威胁实际上不再存在，这个制度还维持了一个时期，不过那时已失其原意，成为党争的工具了。

雅典民主的确立

雅典政制，到克利斯提尼改革为止，确实兼具"主权在民"和"轮番为治"的两个特色。梭伦、克利斯提尼所建立的这种制度，虽然中间还经历一些曲折，到公元前 4 世纪末亚历山大征服为止，基本上没有变化。甚至亚历山大征服以后，雅典事实上已经丧失主权国家地位，沦为马其顿王国的附庸，以及后来被罗马征服，雅典沦为罗马统治下一个自治城市的时代，政制的某些方面还保持了下来。

倘使我们回顾这种政制建成的过程，可以历数以下各点：①库隆暴动，动摇了古老的贵族寡头专政；②德拉孔立法，贵族作出了某些让步，但那是属于贵族巩固他们已经动摇的经济和政治统治的企图；③在严重的阶级矛盾面前，雅典没有经历一次暴力革命，找到了梭伦这样一个民选调解官，初步建立了民主制度；④庇色斯特拉托的僭政，客观上起了贯彻梭伦改革的作用，从此以后，贵族阶级独占政权的那种旧秩序再也不可能恢复了；⑤雅典人民推翻僭政，实行克利斯提尼的改革，雅典民主从此确立了下来。回顾这个过程时可以发现一种饶有兴趣的现象，这一连串历史事变中起了某种主导作用的人物，全属于贵族阶级，甚至克利斯提尼的改革，也留下了几个贵族世家之间争夺政权的某种痕迹。不过这种现象，历史上是屡见不鲜的。民主政治建立初期，文化知识和政治经验事实上是贵族阶级独占的。当经济基础和时代潮流决定历史演变趋向的时候，贵族分子有的出于个人的信念，有的纯粹为了满足个人的野心，投向人民方面，成为民主政治的斗士，这是一种合乎历史规律的现象。其中某些人，如梭伦，具有伟大的人格，让"已经进网的鱼跑掉"，而不愿僭窃政权，则为世世代代的后人所敬仰。

希腊城邦制度的最后完成

雅典民主确立于公元前 6 世纪末，其间经过一个庇色斯特拉托的僭政时期。庇色斯特拉托僭政时期，正是希腊世界诸国普遍为僭主所统治的时期——小亚细亚诸邦，大希腊与西西里，希腊本土科林斯、西息温、麦加拉、卡尔西斯等经济比较繁荣的诸邦亦然，唯有斯巴达保持古老的贵族政制原则，始终保持反对僭主。雅典推翻僭主，固然有斯巴达的帮助，但斯巴达指望雅典恢复贵族寡头专政。雅典则不仅维护了梭伦改革的原则，还向民主化方面继续跨出了一大步，为希腊诸邦做出了范例。克利斯提尼以后不久，就发生了希波战争。战后雅典在经济实力上超过米利都、科林斯，在军事实力上超过了斯巴达，不仅后来雅典同盟加盟诸国奉它为盟主，它事实上还成为全希腊的楷模，它的民主制度成为各邦效法的榜样。例如，雅典政制中最具特色的陶片放逐法，据考证，就有米利都、阿尔哥斯、叙拉古、麦加拉四国仿行。公元前5世纪以后，希腊各邦政制还是五花八门，各具特色，而且也变化多端。亚里士多德的《政治学》据说就搜集了一百五十多个实例，作了比较研究写成的，现在我们读这部著作，还可以看到希腊政治的十分复杂的多样性。但是，大体说来，除早期和后期的僭主政治而外，我们可以有把握地说，"主权在民"与"轮番为治"总是它们的共同的特色。所以，我们说雅典民主的确立，就是希腊城邦制度的最终完成，大体是符合事实的。

（四）僭主、立法者和民选调解官

希腊政制演变中的僭主、立法者与民选调解官都不见于我国古代，这些概念也是我们所不熟悉的，对此分别略加解释。

僭主——不合法的王

希腊的僭主都不称王（巴西琉斯）。他们是事实上的专制君主，他们都用一些谦逊的称号，如"终身执政官""全权将军"等。僭主一词，希腊原文为"Tyrannos"，转为拉丁字的"Tyrant"，近代西方把它用在很不好的意义上，中文译为"暴君"，是符合近代西方用法的。不过我国有些西方古代史的中译（如王以铸译科瓦略夫《古代罗马史》）把此词还译为"暴君"，则与古代的意义不合。瓦德—吉里考释此词来历及其意义，颇有助于我们的了解，转录如下：

> "Tyrannos"也许是一个吕底亚名词，基格斯①就是一个大Tyrannos，是希腊僭主的榜样。这个名词从基格斯那里转用到伊奥利亚新上台的君主，诸如埃弗塞斯的米那斯（Melas），他的女婿司拉绪布卢，后来是米利都的大僭主。它从这里传播到（科林斯）地峡上诸城邦，然后又从那里传到西面……
>
> "Tyrannos"这个称号是新奇的，外来的，它确实并不表达什么污辱的意思，这个称号上之于诸神（Zens Tyrannos，有"至尊的宇宙"的意思），在希罗（Hero）的 Ionic 中，它似乎和巴西琉斯完全是同义的。但是英雄时代以来巴西琉斯这个词已经集合了敬畏之念，"Tyrannos"则具有批判的、玩世不恭的希腊文艺复兴时代②的色彩。僭主依靠的是尚未成熟的平民的意志，而不依靠已经确立下来的法律。他的权力来自环境，并非得自神授。环境或者意志变了，他的使命也就结束了。他决没有忠顺的贵族阶级的基岩，也得不到这个阶级能够给予的社会认可和宗教的批准。③

这就是，僭主是事实上的王，然而王权起源于宗教色彩浓厚的古代，王权周围围绕有神佑的光轮。僭主崛起于希腊的"人文主义时代"，他在希腊那些蕞尔小邦的城市居民，特别是其中的贵族和知识分子眼中，是和自己一样的凡夫俗子，所以他的周围怎样也

---

① 吕底亚美阿母乃德（Mermnadae）王朝的创业君主。他原是吕底亚旧王的侍卫，串通王妃杀了旧王坎道列斯，僭位为王，其时在公元前7世纪初。

② 西方史家常把克里特—迈锡尼文明列为希腊的灿烂的古代，把多里安人入侵以后的四五百年比拟为近代西方以前的黑暗的中世纪，把公元前7世纪继荷马、希西阿兴起的抒情诗时代比之为近代西方的文艺复兴。

③ 瓦德—吉里：《多里安城邦的兴起》，第Ⅲ卷第22章，*The Growth of the Dorian State*, by H. T. Wade‑gery, Ch. 22, Vol. Ⅲ, c. a. h.

蒙不上一层神秘的天命。所以，虽然王和僭主事实上同样是最高政权的篡夺者，王被视为合法的首领，僭主则被视为不合法的，或非宪政的政权僭窃者。"僭主"着重地译出了"Tyrant"一词中政权篡夺者的意思，使用这个译语，显然比使用"暴君"一词要妥善一些。

僭主是城邦特殊条件下的产物

如果着重于僭主一词的篡夺者或僭窃者的意义，那么，我国战国时代分晋的三家韩、魏、赵是僭主，取代姜齐的田成子是僭主，崛起草莽的刘邦也是僭主。然而两千多年来我国史家虽有直书弒君的传统，虽有正统非正统之争，都从来没有僭主这个概念。一切开国皇帝，无论是农民暴动中崛起的刘邦、朱元璋，欺凌孤儿寡妇的赵匡胤，还是挟天子以令诸侯，终于达成"我其为周文王乎"的曹操，都是"奉天承运"的天子。其实，往上推溯，被孔丘捧到天上的文武周公的道统，从殷商"法统"的观念来看，又何尝不是僭主？

开国帝王吹捧为"奉天承运"的天子，不仅我国古代有，希腊罗马文明传统中也有。马其顿亚历山大征服波斯，威行天下，希腊的知识分子纷纷尊他为神。罗马的恺撒，死后被祀为神，这是共和罗马转为帝国罗马必不可少的宗教上和思想上的准备。然而城邦希腊的专制君主却被称为僭主，永不能获得"神授王权"的尊荣，这是城邦特殊条件下所产生的结果。

希腊城邦是一些蕞尔小邦，一个城市及郊区就是一个国家，它们不像广大的领土国家那样，可以在王国中央建成一个住居着王室及朝廷以及为王室及其朝廷服务的形形色色人员的王都。这样一个王都，唯有广大领土的国家才供养得起。同样，也唯有有这样一个王都，王权才能用辉煌的宫殿、神庙、仪仗、御林军装饰起来；又唯有有这些装饰，"奉天承运"的谎言才能发生效力。蕞尔小邦的希腊城邦，僭主周围虽然围绕着一批雇佣卫队、顾问和战友，但规模究竟有限。深宫幽居，故示神秘，森严戒备，盛饰仪仗，都是他们所办不到的。而他们兴起的时候，又值希腊古代王权传统已被航海、贸易、神人同形的宗教，人文主义的文艺所摧毁，贵族阶级亦即知识阶级充满着一种"玩世不恭"的不信神的精神的时候，要他们把属于他们侪辈的，只因为手段高明，获得了政权的僭主尊为神佑的王是绝对办不到的。于是这些事实上的专制君主，只能是僭夺者和篡窃者的僭主了。

希腊僭主，也有力图建成王业的，叙拉古三次出现大僭主，头两次的机伦（公元前5世纪前期）和岱奥尼素（公元前4世纪前期）都有战胜迦太基的武功，他们力图建成王业的手段，有依靠雇佣军臣属周围城邦，以及把附近希腊城市的居民迁到叙拉古以扩大该城，并在该城地势险要的一角，建设堡垒林立、警备森严的王宫。确实，假使不通过兼并把城邦转化为领土国家，蹂躏城邦制度中的战士—公民这个因素，用强力把它转化为臣民—雇佣军制度，假如不建立宏伟森严的王都及王宫，僭主永远转化不成为"奉天承运"的"王"。希腊史上，做到这一点的，除西西里而外，还有一个南俄的旁提卡彭。格拉脱说，两者有一个条件是相同的，即他们周围有希腊化或半希腊化的当地人民成为雇佣军的来源，这是那里僭主传统强烈，得以从僭主转成王业的原因。其他地方，无论是早期僭主还是晚期僭主，总不过是僭主而已。

亚里士多德论僭主

身为亚历山大老师的亚里士多德，在他的《政治学》中对王政是竭力加以美化的，对僭主则很不恭敬。他的《政治学》中，多处论到僭主，满是讥嘲的口吻，他说，有一种僭主政体是：

> 单独一人统驭着全邦所有与之同等或比他良好的人民，施政专以私利为尚，对于人民的公益则毫不顾惜，而且也没有任何人或机构可以限制他个人的权力。①

---

① 亚里士多德：《政治学》，第203页。

他也纵论僭主的"僭术":

> 相传……僭主司拉绪布卢(米利都)曾遣人问计于另一邦(科林斯)的僭主伯利安德。伯利安德正站在黍田之间,对使者默然不作答,而以手杖击落高而且大的黍穗,直至黍穗四顾齐平而止。使者不懂他的用意,就这样去回报主人,司拉绪布卢听到了,心里知道伯利安德是在劝他芟刈邦内特出的人。①

> (僭主)还须禁止会餐、结党、教育以及性质相类似的其他事情——这也就是说,凡是一切足以使民众聚合而产生互信和足以培养人们志气的活动,全都应加预防。此外,僭主也须禁止文化研究及类似目的的各种会社。总之,他应该用种种手段使每一个人同其他的人都好像陌生人一样。……僭主还要使住在城内的人民时常集合于公共场所,时常汇集在他的宫门之前。这样僭主既可以借以窥察人民的言行,也可由此使大家习惯于奴颜婢膝的风尚……②

> 僭主的习惯就是永不录用具有自尊心和独立自由意志的人们。在他看来,这些品质专属于主上,如果他人也自持其尊严而独立行事,这就触犯了他的尊严和自由;因此僭主都厌恶这些妨碍他的权威的人们。僭主还有宁愿以外邦人为伴侣而不愿交接本国公民的习性……他们感到外邦人对他们毫无敌意,而公民都抱有对抗的情绪。③

初期僭主的历史作用

然而亚里士多德是奴隶主利益的拥护者,他也激烈反对平民政权(他所称的"民主政体"),力主平民有权参与议事或审判的贵

---

① 亚里士多德:《政治学》,第155页。
② 同上书,第292页。
③ 同上书,第294—295页。

族政体，因为当政需要贤人，而唯有贵族才是贤人。既然如此，他当然不会懂得初期僭主在历史上还起过巨大的作用。

公元前7—前6世纪的僭主，史称为初期僭主，以别于伯罗奔尼撒战争以后战乱频仍的时代中，依靠雇佣军起家的军阀，僭窃政权的那些僭主，即所谓后期僭主，他们所处环境不同，所起作用各异，大体上矛头是针对民主政体的，西西里的阿加托克利斯（Agatocles，公元前3世纪）即其一例。初期僭主所取代的政权，大体上是贵族寡头政体，所依赖的力量，是无法忍受经济上惨遭剥削和政治上绝对无权的农奴或平民。他们当政以后念念不忘的固然是一己的或家庭的私利，可是为此他们就必须采取牺牲贵族、有利平民的政策。上引瓦德—吉里文中所说，他们"依靠的是尚未成熟的平民的意志"，是说得很对的。因为如果平民已经在政治上成熟了，他们就无须依靠僭主来贯彻他们的意志，他们可以自己起来革命，建立民主政体；或者，至少利用平民意志的贵族，已经不能建立僭政，只能在民主政体的框架中获得一己的领导权了。正是因为两个彼此敌对的阶级，一个已经统治不下去，一个还未成熟到可以统治，两个阶级之间的斗争胜负不决，行将两败俱伤，于是才出现凌驾于两个阶级之上的僭主专制政体，用强力来把社会维持下去。公元前7—前6世纪希腊世界的普遍状况是：继僭主政体以后，出现了普遍的民主政治时代，僭主政体所起的，正是从贵族寡头专政到民主政治的过渡作用。

上述这种历史过渡作用，在某种程度上也见于小亚细亚诸邦作为吕底亚、波斯藩臣儿皇帝的那些僭主。那些城邦工商业一般比较发达，传统的负担较少，从贵族政体向民主政体的过渡理当较为顺利，而在外力干涉不到的地方，例如累斯博斯、米提利尼、基俄斯等岛屿，也确实是民主政体发源之地。吕底亚、波斯的进犯打断了正常的历史进程，那里普遍出现了僭主，而且是儿皇帝式的僭主，这是和希腊本土的科林斯、雅典不同的地方。然而这些僭主为了维持自己的统治，所采政治一般不能违背压抑贵族、加惠平民的常例。这样,上面所说僭主政体的历史过渡作用在他们身上也或多或少地体现出来了。但是"过渡作用"总限于一个短暂的时期,僭主的第二代第三代又无例外地愈来愈陷于贪婪、残暴与无能,这是"城邦的人"——公民所忍受不了的。公元前5世纪初,小亚细亚藩属波斯的城邦反抗波斯统治的起义,事实上同时也是反对僭主统治的起义。希波战争的胜利,也使那些地方的僭主政体一扫而空了。

民选调解官

当城邦的阶级斗争激化,需要一个独裁者来调解敌对阶级的利益的时候,希腊有过民选调解官①或民选独裁者的例子,雅典的梭伦,米提利尼的彼塔卡斯是著名的两个例子。亚里士多德认为民选调解官"约略相当于公举的僭主……这种统治职位有时及于终身,有时为时若干年,或以完成某些事业为期",吴寿彭考证:

> "艾修尼德"(Aesymnites)这名称见于荷马《奥德赛》者为运动会中的裁判员,见于亚里士多德残篇者为库梅(Gyme)执政官的通称。这里所述具有特大权力的"民选总裁"制度,米利都古代……和优卑亚古代……都曾有过,哈里加那苏(Halicarnassus)的狄欧尼修(Dionysuis)《罗马掌故》……说,希腊城邦的民选总裁和罗马的"狄克推多制"(独裁制)相同,世人往往视为僭主。②

这里所说的类似僭主是指他们具有独裁权力,而不是指他们是"僭窃政权者",因为他们既是民选的,就谈不上什么僭窃政权了。而且梭伦和彼塔卡斯两人有一切机会可以建立世袭的僭政,然而任

---

① 缪灵珠所译塞尔格叶夫《古希腊史》中,译"Aesymnites"为"民选官"(第154页)或"民选调停官"(第182页),吴寿彭所译亚里士多德《政治学》中,译此词为"民选总裁"。

② 亚里士多德:《政治学》,第160页译注。

期届满时都自动放下政权，更不类僭主行径。大征服以前，共和罗马时期国家处于紧急状态时不止一次选出独裁官，当民主政制还富有生命力，兵制还是公民军的时候，这些独裁官也都任满离职，并未企图僭窃最高政权。所以，民选调解官和僭主一样，都是城邦制度的特殊产物，专制主义盛行的"东方"，是不可能产生这类史例的。

僭主和民选调解官何以不见于我国古代

然而，当我们说僭主或民选调解官是凌驾于两个敌对阶级之上的国家权力，它是城邦制度的产物的时候，事实上已经隐默地设定了一个前提，即城邦政治是一种阶级政治。说得具体一点，那就是指在通常的不需要什么僭主或民选调解官的状态下，城邦政权掌握在利益互有冲突的两个或两个以上阶级中的一个阶级手里，而城邦的法律就是统治阶级的意志。显然这就是马克思主义国家学说的实质，马克思、恩格斯对于法国两个拿破仑专制主义皇朝的分析，事实上也就是我们对于希腊初期僭主的历史作用的分析。这里我们要提出一个问题，既然僭主、民选调解官之类的史例不见于我国古代，也不见于一切专制主义的"东方"，那么，上述国家学说又应该如何具体应用于我国和"东方"？

当然，我国古代和任何东方国家，阶级和阶级斗争是存在着的，而且是十分深刻的。然而专制主义政治有一点显然完全不同于城邦政治：那里不许可社会的各个阶层组成为政治上的各个阶级，那里没有以其政纲体现与代表不同阶级的利益的政党或政派。专制主义政体自以为"抚民如抚赤子"，亦即一切阶级无论其利害如何不同，均被视为皇帝的子民，皇帝自命为一视同仁地照顾他们的利益，不许结党，不许发表不同于皇帝的政见，不许干预皇帝的施政；事实上，一方面，皇朝残酷地剥削人民，成为人民利益的最大的敌对者，另一方面，皇帝的庞大的官僚机构又每日每时在产生出来新的贵族阶级，帮助皇帝剥削与统治。这样，皇朝政权及其官僚机构自己处于敌对阶级中的一方，而又讳言阶级，严禁结党，阶级斗争就只好采取骚乱、暴动、农民战争和皇朝更迭的形态。在这种状况下，阶级政治的城邦制度的一切现象当然不会出现，皇朝政权也就决不是什么凌驾于敌对诸阶级之上，不使各阶级之间胜负不决的斗争弄到两败俱伤，使社会得以持续下去的一切暂时现象了。

立法者

立法者（Lawgiver）在希腊史上有两种意义：一是编纂法典，使之成文化，并予以公布的政治家兼法学家，旧邦如雅典的德拉孔，新邦如建城不久的西西里的卡塔拉（Catana）请卡伦达斯（Charondas）为之立法。二是梭伦、来库古等实现了社会和政治制度上的重大改革的立法者兼最高政权的执掌者。例如梭伦就在他"民选调解官"的任期内立了新法，改革了旧制，它们的历史意义，以前屡次说到，这里不再重复。

立法者这个名词，是文艺复兴以后的西方人常常使用的名词，如孟德斯鸠、卢梭，这个名词在我国和僭主、民选调解官一样是陌生的。近人麦孟华（康有为的门生，见所著《商君评传》）说："中国……数千年来未闻有立法之事，惟求之于二千年上，其有足与来库古、梭伦相仿佛者，于齐则得一管子，于秦则得一商君。"从某种意义上说，这种比拟也是可以的，但是管仲、商鞅是君主的顾问和大臣，而不是民选的调解官；他们的立法活动，是为君主谋富国强兵，而不是为了调整阶级关系；他们立法取消了世卿政治，但是所确立的政治制度是专制政体。希腊的立法者，则把贵族政体基本上改变成了民主政体，甚至斯巴达的来库古也不算例外。何以两者间有此差别，看起来，上面的解释也是适用的。春秋战国时代，正当我国历史转变的关头，但是从殷商到西周、东周长期"神授王权"的传统，已经决定了唯有绝对专制主义才能完成中国的统一，才能继承发扬并传布中国文明，虽然这种专制主义使中国长期处于停滞不前、进展有限的状态之中，但这是历史，历史是没有什么可以后悔的。

六 城邦希腊从极盛到衰亡

——公元前 5—前 4 世纪的希腊

（一）概况

城邦希腊的发展和希腊城邦制度的最后形成，都以希腊人得以比较自由地殖民于东西南北为其先决条件。大体说来，时期愈早，这个条件愈充分，时期愈晚，困难愈大。由上章，我们已经知道，公元前 7 世纪起，希腊人在东方首先是面临强大的吕底亚王国，以后又面临更强大的波斯帝国，以至小亚细亚的希腊人不得不作避难移民，或则屈服于吕底亚、波斯的统治。在西方，从公元前 8 世纪起，希腊人和伊达拉里亚及迦太基之间移民竞争十分激烈。总的说来，公元前 6 世纪末，地中海和黑海周边可以殖民的地方或者已经分割完毕，或者因为内陆强国的阻力，新殖民城市已经没有建立的余地了。以本土为中心的希腊世界到公元前 6 世纪末已经定型，从此再也没有扩展，希腊城邦制度，经过长期演变，到此时也已最后形成，灿烂的希腊文明就是在这个根基上成长起来的。

公元前 6 世纪以前，希腊世界的扩张，决不是和平的扩张，进入公元前 5 世纪以后，希腊人更面临着对外战争的考验。其实，从公元前 6 世纪中期波斯崛起于东方以来，战争愈来愈不可避免。只是因为希腊的小亚细亚诸城迷恋于长期来经济发展和"分裂繁殖"的传统，又因为他们本来就和当地人民混合，个人主义和世界主义的意识比较浓厚，民族感情不甚强烈，一时竟然安于藩属波斯的处境。公元前 6 世纪后期，波斯在征服小亚细亚后继续南进，公元前 540 年征服巴比伦，当时屈服于巴比伦的腓尼基诸邦（推罗、西顿等）随而成为波斯的藩属。公元前 525 年前后，波斯又征服埃及。自此以后，小亚细亚希腊诸邦处境愈来愈恶化。公元前 5 世纪初发生了伊奥利亚希腊诸邦反波斯起义，成为希波战争开始的信号。从此以后，直到公元前 4 世纪末期亚历山大征服波斯，二百年间，希腊、波斯一直处于敌对状态之中。城邦希腊和希腊城邦制度在对波斯的长期斗争中经受了种种考验，在这些考验中，城邦希腊发展到它的极盛时代。然而斗争最后结局却是波斯被希腊人征服了，城邦希腊也在斗争中消亡了。这二百年的历史，显示了城邦制度的长处，也显示了它的致命弱点。不熟悉城邦制度的中国人，在比较仔细地研究了这二百年的历史以后，确实可以对城邦制度获得比较深刻的理解。

西方希腊也面临强敌。公元前 6 世纪以后和希腊人在西地中海激烈竞争殖民地盘的伊达拉里亚，在与公元前 5 世纪兴起的罗马的斗争中衰弱下去了，而罗马又要到公元前 3 世纪才得以完成意大利中部的征服，所以"大希腊"一时还没有北面来的威胁。但是公元前 5 世纪初的迦太基，经过国内剧烈的政治变革以后，建成了一个以雇佣军为基础的强大的海上帝国，正在波斯人积极西犯的时候，它第一次集合全帝国的力量组织大军登陆西西里，这就是和希波战争同时发生的希迦战争。和希波战争一样，希迦战争也持续了好几百年，西西里和"大希腊"诸城邦，在长期战争的考验中所走的道路和"东方希腊"颇不相同。结果是，西方希腊对迦太基的战争由罗马接了过去，在三次布匿战争中罗马征服了迦太基帝国，附带也征服了西方希腊。西方希腊的历史，也构成了城邦希腊消亡史的一部分。

公元前 5 世纪以后的希腊史，希腊罗马时代就留下了浩瀚的文献，该时期的重大历史事变，后世所知史实颇为详细。我们现在打算把这二百年间的历史压缩为一部分，只能简略地提到一些演变的脉络，其间波澜壮阔的史实，中文文献也有不少可以参看，我们就力从简略了。

（二）希波战争

伊奥利亚起义

波斯征服吕底亚，先于它的征服巴比伦和埃及，已如前述。当时东方世界从事航海商业的，除希腊而外，唯有屈服于迦勒底巴比伦的腓尼基和到此为止还保持了独立的埃及，所以，小亚细亚的希腊城邦，是初兴的波斯帝国唯一可以依靠的海上力量。加以波斯大帝居鲁士的帝国政策，对于他所征服诸民族，在政治上允许某种程度的自治，在宗教上和文化上则是宽容的兼收并蓄的①，所以伊奥利亚藩属波斯初期，它们的经济发展大概没有受到什么严重影响，只不过各城都建立了亲波斯的僭主政权，中断了正常的政治演变过程而已。公元前540年及前525年，波斯分别征服了巴比伦与埃及，从此波斯可以利用的海上力量增多了。尤其腓尼基诸邦拥有巨大的商业和武装舰队，一向是希腊海上贸易的敌人，两者同处波斯属下，大概还进行着一种向帝国争宠以扩大商业利益的竞争，而竞争的结果则不利于希腊人，这就造成了希腊城邦的经济危机。希腊人民对于波斯的统治和波斯傀儡的僭主们的不满也因此而逐步加深，终致爆发为公元前499年的伊奥利亚起义。

起义经过，希罗多德给我们讲了许多娓娓动听的故事②。近代史家的严谨的批判，认为他把起义的原因归结为少数野心家的阴谋活动是不可凭信的。事变细节，这里概从省略。总之，起义的首领是居于伊奥利亚首位的城邦米利都，伊奥利亚诸城邦在起义中有过一时的团结，甚至雅典也派去了20条船舰。公元前498年，希腊联合舰队打败了由腓尼基人组成的波斯海军，进军前吕底亚王国首都、当时波斯小亚细亚领土的统治中心萨第斯，焚毁了这个城市及其圣殿，然而未能攻克卫城。波斯结集大军转为反攻。起义军政治上不团结，指挥不统一。公元前494年，波斯（腓尼基）舰队败希腊舰队于拉得岛，攻陷米利都，把它化为焦土。从此，在一个时期内曾是希腊文明中心，也是伊奥利亚希腊人的首府的米利都，就一蹶不振了。

---

① 居鲁士征服巴比伦后，允许被迦勒底巴比伦迁移到巴比伦的犹太人返回故土，还允许他们重建被毁的耶路撒冷城及其圣殿。见《旧约·以斯拉记》，圣经官话译本中的"古列"就是居鲁士。

② 希罗多德：《历史》，第Ⅴ章第30—38、49—51、97—126页；第Ⅵ章第1—33页。

马拉松之役

波斯镇压了伊奥利亚起义之后,两三年内,小亚细亚大陆海滨的一切希腊城邦再度逐一屈服,接着就渡过海峡,进军色雷西亚(Thracia)海岸,并派遣使者到希腊本土诸邦要求"水和土"(屈服的象征)。

有两个雅典人在希波战争初期起了特殊作用。一是因竞争离国到克索尼苏斯去当蛮族人君王的希腊显贵家族的米太雅德(参见上部分(三));于公元前493年,当波斯进犯色雷西亚时回到雅典,为祖国效命,成为马拉松之役的雅典军统帅,击败了波斯军,这是希波战争中希腊人的第一个胜仗。二是僭主庇色斯特拉托的儿子希比亚,引导波斯军从海上经西克拉底斯群岛直接进犯雅典,其时在公元前490年。这就是历史上著名的马拉松战役,现在的"马拉松长跑"就得名于此。

马拉松之役,波斯一军登陆雅典对岸优卑亚大岛的爱勒特里亚围攻此城,雅典军拟取道西海岸的马拉松渡海施救;波斯另一军为阻拦援军,登陆此地,两军相遇,对峙数日。雅典军统帅米太雅德于获悉爱勒特里亚被攻破,攻城波斯军行将从海道登陆雅典西海岸庇里犹斯时,立即进攻波斯军,两军兵力大体相等,波斯军死伤过半,雅典军伤亡轻微,获得全胜。雅典军战胜后全速行军转趋庇里犹斯,波斯军不敢再登陆,即由海道撤回。

马拉松之役是希波战争中希腊方面第一次赢得的胜仗,这个胜仗是雅典一国独立赢得的。斯巴达领导的拉凯戴孟盟军因出发迟缓未及参战。

马拉松之役后雅典的海军建设

波斯军第二次进犯希腊本土,在马拉松之役后十年。在此期间,有些希腊人认为波斯军在马拉松受创后不敢再度东犯。这十年中本土诸邦间和从前一样有彼此间的争执和小规模的战争。雅典和埃吉纳争霸海上的战争就是这类战争中的一个。雅典政治家铁米斯托克列斯(Themistocles)独具远识,利用雅典和埃吉纳战争的机会劝导雅典人大举建造新式的三列桨战舰二百艘，准备应付行将到来的波斯进犯。这种战舰每艘需配备桨手150人（一说170人），建舰经费利用开发劳里翁（Laureum）银矿（银矿租给私人开采，每一个承包人需交一个Talent即26.2公斤的银币，并征收开采取得白银的二十四分之一）所得国库收入（这部分国库收入本来是分配给每个公民的）开支。战舰于公元前480年大战前夕建成，为建设这些战舰，著名的庇里犹斯海港也开辟出来了。

战舰桨手，由公民中的贫民担任，战舰上的陆战队员，即是从前的陆上公民军。此后雅典霸权，全靠海军，因此贫民在政治上的地位大为提高，这是伯里克理斯民主的一个重要因素。

薛西斯的进犯和希腊本土的解放

马拉松之役，是在波斯大帝国大流士（Darius）第一在位时进行的。公元前485年，大流士死去，薛西斯（Xerxes）继位。薛西斯于镇压埃及和巴比伦反波斯起义后，即着手进军希腊本土的准备。他从庞大的波斯帝国各州征集陆军，从伊奥利亚诸希腊城邦和腓尼基、埃及征集海军。公元前480年，陆军渡过达达尼尔海峡，经色雷西亚海滨，南下特萨利亚，侵入希腊本土。

强敌压境前夕，希腊本土诸邦集合于科林斯，决定消弭内战，共御侵略，订立了反波斯的军事同盟，盟主是原已存在的拉凯戴孟同盟盟主的斯巴达。但是，本土诸邦虽然多数参加了同盟，抗战坚决的，主要是雅典和斯巴达为首的拉凯戴孟同盟诸邦，北部中部诸邦态度暧昧。拉凯戴孟诸邦地处伯罗奔尼撒（Peloponnese）半岛，波斯军从陆上进入半岛，有科林斯地峡天险可资防守，而且拉凯戴孟同盟成立以来已将近三百年间，半岛内部长期没有内战，同盟的陆军兵力是希腊首屈一指的，对抗击波斯的胜利具有信心。不过即使如此，伯罗奔尼撒本岛上还有斯巴达的宿敌阿尔哥斯，它在战争中通波斯，守中立，没有参加科林斯同盟。倘使希腊人不首先消灭波斯舰队，波斯军可以在地峡以南守军后方登陆，伯罗奔尼撒的优越战略防御地位也就失去作用了。这样，海战在战争中就起了决定作用。希腊人唯有海战胜利，掌握制海权，战略上才有把握以伯罗奔尼撒和科林斯地峡天险为最后的基地，抗击波斯陆军。

在这样的战略形势面前，通过希腊内部的种种矛盾，和一些领袖人物所起的作用，战争经历了以下诸阶段：

（1）波斯军长驱直入阶段。希腊军原拟在特萨利亚的腾皮谷及其附近海面阻击波斯陆军及海军（当时的海军都靠岸航行，并必须和陆军取得联络），以拉凯戴孟同盟军为主力的希腊联军已开到此地，希腊舰队也开进附近海面，但因特萨利亚当政贵族态度暧昧，不利决战，再度退却，决定在希腊中部温泉关及其附近海上的阿提密西安（Artemisium）海角，以陆海两军阻击波斯军。温泉关战役中，斯巴达王李奥尼达所率陆军三百人凭天险抗击波斯大军，全军壮烈牺牲。海军在阿提密西安获得胜利。不过波斯舰队虽受重创，仍占优势。

（2）萨拉米（Salamis）海战扭转战争局势。温泉关及阿提密西安战役后，希腊军继续退却。此时希腊北部中部诸邦全部附敌，波斯军陷阿提卡，雅典全民登船避居萨拉米、埃吉纳两岛和南面伯罗奔尼撒半岛上的特洛溱（Trozen），雅典城被焚毁。希腊诸邦联合舰队，以雅典船舰为主力，在萨拉米岛海面上迎击波斯舰队，打了一场海军的决战，史称萨拉米海战，获得全胜。波斯舰队大部被歼，残余船舰返航小亚细亚，制海权落入希腊军手中。

（3）波斯军退却和希腊军追击的阶段。萨拉米海战后，率军亲征的波斯大帝恐惧失却制海权后无法渡过海峡返回小亚细亚，于是除留一军在彼奥提亚继续与希腊军对峙而外，全军后撤。波斯军是一支人数巨大、成分庞杂的波斯统治下形形色色的民族组成的队伍。按希罗多德夸大的估计，战斗部队达一百七十万人，连同各色各样的随军人员，总计达五百多万人。这当然是不可能的。但是，即使把这个数目降为五十万人，这还是一支数目大、成分杂的军队。这样一支军队，深入敌国，现在仓皇后撤，可以设想无法保持有组织的后勤供应，它会造成异乎寻常的混乱是势所必然的。后撤军队究竟有多少返达小亚细亚，难以推测。薛西斯及其行宫，当然是安然返回了。

薛西斯所留与希腊军对峙的一军是全军主力，有坚强的领导。这支军队在公元前480年冬季退入彼奥提亚过冬，翌年再陷阿提卡，力图诱迫雅典单独媾和。几经曲折，拉凯戴孟全军出地峡和雅典军会合，公元前479年春，在著名的布拉的（Plataea，阿提卡和彼奥提亚边境）战役中，希腊军获得全胜，波斯殿后军全军被歼。

与此同时，希腊联合舰队追击波斯舰队残余于小亚细亚海滨的密卡尔（Mycale），波斯舰船全数被焚毁。

布拉的战役希腊军统帅为斯巴达王波桑尼阿斯（Pausanias），其中雅典军由亚里斯特底斯（Aristades）指挥。密卡尔战役，联合舰队统帅为斯巴达王利俄提基德（Leotychides），其中雅典舰队由桑西巴斯（Xanthippus，伯里克理斯的父亲）指挥。在此以前，亚里斯特底斯和桑西巴斯两人都曾按陶片放逐法放逐海外，大战前夕，雅典人决定流放的人一律准许回国，得以建立战功。

公元前479年，希腊本土全境解放。

小亚细亚及爱琴海上希腊诸邦的解放

布拉的战役以后，下一个阶段是小亚细亚及爱琴海上希腊诸邦的解放。

现在战争的主动权始终操在希腊人手里。公元前479年密卡尔战役后，小亚细亚西面爱琴海上四个大岛，累斯博斯、基俄斯、塞莫斯、罗陀斯自然而然获得了解放。希腊人以下的一个目标是打通被波斯阻断的黑海航路。公元前478年，收复达达尼尔北侧，克索尼苏斯半岛上的塞斯都斯（Sestos）和拜占庭（Byzantium）。拜占庭之战，波斯率军投降，从此，黑海粮食又可源源输出。同年，希腊人还收复了塞浦路斯岛上原属希腊人诸邦，岛上的腓尼基城市未能攻克，以后还长期藩属于波斯。

色雷西亚还有强大的波斯守军。公元前476年，希腊联军在奇蒙指挥下进军该地，围攻斯特赖蒙（Strymon）河上的埃翁（Eion

城，进行了长期的围城战，全歼波斯守军。此后希腊人又围攻爱琴海上背离提洛同盟（参见下文）的纳克奈斯岛和海盗巢穴的西罗斯（Scyros）岛。至此，爱琴海全入雅典掌握。

公元前467年左右，希腊军与波斯军又会战于小亚细亚南岸中部的攸利密顿（Eurymedon）河上。在此以前，小亚细亚西岸自米利都以北的大陆滨海诸城邦，大体上均已脱离波斯获得解放，自米利都以南，波斯还驻有大军，大陆上的希腊城邦还在波斯轭下。奇蒙率三列桨战舰二百艘集中于库都斯（Cuidus），不久，在攸利密顿附近海面歼灭波斯海军，俘战舰一百艘，接着又俘增援军舰八十艘。海战获胜后，奇蒙立即登陆攸利密顿河口，奇袭波斯陆军，波斯军溃败。

攸利密顿之役是亚历山大东征以前，整个希腊世界团结一致进行对波战争的最后一次战役。自此以后，希腊与波斯之间的关系，就和雅典、斯巴达争霸的内战交织在一起了。公元前449年，雅典和波斯签订的卡利亚斯（Kallias）和约，名义上是公元前480年开始的希波战争的结束，事实上，此时雅典与斯巴达的战争已经进行了很久，而且进行得十分激烈，和约的签订已经以争霸为背景了。

希波战争的重大历史意义

希波战争的历史意义是十分巨大的。希波战争以前，古代文明世界的典型的政治形态是一种"神授的王"统治广大的领土，埃及、巴比伦、亚述、赫梯、吕底亚、福里基亚、米地（Mede）以及大卫所罗门时代的以色列王国都是这种类型的国家。城市国家诚然是有的，腓尼基的拜布罗斯、泰尔、息敦都是"城市王国"，并以航海商业为生，然而在当时的"世界政治"中，它们都不过是几个大帝国争夺的目标，从来没有，也不可能在历史上起什么积极主动的作用，也没有创造出新的有别于起源于这些古老帝国文明的新文明来。希腊文明本身也渊源于这些古老的东方文明，因为它从头到尾是海上文明，一连串历史事变又促使它发展起来了上一种自治自给的城邦制度，这种城邦制度在可称为偶然的历史条件下——

小亚细亚内陆在赫梯崩溃后长时期内没有出现强大的王国——居然获得了充分发展所必要的几百年时间，它不仅在海外巩固了，希腊本土也城邦化了。自治自给的，个人创造能力有充分发展余地的城邦制度，在这几个世纪中，在经济、军事、科学、技术、文化、艺术等各个方面，充分吸收了东方古文明的遗产，加以消化，加以改造，并以跃进的速度加以提高。公元前 6 世纪波斯征服以前，事实上希腊文明已经高出于"东方"文明。然而自治自给的城邦制度有一个致命的弱点，它的个人主义和城邦本位主义，使它在强大的外敌侵犯面前显得是一盘散沙，使它宁愿各别屈从大帝国成为它的藩属，无法团结起来外御强敌，并在对外战争中谋求民族统一，其结果，藩属帝国的那些城邦，还势必要派兵出钱，在帝国旗帜下向本民族的其他城邦进攻。吕底亚王国兴起后，小亚细亚诸邦先后藩属于吕底亚，有的城邦僭主还成为王国的驸马（埃弗塞斯的例子）。波斯兴起后，只有避难移民，却没有团结抗战的打算。海滨城市成了波斯藩属，波斯统治一时还伸不进来的海岛城邦，却利用这个机会，幸灾乐祸地扩大自己的势力（塞莫斯利用米利都藩属于波斯在爱琴海上的扩张）。所有这些，都已经充分证明了城邦制度的致命弱点。公元前 5 世纪初的伊奥利亚起义，是希腊世界的一个部分团结抗敌的第一次企图，起义虽然失败，福利尼卡斯（Phrynichus）以悲剧"米利都的沦陷"在雅典上演，使观众潸然泪下，从此以后，团结抗敌逐渐成为"一盘散沙"的城邦希腊的一致要求。这种要求在不久前驱逐了僭主，贯彻发展了梭伦民主的雅典显得特别强烈。于是，虽然薛西斯动员了整个东方世界的全部人力物力，包括腓尼基海军，也包括小亚细亚诸希腊城邦，甚至包括新近归附的希腊本土北部、中部的希腊诸邦的力量，以泰山压顶之势扑向雅典和斯巴达所领导的希腊南部诸邦联军，结果竟以彻底失败告终。这次战争的结果，充分证明了创造和发展的希腊文明优于停滞不前的东方文明，虽然前者的历史远不如后者的悠久。也证明了城邦制度固然会在各城邦之间造成互不团结，然而城邦内部的民主制度，不仅在和平生活中发展了每个人的创造能力，在存亡危急关头也把千万人团结成一个人，与敌人作坚决的斗争，一旦外敌侵犯使这些城邦结集起来成为坚定的抗敌同盟，它就完全可以战胜在专制主义统治驱迫之下的，貌似强大，实际上是离心离德的帝国军队。希波战争就是这样一个历史转折点。希波战争胜利以后，创造的而不是墨守成规的希腊文明从此跃进得更快，"古典时期"的希腊，是人类文明的极其光辉灿烂的阶段，对后来历史的积极影响是不可估量的。这是我们研究希腊城邦制度时所不可不注意的。

然而城邦希腊并没有在希波战争中克服它制度上固有的致命弱点，这种弱点，在此后一百五十年的历史演变中，最后竟不可避免地导致了城邦希腊的消亡……

（三）提洛同盟与雅典帝国

提洛同盟的成立

公元前480年开始的希波战争，希腊军是科林斯会议上成立的反波斯同盟的盟军，这个同盟的领袖是斯巴达。斯巴达成为希腊本土诸邦抗击波斯的战争领袖是必然的：雅典在十年前虽然独立赢得了马拉松战役的胜利，此时它在联军舰队中的船舰数目最大，但是它的军力和经济力量远远比不上拥有伯罗奔尼撒半岛南部广大地区的斯巴达，何况斯巴达的重装步兵冠绝一时，以它为首的拉凯戴孟陆军又是抗击波斯可以依靠的最大最强的一支军队，而拉凯戴孟同盟到此时为止已有二百多年的历史，斯巴达在希腊的领袖地位也确立了很久了。正因为斯巴达是反波斯同盟的盟主，所以，不仅布拉的战役的统帅是斯巴达王，阿提密喜安地角和萨拉米两次海战的统帅也是斯巴达王，公元前478年远征塞斯都斯、塞浦路斯和拜占庭的几次战役的统帅仍然是斯巴达王。但是斯巴达王波桑尼阿斯累胜之余，滋长起来了想当波斯大王式的独裁国王的野心，在受到部下抵制之后，进一步阴谋通敌，拜占庭战役中被人发觉，斯巴达的监察委员会召令回国，审判属实，判处死刑①。自此以后，斯巴达恐怕他们派出去的领导人会在外面的花花世界中腐化，不再派兵派人继续参与战争，拉凯戴孟诸邦也随而退出。此时希腊对波斯战争的参加者成分有重大变化，新获得解放的海外诸邦纷纷参战，本土诸邦日趋减少，最后只剩下雅典和优卑亚岛上的卡尔西斯、爱勒特里亚等邦，战争的领导权自然落入雅典手中。形成这种新形势的关键时间是公元前478年的拜占庭战役。

此时科林斯会议上成立的反波斯同盟虽未正式解散，为应付新局势起见，有成立新的同盟的必要。就在拜占庭，雅典将军亚里斯特底斯与参战诸邦订立盟约，成立提洛同盟（攻守同盟（Symmachia, Alliance）或海上同盟（Confeodenia））。称为提洛，是因为爱琴海上的提洛（Delos）岛被选为盟国集合的地点，同盟的金库也设在该岛的神庙中。参加同盟诸盟邦，包括爱琴海上一切岛屿，和小亚细亚、色雷西亚海滨一切希腊城邦。达达尼尔、博斯福鲁两海峡和前海（马尔马拉海）诸邦也加入同盟，但黑海南岸迤西的小亚细亚诸邦及黑海北岸海滨诸邦不参加对波战争，不是同盟加盟国家。同盟加盟国家在同盟建立时为数还少，此后对波战争步步胜利，获得解放的希腊城邦愈来愈多，加盟国家也随而逐步增加。同盟极盛时期，小亚细亚南面海滨上某些加利亚城邦也是盟邦。根据当时遗留碑铭，同盟极盛时期加入同盟的城邦及小共同体（大概是未建立城市的希腊移民的农村或渔村）达三百个，人口总额估计达一千万至一千五百万人。

雅典帝国

西方史家对于提洛同盟一开始的性质，有两种不同的认识。格

---

① 波桑尼阿斯被判死刑后避难神殿，监察委员们下令在神殿四周筑墙封锁，到他快要饿死的时候，才派人把他抬出来，以免玷污神殿。

波桑尼阿斯叛国案件审理过程中，发现雅典将军、雅典海上霸权的奠基者、阿提密喜安地角和萨拉米两次海战希腊方面海军统帅铁米斯特克列斯也有通敌嫌疑。铁米斯特克列斯闻讯潜逃，辗转到达波斯王庭，波斯大王倍加优待，以梅安徒（Meander）河上的马格尼西亚（原希腊城市）为其封邑，竟终老在波斯。

拉脱认为提洛同盟开始是平权的同盟，一切盟邦均有平等地位，有一样的权利与义务。格拉脱以后的史家认为，根据修昔底德《伯罗奔尼撒战争史》的记载，同盟一开始就具有严重的雅典帝国的倾向。这表现为：第一，盟约是以雅典为一方，雅典以外一切盟国为一方订立起来的；第二，盟国有义务，或者提供一定数量的船舰及人员参加联军，或者免除此项义务而提供一定数额的钱款——实际上是一笔贡赋，而且，哪些盟邦出船出人，哪些盟邦出贡赋，一开始就交由雅典全权决定。鉴于雅典在反波斯战争中的领袖地位，它在战争中所蒙受的牺牲和作出的巨大贡献而赢得的崇高地位，后说恐怕更近于事实。我们倘使考虑到提洛同盟的盟国几乎都曾屈服于波斯轭下，在波斯侵入希腊本土时，许多城邦还曾出船出人参加在进攻的波斯军内，更容易想象雅典一开始就是同盟的主人，同盟发展成为雅典帝国是必然的。不过同盟成立之初，还有定期举行于提洛岛上阿波罗（Appolo）和阿丁里斯（Artinis）[①] 神庙中的同盟会议，由它来决定同盟的一般政策，决定对不服从同盟盟国的强制措施。也许同盟会议的实际义务不过是批准雅典的决定，不过同盟的形式总还存在。当时同盟金库也设在提洛岛上，司库也还由同盟会议任命而不是雅典的官职。

　　同盟建立于公元前479年，不过十一年，纳克索斯岛首先叛离同盟。此岛是一个繁荣富裕的城邦，军力较大，本是"出船出兵"而不是纳贡的盟国。叛离原因，征讨降服的条件如何，均不可考。大概它被征讨降服后得交出它的舰队，降为纳贡的附庸。此后盟国凡有"叛离"，一律用武力征服，并丧失"独立"，同盟也就愈来愈变成帝国了。到伯罗奔尼撒战争开始时，唯有基俄斯和累斯博斯两岛还"保持独立"，其他盟国已悉数降为附庸，同盟会议已不召开，同盟金库已迁往雅典，金库司库已成为雅典国家的官职，盟国

[①] Artinis 估系 Artemis 之误，Artemis 译为阿耳特弥斯，为希腊的月亮和狩猎女神。——编者注

的讼案要到雅典来审理，同盟已不存在，存在的只是雅典帝国了。

城邦雅典——帝国的中心

现在城邦雅典是帝国的中心了。

我们决不可以把这个帝国中心设想为郡县制帝国的帝都。所谓雅典帝国，是城邦雅典支配一大批纳贡的、在对外政策上听命于它的盟国，由此形成了一个以雅典为中心的城邦集团。雅典本身仍然是城邦，加盟的各个盟邦也仍然是自治自给的城邦。盟邦作为独立国家，主权现在不完整了，因为它们不再能够自行决定它的对外政策。帝国中心的城邦雅典，现在有全权决定这个巨大的城邦集团的对外政策——或者正确一点说，在所谓提洛同盟中，唯有雅典有权独立决定它的对外政策，而城邦雅典的对外政策，自然而然就是整个雅典帝国的对外政策，各盟邦没有参与决定的权利，唯有服从雅典决定之义务。此外，帝国内部诸邦之间必须维持和平，一切争执要服从雅典的裁决。虽然如此，加盟诸邦还各有自己的政府和法律，政体的类型则不免要以雅典为楷模，并非雅典式的民主政体当然是不能存在的。

雅典帝国范围内纳贡的盟邦，每年交纳一定数额的贡款之后，它们的公民不再有服兵役的义务。与此相反，城邦雅典现在除其本身的国库收入而外，还有一笔事实上它可以当作自己的国库收入来任意支配的盟邦交纳的贡赋。希波战争后，雅典跃升为希腊世界首要的商业中心，工业和农业也有很大发展，关税和其他税收为数巨大，加上这笔贡款，国库丰裕。由此，由雅典公民组成了这个庞大帝国的武装部队，公民军在服役期间是领薪饷的，城邦雅典成了"战士共和国"了。又，城邦雅典既是帝国的中心，有许多帝国范围的行政事务与司法事务要由它来处理，这些事务都成了雅典城邦的事务，雅典于是发展起来了一大批有报酬的公职。

值得注意的是，城邦雅典并不是通过特权的贵族阶级或者组织行政官僚机构来履行它的领导帝国的职能的，相反，在它作为帝国中心的期间，充分发扬了城邦以往的民主传统。在帝国存在的短短时期中，雅典民主竟然达到它的极盛时代——事实上这也是城邦希腊的极盛时代；史家通称的伯里克理斯民主，就在伯罗奔尼撒战争大爆发以前的三十年间。

城邦自治与民族统一的矛盾

读者大概早已意识到，"自治自给""分裂繁殖"的城邦，在外敌侵犯面前实在缺乏抵御力量，而提洛同盟—雅典帝国实在是在反对波斯战争中诞生成长起来的，是文明迅猛发展的希腊世界的民族统一的唯一可以寄托的力量。四五个世纪以来，希腊人在"自立门户"的精神下殖民于东西南北，形成了经济、文化、语言、宗教上一致的一个大民族，吸收了古代东方文明，以跃进的速度把它的文明提高到古代世界所不知道的高度。可是，在强大的东方帝国武力侵略面前，几乎面临灭顶之灾。现在它经历了希波战争的严峻考验，胜利地通过了这个考验，瞻望未来，要顺利地发展希腊文明，实现民族统一是唯一可走的道路。提洛同盟—雅典帝国结集了希腊世界最大部分的力量，它以鲜明的反波斯的旗帜与不断胜利的战绩，把原先爱奥里斯、多里安两个并非伊奥利亚系统的海外诸城邦都集合在一个同盟之内，最初这个同盟是巩固的。这个同盟虽然还远没有达到统一整个希腊世界的程度，这总是一个良好的开端，可以指望它逐步发展，实现民族统一。当然，在提洛同盟—雅典帝国成立以前，希腊本土已经有了好几个结集若干城邦在一起的集团，这里有以斯巴达为首的拉凯戴孟同盟，有以提佛为首的彼奥提亚同盟，有特萨利亚以四个"州"组成的联邦。然而，后两者在反波斯战争中"米地化"①了，而且力量较小，一时没有"领袖群伦"的资格。斯巴达及拉凯戴孟同盟，成立了二百多年，一直是公认的希腊盟主，但是它在反波斯战争中所蒙受的牺牲和所做贡献

---

① 波斯帝国崛起之初，首先并吞了领土跨及小亚细亚东部的米地帝国。希腊人因为比较熟悉这个帝国，所以也把波斯人叫作米地人。波斯战争前夕，凡对波斯帝国采取屈辱的投降政策，向它献了"水和土"，以后又出人出钱参与了波斯进犯军的诸邦，被称为"米地化"了。

都不如雅典，战争后期，实际上不再参战，不久又因国内农奴的起义而大为削弱。拉凯戴孟同盟中主要的海权国家科林斯的殖民和商业利益偏在西方（西西里和"大希腊"），它本身在希腊本土上的安全又必须依靠斯巴达拉凯戴孟同盟，它对拉凯戴孟同盟的对外政策有巨大的影响力量，此时它在"东方希腊"有意识地采取了退让政策，对于雅典霸权并不采取敌视政策。这样，从一切方面看来，由雅典为领导力量，通过提洛同盟和雅典帝国来实现希腊民族的统一似乎是有希望的。以后希腊，世世代代的历史家，鉴于雅典民主的进步性，鉴于古典时代希腊文明以雅典为中心获得了光辉灿烂的成就，都对雅典未能完成这个历史任务而深表惋惜，确实不是没有理由的。

然而事实上雅典确实没有能够完成这个任务。原因是多方面的。其中之一是公元前5世纪60年代以后雅典对波斯、对斯巴达政策的错误，大略经过，我们在下文马上就要予以介绍。然而根本的原因，还在于自治城邦的精神和民族统一的原则之间，有不可克服的矛盾。我们还不妨大胆推测，当时的任何政治家，不论他的指导政策如何正确，也没有力量足以克服这个矛盾。

城邦的根本精神是自治自给，是完全的主权和完全的独立，这是希腊文明创造性的特征的根本来源。各城邦之间的激烈竞争和导致的倾轧不和，以至经常发生决斗性质的小战争，是其致命的弱点，然而这是随着它的特殊优点即创造性而俱来的。如果听令这种"城邦本位主义"① 照原样发展下去，它的优点固然可以大为发挥，经济和文化发展因经常获得刺激而大步前进，它那种弱点也无法消除。这种弱点，在强敌侵犯面前尤其是致命的，小亚细亚诸城邦长期甘居波斯轭下，并且不惜出人出兵参加波斯对希腊本土的进犯，

---

① 城邦本位主义是用我们的政治术语来描述城邦制度的根本精神。西方史家往往把这种精神描述为一种宗教现象，称之为"城邦崇拜"——指每一个城邦的公民把自己的城邦看作实现公民集团共同善果的唯一途径的那种意识形态。见下引贝尔克尔（Barker）的那段话。亚里士多德的《政治学》即以此种意识形态作为他的政治理论的根本前提。

几乎陷蓬勃发展中的希腊文明于死地,是此种弱点的集中表现。幸而城邦制度的民主精神激励了希腊人的坚决抗战,城邦希腊在严峻的考验中获得了胜利。但是,根深蒂固的自治独立的要求,使得城邦希腊在灭亡威胁面前战胜了强敌,却没有能够通得过胜利的考验。

城邦雅典在提洛同盟—雅典帝国内对盟邦采取的态度,有的历史家称之为"上邦政策"(塞尔格耶夫),即尽可能把盟国降为出钱买得和平,然而削弱了它的主权,使它的公民不再有尚武精神的那种附庸国家。与此同时,又通过各种途径,把它自己的公民培养成为"上马杀敌,下马议事与审判"的群众政治家。时间愈久,盟国愈感到屈辱,无法忍受。一旦有事,它们势必要提出"一切城邦都有权自治"的口号来反对雅典,这样看来,有自治城邦这个原则存在,雅典帝国的基础一开始就是不稳固的。

那么,可不可以设想,通过统一运动把提洛同盟组成一个联邦,或者,雅典把它的公民权慷慨地赋予一切盟国的公民,使同盟成为一个统一国家呢?我们记得,雅典本身就是通过统一运动,把十多个很小很小的城市集合成为一个统一城邦的。我们还知道,雅典帝国成立以前,希腊中部的彼奥提亚同盟,是八个城邦组成的同盟,各城公民保留本城公民权,又另外创设一种同盟的公民权,各城公民都有双重的公民权,而同盟的执行机构是各城邦平权选举出来的。既然有此先例存在,倘使提洛同盟成立之初,雅典的政治家采取这种显明的政策,提洛同盟不就可以长治久安了吗?

然而这是不可能的。提洛同盟成立于希波战争雅典胜利的顶峰,雅典人既然蒙受了如此巨大的牺牲,又对胜利作出了如此巨大的贡献,盟邦是雅典人把他们从波斯轭下"解放"出来的,雅典公民势必自视为理当获得特殊权利的解放者,在民主传统如此悠久的雅典,任何政治家都不可能违背这种群众情绪,所以平权同盟也好,通过把雅典公民权给予一切盟邦的这种统一运动来建立一个统一的国家也好,事实上都是行不通的。这是提洛同盟成立那个短暂时期的形势。那么，也许以后这种感情会平淡下去，平权同盟或统一运动应该是可能的了？

答复还是否定的。一方面，城邦雅典从帝国所得的特权日益成为既得权利，时间愈久，变更愈难。另一方面，彼奥提亚同盟也好，雅典的统一运动也好，都限于十分狭小的地域，在地理上，它们都没有超出城邦原则所允许的界限。提洛同盟范围如此广大，加盟城邦如此众多，在古代交通条件下，要在如此广大范围内实现平权同盟或统一运动是难以想象的。这里，城邦的另一个原则：公民之间的紧密的接触起了不可克服的障碍作用。贝尔克尔说：

> 公元前5世纪中，雅典曾经企图搞城邦的统一，它的伸展得很远的帝国曾经包括爱琴海上所有的岛屿和海滨。它的政策失败了；它的失败是因为它和它的盟邦同等地受到了（自治、自给的城邦神圣不可侵犯）这种思潮的妨碍，所以不能上升到一个巨大的、非城邦的、联合在一种共同公民权中的国家的概念。在雅典这方面，它不能把它的公民权扩大到盟邦去，因为它的公民权意味着——而且，也只能够意味着——出生于雅典，完全地参与在雅典当地的生活、习性和气质之中；在盟邦这方面，即使赋予雅典的公民权，它们也不能接受，因为这些城邦的公民权，对它们来讲所意味的是恰好同样的东西。

> 共同的公民权会使有关系的一切人发生"一种无法忍受的一神主义"的宗教感情，因为对城邦的崇拜，事实上是一种宗教。政治上的多神主义是希腊的信条；这种信条倾覆了雅典帝国。要细心地琢磨，才能设想宗教（城邦的宗教）瓦解了雅典帝国，宗教（在所有城邦共同崇拜一个神化了的统治者意义上的宗教）又是亚历山大在希腊中的帝国的基础。①

---

① 贝尔克尔：《公元4世纪的伟大政治思想和理论》第Ⅵ卷，第ⅩⅥ章，*Great Political Thought and Theory in the Fourth Centry*, by Barker, Ch. ⅩⅥ, Vol. Ⅵ, c. a. h.

（四）伯里克理斯民主
——城邦希腊的极盛时代

希波战后城邦雅典经济及社会状况的演变

希波战后，雅典是雅典帝国的中心，而且也成为整个希腊世界的经济和文化的中心。

当萨拉米海战和布拉的战役前夕，波斯军占领阿提卡全境，雅典老弱妇孺两度登船避难他乡的时候，雅典公民及其家属总计，史家估计为十五至十七万人，外邦人和奴隶在外——这时候，外邦人和奴隶的人口为数是不多的。战争时期，雅典公民全数在军中服役，社会地位最低的贫民阶层在舰船上当桨手，其他各等级的公民在重装步兵中和舰上战斗部队中，确实是全民皆兵。布拉的战役以后，雅典人在战胜强敌后热情奋发地重建家园，所需物质资源，可以依赖盟国的捐款，不久就有提洛同盟的贡款可资利用，恢复大概十分迅速。我们知道，就在重建家园过程中，雅典重新建筑了被波斯人毁掉的城墙，还完成了战前已经开始的庇里犹斯海港的筑港和设防工程，海港周围筑城长达十公里。这样雅典就有了巩固的海军基地，也有了比从前规模大得多的商港。三十年后，雅典人又筑长城把雅典和庇里犹斯海港连接起来了，从此雅典代替了米利都和科林斯成为希腊世界最大的商业中心，工业如陶器、造船、武器制造也首屈一指了。

城邦雅典愈来愈富裕起来了。它的商业和手工业吸引许多外邦人来到雅典，有的来自希腊其他城邦，有的来自"蛮邦"。国家把战俘当作奴隶出卖，从奇蒙出征小亚细亚和色雷斯的时候起，出身异邦人的大量奴隶便涌入了希腊市场。奴隶在雅典全人口中的比重逐渐增大，史家估计，到伯罗奔尼撒战争前夕（公元前431年），雅典公民阶层人口大体上和希波战争前夕相仿佛，外邦人增到四万人左右，奴隶则在八万至十二万人之间。公民阶层在全人口中的比例降到一半左右。

雅典国家收入，达到按古代标准来说十分惊人的数额。它征收出入庇里犹斯港货物的关税，按货物价格征 20%。它有阿提卡的劳里翁银矿，和奇蒙征服的色雷西亚海滨爱昂（Eion，此城直属雅典，不是独立城邦）城附近的潘金犹斯山金矿，两矿都给国库提供了可观的收入。更重要的它有提洛同盟的贡款，这笔贡款最初定为 460 塔兰同，实征数约达 410 塔兰同。每阿提卡塔兰同合 26.2 公斤，460 塔兰同合 386000 英两（盎司）的银子〔每一英两银子，合阿提卡货币七个德拉克玛（Drachma）略多一些，每一个德拉克玛可供五口之家一天大体过得去的生活〕。加以盟国间的讼案在雅典审理要交纳讼费，以及其他国有财产的收入，都使国库收入膨胀起来。这笔收入如何使用，现在对雅典的经济生活和政治生活以至社会状况都要发生重大作用了。

"战士共和国"

这笔国库收入，首先用在维持在役的军人和"有报酬的公职"上面。亚里士多德在《雅典政制》中说：

> 由于国家日益壮大，而钱财也积累了很多，亚里斯特底斯就劝告人民，抛弃家园，入居城市，务以取得领导权为目的。告诉他们说，人人都会有饭吃，有的人服兵役，有的人当守卫军，有的人从事公社事情，这样他们就可以保持领导地位……他们又按照亚里斯特底斯的建议，为大众准备充分的粮食供应，因为贡赋、役税和盟国的捐款的综合所得足以维持二万多人的生活……"①

许多证据证明，有报酬的公职（引文所谓"从事公社事情"）并非开始于亚里斯特底斯时代，那是伯里克理斯时代的事。用公款

---

① 亚里士多德：《雅典政制》，第 29 页。

维持军队，也许开始于希波战争中的非常时期，那时阿提卡全境被占，雅典公民军势必仰赖盟国捐款维持，以后有了提洛同盟的贡款，用它来支付在役军队的薪饷，似乎是顺理成章的。而霸权中心的城邦雅典，即使不在战时，现在也不能没有一定量的"常备军"了。它要巡逻爱琴海面以警备海盗，要守卫作为海军基地的庇里犹斯海港，要守卫帝国境内的战略前哨，要维持一支随时可以出动的机动部队，包括海军和陆战队。至于战时组成的公民军，因为现在它所要进行的战争已经不是一个小小城邦的边境冲突，而多半是跨海远征，于是除战士口粮外，也得支付定额的薪饷了。这样，雅典公民的一部分，成了终年服役的领薪饷的兵士，战时则大部分公民是领薪饷的战士，所以亚里士多德说，雅典共和国是"战士的共和国"。

公民、武装移民、外邦人和奴隶

然而，雅典这个"战士共和国"还是十分不同于斯巴达的。雅典公民大部分还在农村中，是自耕业主。务农，被看作适合于公民身份的高尚职业。伯罗奔尼撒战争开始（公元前431年），拉凯戴孟同盟大军侵入雅典四郊的时候，四郊务农公民的家属避难聚居雅典和庇里犹斯城内，因为人数过多，造成了严重的瘟疫。这就是说，除住在城里的公民而外，其余的公民平时还是躬耕田间，而不像斯巴达公民那样靠农奴贡赋为生的。

雅典公民，不仅在本国躬耕田间，还有机会躬耕于帝国范围内的海外地方，这就是"武装移民"制度。当盟国叛离，用兵征服，沦为附庸的时候，雅典对那个被征服的城邦的自治自给虽然仍予维持，但是为了震慑起见，常常派遣若干数量它的公民移居该地，称为"武装移民"。这种"武装移民"，虽然身处海外，但有完全的雅典公民权。他们在当地是一种特殊身份的人，为当地居民所厌恶。

"武装移民"也居住在直属雅典，并非独立城邦的城市中。色雷西亚的爱昂，爱琴海上的西罗斯岛都直属雅典。后者长期来一直是海盗巢穴，雅典派军剿灭后，由它的"武装移民"占据。

雅典城里的公民，除从军的和从事公务的而外，有手工艺匠，其中大部分同时又是手工作坊的主人，有大小商人，有赶牲口的，等等。但是雅典人鄙视工业劳动，某种程度上也轻视商业，矿工尤其不是公民干的职业。于是，大批外邦人来到雅典这个希腊世界的经济中心经商，来开设手工作坊，来当医生和教师。外邦人是自由民，没有公民权，不得在阿提卡境内购买房屋土地，还要交纳一种特别的人头税，他们有从军的义务，他们也可以拥有奴隶。手工作坊中帮助艺匠干活的帮手、矿工、家庭仆人等都由奴隶充当。奴隶的来源，一部分是战俘，一部分是奴隶贩子从蛮邦贩来的。十分特别地，雅典市的警察和雅典的档案管理员也由奴隶充当，他们是国家奴隶，也是买来的，由国家供给饭食，可以自由择居，这算是最高级的奴隶。其他，充当家庭仆人和充当手工作坊帮工的奴隶，因为人数少，主人对他们接近的机会多，容易产生感情，大体上还能获得比较过得去的待遇。待遇最残酷的是矿工，他们终日在监工的鞭子下做工，奴隶主指望从他们身上得到最大的利益，毫不顾惜他们的生命，因为这种"财产"的"更新"是并不困难的。

雅典奴隶和其他城邦的奴隶一样，主人可以"释放"（即解除其奴籍）他们，也可以由奴隶把他按惯例成为自己合法收入的钱款存储起来，积成整数，向主人赎身。被释放奴隶取得外邦人的身份，和他的前主人仍保持某种隶属关系。如果他死后无嗣，遗产归旧主人家继承。

斯巴达那种类型的"战士共和国"以农奴黑劳士为基础。雅典那种类型的"战士共和国"以买来的奴隶为基础。从两者历史演变过程看，脉络是十分清楚的。古典希腊并存农奴制和奴隶制两者，这是无可怀疑的。

有报酬的公职

众所周知的有陪审员津贴和议事会成员的报酬两项。为着使雅典公民中生活无保障的阶层也确有可能参与国家大事，伯里克理斯

[或说厄菲阿尔特（Ephialtes）]颁布了出庭陪审者履行义务的津贴。在进入法院大厦之前，授给每一个陪审员一根出庭杖和一枚证章，凭证可以领受规定的津贴两个欧布尔（Obol，以后又增加到三个欧布尔即半个德拉克玛）。我们知道，雅典法庭管辖范围及于帝国范围内各邦间的争议，每次开庭陪审员人数颇多，整个雅典经常有六千名公民充任陪审员，公民总人数为四万人左右，陪审员占公民中一个很大的比例。现代史家认为，充任陪审员的多数是已过军役年龄的老年公民，颁给陪审员津贴，事实上是对经历了长期军役的退伍老兵的一种照顾。雅典法庭审理案件范围既异常宽广，有报酬的陪审员制度又是中下阶层公民的极好的政治教育的机会。唯有当广大公民对国家大事有清楚的了解，掌握国家最高权力的公民大会才不致流于形式。伯里克理斯民主，在这一方面确实是获得了很大成就的。

另一项重要的有报酬的公职是议事会。希波战争后议事会人数未变，五百名议事会成员以前都是无给职，伯里克理斯时每人每日津贴一个德拉克玛（可供五口之家比较过得去的生活）。同时被选任为议事会成员的资格，也比克利斯提尼时代放宽了，凡"双牛级"（中农）阶层的公民均可入议事会。鉴于财产标准已从实物单位折成货币单位，加以物价的上涨，雅典公民限于财产而不得被选任为议事会成员的人数已经寥寥无几。现代史家计算，根据议事会成员不得连选连任的规定，雅典公民的三分之一，一生中有机会被选入议事会。

雅典戏剧与观剧津贴

早在希波战争前夕，雅典戏剧已经开始繁荣。戏剧起于酒神大祭时咏唱颂歌的合唱队，后来合唱队增加一个表演的人员，跟合唱队对答台词，于是演员与合唱队之间有了"对白"。合唱和对白具有了情节，就发展成为有剧本的演唱。埃斯库罗斯（Aeschylus，参加过马拉松和萨拉米战役）把演员增加到两个和两个以上，完整形态上的戏剧于此创始。希腊剧场始终是圆剧场，倚山坡而筑，露天，没有屋顶，作半圆形，规模宏大，可以容纳大量观众。剧队主办人是富裕公民，剧队经费由这些富裕公民筹措。希波战争以后，雅典戏剧进入极其繁荣的时代，悲剧作家埃斯库罗斯、索福克勒斯（Sophocles）、幼里披底（Euripid），喜剧作家阿里斯托芬（Aristophon）的著作，传遍整个希腊世界，为罗马时代作家所模仿。他们一些主要著作流传至今，马克思的博士论文中引埃斯库罗斯的《普洛密修士》一剧中普洛密修士的自白"说句老实话，我憎恨所有的神"，指出：这也就是哲学本身的自白，哲学本身的箴言，是针对着凡是不承认人的自觉为最高神格的一切天神与地神而发的。

希腊戏剧主题多数取材于神话，虽然如此，剧情、对白、唱词往往针对现实。也有取材于当前局势的，如希波战争前，福利尼卡斯的《米利都的沦陷》，演出时观众为之潸然泪下，这显然是希波战争的政治鼓动剧了。埃斯库罗斯是一个希腊的民族主义的爱国主义者，他的悲剧《波斯人》是歌颂萨拉米海战胜利的。到阿里斯托芬的喜剧，题材全为现实的政治和社会问题，他的剧本对当权人物作肆无忌惮的讽刺，在高度言论自由的民主雅典，并不因之而有任何禁演戏剧或迫害作者的措施。史家考证，希波战争后二百年间，主要在雅典，前后创作出来的戏剧剧本为数超过二千，这是真正的艺术繁荣！

戏剧是希腊人民爱国主义、民主主义和民族传统教育的极重要的工具。现在世界各地希腊城邦遗址的考古发掘，还常常找到宏伟美丽的圆剧场遗址。剧场又是酒神祭典之地，大概由公款兴建，剧队由富裕公民出资维持，每逢庆节演剧，观众要不要买门票，现在难以稽考。伯里克理斯时代的雅典，规定了一种"观剧津贴"制度，即在公共庆节演剧的时候，每个公民发给两个欧布尔的津贴，等于一人一天的生活费。这当然也是国库充裕的结果。

公民权的严格限制

我们已经知道，从梭伦时代起，有过一个时期雅典的公民权对新移入的外邦人是开放的，这是初期雅典得以吸收外邦艺匠商人，发展它当时很不发达的经济的一个重大而有效的措施。现在，雅典繁荣富裕起来了，雅典公民是一个庞大帝国中心的城邦中"轮番为治"的集体，拥有被选任为有报酬的公职，充当武装移民移居海外，领取观剧津贴等种种特权。雅典人不免认为，这是他们先辈在严酷的希波战争中，忍受极大的牺牲，英勇奋斗争取得来的。倘使公民权还是向一切新来的外邦移民开放，新来者无异坐享其成，这是他们难以同意的。这种特权思想的产生，在一般人民中也许是难免的，然而是狭隘的。在这种心理面前，雅典公民权事实上也许已经愈来愈有限制了，不幸的是，号称贤明的热诚的民主主义者伯里克理斯，固然努力发展了雅典公民范围内的民主，都未能免于这种狭隘的城邦旧公民的本位主义。公元前445年，即在规定陪审员津贴制度后不久，伯里克理斯恢复一条旧法，规定"其父母皆为雅典人者，始能为雅典人"，而且法律具有追溯既往的效力，执行得十分严格。这条法律曾引起许多曲解、欺骗和舞弊，引起许多诉讼。当时被揭发欺骗，变卖为奴者，约有五千人。

元老院、执政官与将军

希波战争后，雅典宪法上的变化，除以上所举几项外，最主要的有下列两项：

第一，元老院权力的被削弱。希波战时，梭伦宪法中誉为城邦两锚之一的元老院权力有所扩大。元老院由任满离职的执政官等重要行政官员组成，其成员都是终身任职，是雅典政制中保守的贵族成分。公元前462年，厄菲阿尔特通过公民大会改革元老院，极度削弱它的权力，仅保留审理杀人放火等案件和监督宗教仪式之权。它的原来职权转给陪审法庭、五百人议事会和公民大会。这些改革，加上陪审员和议事会成员的津贴制度，雅典政制，在公民范围之内，确实是高度民主的。

第二，希波战前，雅典十个部落选出一个将军，组成"十将军委员会"统率军队，行政权力还在执政官掌握之中，全军由首席执政官任统帅。马拉松战役，首席执政官战死。以后战争频仍，军队统帅权逐渐长期保持在战胜的将军手中，首席将军逐渐掌握全部政务，执政官变成处理日常政务的机构。又，执政官职务一直固守旧制，任期一年，不得连选连任。可是将才难得，随意更换统帅，难免造成军事上的惨败，于是"不得连选连任"之制不适用于将军。这样，雅典政制一方面急剧地民主化了，另一方面又有事实上可以成为终身职务的首席将军在指导全国国防、外交等重大政务，伯里克理斯就连任了首席将军十五年。按古希腊史家修昔底德的说法，"雅典在名义上是民主政治但是事实上权力是在第一个公民手中"。①

公共工程——古典希腊建筑艺术的高峰

伯里克理斯时代，相当部分的国库收入用于"装饰雅典"——修建建筑史上著名的雅典娜大庙、忒修斯大庙以及豪华富丽的、饰以巨大柱廊的雅典卫城正门。从雅典城到庇里犹斯港及法勒隆（Phalerum）港的长城，也在伯里克理斯时代筑成。连同伯里克理斯时代以前庇色斯特拉托、西蒙和伯里克理斯以后雅典所建的神庙、画廊、市场、水源地及输水设备，雅典成了当时希腊世界最宏伟富丽的城市。雅典娜大庙融合多里安风格和伊奥利亚风格，直到现在，还是世界各国建筑艺术的典范。各种建筑物的外部和内部，存各式各样精美雕刻、壁画、壁像装饰，不少保存至今，成为珍贵的文物。

主持这些建筑的建筑师、雕刻家、画家，来自希腊世界各地，建筑工程分成小批交由私人承包，现存碑铭，表明承包人有公民、有外邦人，也有奴隶。所给工价，三者并无区别（奴隶所得工价大概归奴隶主所得）。公民特权，也许只表现在有承包的优先权而已。

---

① 修昔底德：《伯罗奔尼撒战争史》，第150页。

雅典——希腊文明的中心

希腊古代学术文化，首先兴起于小亚细亚，那里是史诗、抒情诗、自然哲学、自然科学的故乡，第三部分末已约略涉及。现在，雅典是希腊世界的中心，它的建筑活动吸引一大批建筑家、雕刻家来到了雅典，在它内部，兴起了渊源于诗又超过了诗的戏剧，它的民主生活又使得议事会、陪审法庭和公民大会成为说话的艺术即雄辩术的广阔的用武之地，雄辩术可以使一个普通的公民成为民众的领袖。在这种环境下，雅典的学术文化十分活跃，雅典公民在公开的政治生活中获得广泛的知识，希腊世界各地的知识分子也群趋雅典。伯里克理斯接近的人中有米利都自然哲学学派的哲学家阿拉克萨哥拉斯（Anaxagoras）、有名的雕刻家菲迪亚斯（Phidias），有希腊"历史之父"希罗多德，都来自外邦。著名的诡辩学家普罗达哥拉斯（Protagoras）、哥尔基亚（Gorgias）都到过雅典，为豪富子弟当教师，收受巨额报酬。这个传统开始于伯里克理斯时代，自此以后，长期不衰。伯里克理斯的下一代，就在战乱频仍的伯罗奔尼撒内战时期，雅典的苏格拉底（Socrates）兴起为一代哲学宗师，此后希腊哲学的四大派：柏拉图、亚里士多德、伊壁鸠鲁、斯多葛（Stoic）都起于雅典，学派中心也一直在雅典，直到罗马时代。

（写于1974年，原载《顾准文集》，贵州人民出版社1994年版）

编选者手记

顾准是中国当代思想家、经济学家、会计学家、历史学家，在中国思想界享有盛名。顾准曾为自己制订了宏大的研究计划，包括中西历史文化比较和中国发展道路等，由于条件所限，没有完成，留下了大量的手稿、笔记、日记、通信等，逝世后相继整理出版。顾准最有影响的著作是1994年贵州人民出版社出版的《顾准文集》，2002年中国青年出版社出版了一套《顾准文存》，包括《顾准文稿》《顾准笔记》《顾准日记》《顾准自述》四卷，是顾准理论研究和理论思考较为完整的呈现。

顾准的理论研究可大致分为两大部分：一是经济理论研究，包括会计理论研究和社会主义经济理论；二是历史研究，主要是希腊史研究。本书收集了顾准在社会主义经济理论和世界史研究方面的代表性文献。在社会主义经济理论方面，顾准的重要理论贡献体现在他1957年在《经济研究》第3期上发表的论文：《试论社会主义制度下的商品生产和价值规律》，这是顾准生前公开发表的唯一一篇经济理论研究论文。这篇论文可以被认为是社会主义市场经济理论滥觞时期的重要理论著述，奠定了顾准在社会主义经济理论发展史上的重要地位。顾准认为，社会主义生产是价值生产，价值规律影响着经济生活的全过程，是社会主义的基本经济规律。历史研究方面，顾准的主要研究成果是他的《希腊城邦制度》。顾准曾准备用10年时间通盘研究西方和中国历史，包括哲学、经济、政治、文化史等方面，然后达成对未来的"探索"。在这一过程中，他被璀璨夺目的希腊文明所吸引，进而用深邃的理论洞察力研究、剖析古希腊、罗马的历史,提出了许多新思想。《希腊城邦制度》就是由顾准研读希腊史的笔记汇集而成的。

本文集选出顾准 8 篇重要理论著述,限于篇幅,一些重要理论著述没有列入。它的出版必将激励学术界同人以追求真理的精神探索中国特色社会主义的重大理论和实践问题,为实现中华民族的伟大复兴贡献智慧和力量。

胡家勇

2018 年 10 月

《经济所人文库》第一辑总目(40种)

（按作者出生年月排序）

《陶孟和集》	《戴园晨集》
《陈翰笙集》	《董辅礽集》
《巫宝三集》	《吴敬琏集》
《许涤新集》	《孙尚清集》
《梁方仲集》	《黄范章集》
《骆耕漠集》	《乌家培集》
《孙冶方集》	《经君健集》
《严中平集》	《于祖尧集》
《李文治集》	《陈廷煊集》
《狄超白集》	《赵人伟集》
《杨坚白集》	《张卓元集》
《朱绍文集》	《桂世镛集》
《顾　准集》	《冒天启集》
《吴承明集》	《董志凯集》
《汪敬虞集》	《刘树成集》
《聂宝璋集》	《吴太昌集》
《刘国光集》	《朱　玲集》
《宓汝成集》	《樊　纲集》
《项启源集》	《裴长洪集》
《何建章集》	《高培勇集》